明室
Lucida

照亮阅读的人

# 不缩水女士

## 如何面对肥胖恐惧

[澳] 凯特·曼恩 著
薛玮 译

文匯出版社

图书在版编目（CIP）数据

不缩水女士：如何面对肥胖恐惧 /（澳）凯特·曼恩 (Kate Manne) 著；薛玮译 . -- 上海：文汇出版社，2025. 9. -- ISBN 978-7-5496-4573-2
Ⅰ . C912.6-0
中国国家版本馆 CIP 数据核字第 2025C65S76 号

Unshrinking: How to Face Fatphobia
Copyright © 2024 by Kate Manne.
Published by arrangement with Calligraph LLC, through The Grayhawk Agency Ltd.

上海市版权局著作权合同登记号 图字：09-2025-0460 号

**不缩水女士：如何面对肥胖恐惧**

| 作　　者 / ［澳］凯特·曼恩 |
| 译　　者 / 薛　玮 |

| 责任编辑 / 陈　屹 |
| 策划编辑 / 赵　磊 |
| 特约编辑 / 李洛宁 |
| 装帧设计 / 里　易 |

出 版 人 / 周伯军

出　　版　文匯出版社
　　　　　　上海市威海路 755 号
　　　　　　（邮政编码 200041）
发　　行 / 北京联合天畅文化传播公司
经　　销 / 全国新华书店
印刷装订 / 北京市十月印刷有限公司
版　　次 / 2025 年 9 月第 1 版
印　　次 / 2025 年 9 月第 1 次印刷
开　　本 / 880 × 1230　1/32
字　　数 / 185 千
印　　张 / 8.25

ISBN 978-7-5496-4573-2
定价 / 65.00 元

版权所有，侵权必究
未经书面许可，不得以任何方式转载、复制、翻印本书部分或全部内容。
本书若有质量问题，请与本公司图书销售中心联系调换。
电话：(010) 64258472-800

写给我的父母，谢谢你们让我做自己

并不是面对了,就什么都能改变。但如果不面对,什么也改变不了。

——詹姆斯·鲍德温

《一个人能承受多少真相》,1962

只要让你柔软野性的身体
爱它所爱。

——玛丽·奥利弗

《野鹅》,1986

我没义务为你瘦身。

——雷切尔·威利

《胖子的笑话》,2017

内容说明:请注意,本书直言不讳地讨论了肥胖恐惧症与种族主义、厌女症、残障歧视、跨性别恐惧症之间的关系,同时也谈到了节食、进食障碍、身体规范等话题,可能会让某些读者感到不适。

# 目 录

序　临场体重　　　　　　　　001

第一章　肥胖恐惧症的束缚　　015
第二章　瘦身成本　　　　　　033
第三章　越来越瘦的维纳斯　　055
第四章　肥胖是道德失范　　　073
第五章　被渴望的课题　　　　091
第六章　不足为奇　　　　　　109
第七章　煤气灯下的晚餐　　　135
第八章　饥饿的权威　　　　　153
结　语　不好意思　　　　　　177

致　谢　　　　　　　　　　　191
注　释　　　　　　　　　　　195
更多文献　　　　　　　　　　251

序
# 临场体重[*]

我应该万分高兴才对。我的初作是本学术著作,我原以为读者顶多区区几十人,未承想英国一家大型出版社买走了书稿并出版了平装本。《不只是厌女》(*Down Girl: The Logic of Misogyny*)以厌女症为研究对象,深度探讨了勒杀(strangulation)、性骚扰、性侵犯和强奸文化。我想让更多的人了解这些情况,想谈论这些对我来说无比重要的议题。可当编辑提议我去伦敦宣传这本书,去书店和读者共读,去电视上抛头露面时,我却退缩了,尽管费用他们全包。我觉得自己太胖,没资格公开为女性主义发声;我觉得自己块头太大,没资格公然反对那些训导女孩、女人要小巧可爱、要顺从、要安静的"贬抑女性"(down girl)的举动。虽然我清醒地意识到其中的讽刺之处,但那时这并不足以改变我的想法。

澳大利亚作家海伦·加纳说她每次给作品做宣传前,都觉得

---

[*] fighting weight,指一个人为了达到最佳竞技状态而希望达到的理想体重,常用于体育领域,如拳击、格斗等。——本书脚注均为译者注

自己有必要减到"临场体重"。可恶的是，我不仅没做到这一点，而且，当时，也就是 2019 年初，其实是我最胖的时候。医生皱着眉头指着身体质量指数（BMI）[1]对照表，根据该表，我属于"严重肥胖"（severely obese）。

我的作品于 2017 年末首度问世，就在那一周，塔拉娜·伯克发起的 #MeToo 运动因受到各路明星的支持而被大众所熟知。所以，我几乎每天都在和记者谈论厌女症，这我当初可没想到。但我不允许摄制组来我家还有我的办公室。为了不让公众看到我的身材，我只通过 Skype* 出镜，因为这样我就能自己调整摄像头的角度。我存了几张精心拍摄的证件照，那时我还比较瘦——但成年后我压根儿就没瘦过——每次接受采访时我就用那几张照片。除非他们答应用其中的某张照片，而不是派自己的摄影师过来，我才答应接受采访。（有时这会是一场"恶战"。）每次做讲座，我都要求听众不要拍照。但偶尔还是会有人拍照并把我的照片发布到社交媒体上，我只能请他们把照片删掉。我半真半假地跟他们解释说，这样会有很多厌女的人在网上攻击我，你们发的这些新照片会给我招来嘲笑和辱骂。我确实被人骂过"贱货"，当然还有更难听的，而且我挨骂的次数多到不计其数。比如有人骂我"写傻×玩意儿的大傻×"，这是我在《纽约时报》上首次发表文章后看到的推文，当时我还遭到了反犹主义者的辱骂。（"你们这些人都该被活活烧死。"特朗普当选的那天晚上，我收到了这样的私信。）在互联网上本属于我的一小块方寸之地，扬言要强奸我的恐吓信息也是屡见不鲜。

---

\* 一款即时通信软件。

不过真正让我胆战心惊的是被人说胖。我确实胖。我是胖，但我绝不能容忍别人这么说我——哪怕我自己说也不行，那样我恨不得死。我很清楚，让我闭嘴的方法就是说体重。

你也许以为，像我这样一个终身女性主义者应该最不容易上当受骗，我不会听信谗言去管控自己的体重，也不会强迫自己把身体变成父权制更青睐的尺码和体形，更何况，我还写了两本关于厌女的书。可惜你错了。从二十出头到现在，每一种风靡一时的节食方法我都试过，每一种减肥药我都试过。坦白说吧，就在不久前，我还让自己挨饿。

我还能说出从 16 岁到现在，在每一个重要场合我的体重是多少。我能准确无误地报出我结婚那天、博士论文答辩那天、评上教授那天和生女儿那天的体重。（太胖了，太胖了，太太胖了，那时我总这么想。）我甚至知道我刚到波士顿那天的体重，当时我从家乡澳大利亚墨尔本飞抵波士顿，准备攻读哲学研究生。我把体重秤和所有家当一起塞进两个装得满满当当的行李箱。我从行李箱里最先拿出来的是牙刷，接着就是体重秤。

在一个恐惧肥胖的社会中长大——和变胖，我学会了逃避一些重要的机会、风险，当然也错过了很多有意思的事。从 16 岁到现在，我只游过一次泳（穿的是紧身裤和超大号 T 恤）。20 岁之后我就没跳过舞。而且，20 岁之后，除了我丈夫和医生，就没人见过我坑坑洼洼、"沟壑纵横"的膝盖窝。（我衣橱里的衣服差不多 80% 都是紧身打底裤。）

肥胖恐惧症让我错过了人生中的很多东西。它迫使我谨慎考虑一言一行的后果，因为身材肥胖要面临被评判、嘲弄和诋毁的风险，敢说敢做往往得不偿失。因此，我一直在逃避公众的目光。

◆ ◆ ◆

最后,我支吾其词,以身体原因为借口,谢绝了编辑的提议。我再次告诉自己,这千真万确:我的心理状态非常糟糕,从体重看,生理状态也好不了——尽管我的血压、血常规等相关指标都健康极了,这可真是奇了怪了。我买了本书名特别"乐观"的畅销书,叫《救命!》(How Not to Die),我一边听着有声书,一边慢慢悠悠地逛着超市,拿了一些奇亚籽、绿茶和名字看着眼花缭乱的益生菌。书还没听完,我就已经拿了好几百块的奇贵无比却又填不饱肚子,而且多半不算是食物的商品去结了账。作者迈克尔·格雷格的好友阿特是个狂热的跑步爱好者、养生达人,也是"天然食品"帝国的创始人,可阿特在他自己的保健中心冲澡时去世,年仅46岁,当时格雷格正在写这本书。事实表明,这场悲剧纵然不幸,但完全可以避免:阿特死于热水器通风不畅导致的一氧化碳中毒。

我为阿特哭泣,为格雷格博士哭泣,也为自己哭泣。我把这本书又听了一遍。连着几个月,我没完没了地吃着寡淡得不能再寡淡的扁豆、没盐没油没作料的蔬菜,无比虔诚地嚼着枸杞。可我一磅体重也没掉,也没感觉到身体有任何变化。我只能继续躲。那年春天,第二本书才刚起笔,可我心里已经开始畏惧宣传活动。我在我的推特简介中加上了"胸怀大志的隐遁者"(aspiring recluse)几个字,以提醒大家不要对我期望过高。

2020年3月,新冠疫情暴发,封锁措施于我而言是种宽慰。需要说明的是,和所有人一样,我对这场席卷全球的流行病也深感不安,更何况我是和年幼的孩子,免疫功能低下、免疫抑制的伴侣一起生活。但我确实很高兴自己可以躲开公众的目光，这算是疫情带来的"意外之喜"吧。终于，我不费任何力气就能守住自己体重的秘密。我可以安安心心地躲在家，任由思绪徜徉，探索各种想法，不用再为这副最终必须捍卫这些想法的躯体而提心吊胆。（当然，到后来很多人被迫居家时，我便知趣地从推特上删掉了那句半真半假的玩笑话。）很多人和我一样，尤其是胖人，他们说他们的想法跟我大同小异：他们也觉得松了口气，因为疫情，不用再给大学生上线下课，不用和喜欢评头论足的同事一起吃午饭，不用参加办公室"健康大比拼"，这种比拼简直就是专门来羞辱和霸凌块头较大的员工的。

我神思恍惚，然后我开始琢磨：如果我不用躲开公众会怎样？如果我不必那么害怕呢？几十年来，对于倡导接纳肥胖运动（fat activism）、"胖瘦皆健康"（Health at Every Size）运动，还有直觉饮食\*，我只是抱远观欣赏的态度，我认为它们对别人有益，但对我没用，可如果它们真的能改变我的生活呢？如果我接受自己的肥胖，并能直面肥胖恐惧症呢？

经过这么一番思索，我确信，我的肥胖恐惧症不过是现实社会中甚嚣尘上的肥胖恐惧症在我内心投下的模糊倒影。我认识到，我所憎恨的并不是我的身体，而是我的身体会让我受到伤害：被人贬低、被人奚落、被人轻视。但我比任何人都更能认识到，消除霸凌和虐待的办法不是改变受害者，而是要找准问题的根源，最终改变整个制度。

---

\* 指个体根据内部生理线索进食，即饥饿时进食，饱腹时停止进食，而不受外部或情绪因素的影响。

我所听到、所使用的"胖"字并不是一种侮辱,而是对身体的中性描述——在本书中,"胖"字也是同样的含义。我意识到,把关注点集中在体重这么一种可以划分出无限个等级的特性上,是构建有害的社会等级制度的"绝佳"方式,我认为这种等级制度是肥胖恐惧症的基础。在我看来,肥胖恐惧症是极为严重的结构性压迫,而且人们低估了它的影响。我认识到,在没完没了的瘦身过程中,我已成了制度的同谋。我开始积蓄力量、寻找方法,去做长久以来我似乎做不到的事:不再节食、不再纠结,与自己的身体和平共处。简而言之,我发誓我绝不缩水[*]。

我花了许久才走到这一步。绝望挣扎的我还曾给某家减肥手术机构发过语音信息。(不过我从没回过他们电话,因为他们似乎急于从我这儿大捞一笔。)我最后一次减肥的经历甚至可以说是丧心病狂、孤注一掷,严重影响了我的健康。即使是现在,我也有状态糟糕的时候。我仍然在改善自己与身体的关系。但节食文化——以瘦为美,并主张节食是获得纤瘦身材的手段——已经对我起不了太大作用了。这场胜利看似平平无奇,却来之不易,而本书在一定程度上就是胜利的战果。

我意识到,我们的身体并没有问题。有问题的是这个世界,因为它深陷对肥胖的恐惧中。我们能够与之抗争。

我知道,这会是场艰难的抗争。相信我,因为我经历过。如果你此时此刻正与自己的身体抗争,而不是与这个不公正的、惩治肥胖的社会抗争,那么这本书也适合你。但这本书阐述的主要

---

[*] unshrinking,源自动词 shrink,意为"缩水、收缩、退缩",既可指身体上的减重、瘦身,也可指退缩、畏避。

是政治性、结构性的干预，而不是心理干预、个体干预。这本书的写作理念是倡导公正地对待肥胖身材，倡导以肥胖身材为傲，用我最喜欢的词来说，就是"肥胖自由"（fat liberation）。[2] 我认为，解决肥胖恐惧症的办法不是改善自我形象或无微不至地关爱身体，而是要**重塑世界**\*，让它接纳肥胖的身体，让公众认识有所改观，让他们认识到我们确实没问题。[3] 我们必须坚决抵制压迫、控制和束缚我们的肥胖恐惧症，为了我们自己——至关重要的是——也是为了更多人。我们必须正视反肥胖的暴力，在这种暴力的作用下，肥胖的身体被贬低、被蔑视、被切割，而这一切都毫无道理可言。

◆　◆　◆

解决肥胖恐惧症问题非常重要，这不仅是因为它带来了巨大的伤害，也是因为有研究表明，肥胖恐惧症日益加剧。2019年，哈佛大学的研究人员在报告中指出，他们总共调查了六种隐性偏见——种族偏见、肤色偏见、性向偏见、年龄偏见、残障偏见和体重偏见——反肥胖是唯一一种自2007年研究启动以来愈演愈烈的偏见。而在2016年研究结束时，大多数研究对象仍然有**显性**肥胖偏见。[4]

很多人认为，与边缘化群体接触能减少其他群体对他们的偏见，但这项研究证实这个观点是错误的。事实上，现在大多数美国人都有些肥胖，根据身体质量指数标准，近四分之三的美国人会被划为"超重"（overweight）或"肥胖症"（obese），在后文我

---

\*　本书字体加粗部分为原书强调。

们会看到，这其实有很大问题。[5] 然而，虽然胖人比比皆是，我们要面对的"肥胖恐惧症"并没有因此而减少。[6]

为了便于理解，我们不妨把肥胖恐惧症概念化为一种束缚：它恐吓大多数人，要他们不再变胖，要是超过一定体重，它就让人不安甚至痛苦。它限制了我们的自由、我们的行为，以及我们在这个世界上占据空间的能力，而这个世界早已特意告诉女孩和女人，要恭敬顺从、甘愿卑微。我们经常屈从于这种压迫性的束缚，因为这是为了我们自己好——而这与当前最有说服力的证据相矛盾，这些证据表明，体重反复起落是个更严重的问题，比肥胖还严重的问题，对此我会在后文探讨。

肥胖恐惧症的束缚对大多数人——也许对所有人都不利。它让最肥胖的群体感受到了切肤之痛，所以，要想切实可行地对抗肥胖恐惧症，我们必须关注并优先考虑他们。无论是在倡导接纳肥胖的圈子里，还是在专业性更强但与前者部分重叠的肥胖研究领域，都有一套广为使用的词汇，他们称最肥胖者为"超级胖子"（superfat）或"极限胖子"（infinifat）——后者是播客《厚嘴唇》（*The Fat Lip*）[7] 的主播阿什·尼舒克杜撰出的词。其他人则被称为"小胖子"（small fats）、"中胖子"（mid fats）和"大胖子"（large fats）。[8] 当然，就像自然语言中的大多数概念一样，这些说法都有些模糊，也会出现所属不清的情况。但我们胖子多多少少都很难买到够大且适合自己身材的衣服，我们能穿的码比大型服装零售商店普通尺码\*的最大码还大，"膀大腰圆"的我们也会觉得社会允许每个个体占用的空间太小。要是你从没遇到过这样的困难，

---

\* 即美国女装尺码 0~14 码。

那依我看，你应该并**不胖**，尽管在某些场合你"感觉自己很胖"，尽管你在跟自己的身材较劲。在本书中，肥胖不是一种感觉，也不是一种侮辱，更不是一个问题。[9]它只是有些身体本来的样子。这没什么好遗憾的，我们也不需要"丰腴""魁梧""凹凸有致"这样的委婉说辞。在本书中，更叫人讨厌的是"超重"或"肥胖症"这种医学术语，只有在迫不得已的情况下，比如在援引科学研究的结果时，我才会使用此类词，但我会加上引号等符号以表示不认同。[10] "超重／肥胖症患者"这个词目前很受部分医学研究人员的青睐，但我可不想听到它，它高高在上、叫人难堪，而且，他们犯了一个普遍的错误,即认为"以人为本"\*的语言就是好的，无论接下来划分的三六九等会带来怎样的污名。

结论:我肥胖。根据"超重／肥胖症"的标准,你可能也肥胖。无论如何，我们能够也必须共同面对这样一个事实：困扰我们大家的不是肥胖，而是肥胖恐惧症。

◆　◆　◆

肥胖恐惧症是社会制度的一种特征，它认定较胖的身体比较瘦的身体低劣，不仅仅是在健康方面低劣，在道德、性和智力方面也低劣，虽然这极不公正。因此，肥胖恐惧症在一定程度上是被误导的意识形态，或者说是我们的文化对肥胖者持有的一系列错误信念和夸大的理论：胖人一定不健康，甚至必定会死于肥胖；

---

\* "超重／肥胖症患者"对应的英文是"persons with overweight/obesity"而不是"overweight/obese persons"，"persons"（人）在前。

009

胖人是咎由自取，因为我们缺乏道德品行、意志力或自控力；胖人毫无魅力可言，甚至令人作呕；胖人无知，甚至愚蠢。[11]

因此，根据这种等级划分方式，肥胖的身体不仅按体重，也按**价值**被划分成了三六九等。在其他条件相同的情况下，一个人越肥胖，"肥胖恐惧症"对其影响也更大。

然而，社会中存在其他形式的不平等和不公，所以其他条件**并不**相同。与所有压迫性制度一样，肥胖恐惧症与种族主义、性别歧视、厌女症、阶级歧视、残障歧视、年龄歧视、同性恋恐惧症和跨性别恐惧症等一系列制度相互交叉渗透。[12]而且，正如倡导接纳肥胖活动家凯特·哈丁所指出的，它会优待"好胖子"（good fatties），也就是那些采取了节食等所谓健康举措的人，或者识相地把自己的肥胖看作失败的人，而不是那些不识相、不知悔改的胖子。[13]根据肥胖恐惧症的逻辑，你越不听话，你就越不能大胆发声。

但我们必须大胆发声。首先，我要指出关于肥胖恐惧症本质的三个常见误区，本书将帮助大家走出这些误区。

首先，有观点认为，肥胖恐惧症纯粹是由个体对自己、对他人的偏见所造成的，这大错特错。肥胖恐惧症是一种固有的结构性现象，它让身材肥胖者生活在一个不同的世界，一个困难重重的世界，这个世界有无数个客观存在的障碍、社会性和制度性的障碍，阻碍我们发展。哪怕明天早上每个人醒来时都奇迹般地摆脱了对肥胖的恐惧，这个世界也需要改变，甚至是彻底的改变，这样世界才能容得下胖人并积极支持我们。认为肥胖者所面临的蔑视和敌意无关紧要，这同样不对。这些形式的偏见不仅伤害、孤立了肥胖者，而且怀有偏见的人往往手握重要的、制度性的福利与资源,比如保健医疗、招工就业、教育升学方面的福利与资源,而这不过是冰山一角。我们不能让这些人患上肥胖恐惧症,尤其是为了那些最容易受压迫的人。

其次,尽管它叫"肥胖恐惧症",但恐惧肥胖的人也许感觉不到自己的憎恶与恐惧,甚至根本觉察不到自己的敌意。(当然,胖人的感受则截然不同。)诚然,肥胖恐惧症的缘起与人们对肥胖身体的厌恶不无关系,我在后文会具体讲到这一点。人们普遍恐惧肥胖,部分是由于哲学家艾莉森·雷海尔德所说的肥胖的"渗透性"(porousness),很多人一生的体重都在变化,必然会加入或退出胖子的行列。[14] 但有些恐惧肥胖的行为也许不会伴随有明显的"感觉",用哲学家的话来说,就是现象学。它们看起来只是在提出合理的医疗建议、为某个职位遴选最合适的人选,或者客观地评估学生的能力。[15] 但实际上,在这些领域,肥胖恐惧症导致了许多常见的错误、疏忽、失之偏颇的判断。有些会造成严重后果,这些后果叠加起来尤为严重。

第三点,也是最后一点,即使是进步人士也会心照不宣地认同这样的假设——"肥胖恐惧症"远不如其他类型的压迫重要。(写这本书时,我的手机词典、电脑词典里还没有"肥胖恐惧症"这个词,我只能手动加上。)但是,正如我在后文中所指出的,如果不深刻理解肥胖恐惧症与种族主义、厌女症、阶级歧视、残障歧视和跨性别恐惧症的共通之处,就无法深刻理解这些更为公认的偏见形式。肥胖恐惧症是强有力的工具,压迫的是弱势群体中最弱势的群体。它还从最根本的几个方面伤害着肥胖者,包括他们的教育、就业、健康和生育自由。只要我们在意公正,就不能对肥胖恐惧症掉以轻心。

◆　◆　◆

　　让我来谈谈房间里的大象：写这本书时，我并不是很胖。虽然我仍然认为自己是个"小胖子"，但我已经减掉了60多磅[\*]，我扔掉了体重秤，同时萌生了写这本书的念头。（上次称体重时，身体质量指数告诉我，我还可以再减20到55磅——55磅啊，我从小到大都没那么瘦过。）不过，我并不认为这次减重是个成功故事。事实上，它是失败的，因为我并未认识到我的政治主张应当对我的行为产生影响，也没有真正去践行这些主张。

　　不仅如此，这场战斗在我的身体上留下了伤疤。无论从字面意义还是从修辞意义上讲，我的身体都与我并肩战斗过。我经常觉得冷，总是感到疲惫。和很多极端节食的人一样，我的新陈代谢现在也慢得要命。在彻底放弃节食之前，我长期处于饥饿状态。

　　有些作家比我更深切地感受到肥胖恐惧症的影响，这要么是因为他们比我胖，要么是因为他们受到了多重形式的压迫，他们对于肥胖恐惧症的书写非常有价值，创作本书时我一直在借鉴这些书写。我的目的既是为了放大这些声音——罗克珊·盖伊[†]、琳达·格哈特、奥布里·戈登[‡]、达肖恩·L.哈里森[§]、马基塞勒·梅

---

[\*] 英美制质量或重量单位。1磅相当于0.4536千克。
[†] Roxane Gay，美国作家、教授、纽约时报特约评论作家，著有《饥饿：一部身体的回忆录》[*Hunger: A Memoir of (My) Body*]等。
[‡] Aubrey Gordon，美国作家，播客《减肥保持期》(*Maintenance Phase*)的主持人之一，以笔名"Your Fat Friend"而知名。
[§] Da'Shaun L. Harrison，美国作家、跨性别理论家，其作品《深入腹地：反肥胖被用作反黑人的政治》(*Belly of the Beast: The Politics of Anti-Fatness as Anti-Blackness*)获得2022年朗姆达文学奖。

塞德斯[*]、特雷茜·麦克米伦·科顿[†]、阿什·尼舒克[‡]、林迪·韦斯特[§]等——也是为了在不断壮大的队伍中加入我自己的声音,以女性主义哲学家的视角为基础的声音。我还发掘了我的个人经历。和许多人一样,我也是一个明证,证明我们的身体在一生中可能会发生巨大变化;体重可能会摇摆不定,如果患病、患饮食失调,肥胖会暂时离开,但如果我们足够幸运(无比幸运),能恢复健康,肥胖又会势不可当地回来。

在你读到这些文字时,我预计自己会变得更胖,但我认为这不是问题。事实上,这才是我:我的身体天生易胖。我已做好准备,既不会与之抗争,也不会因此而逃避这个世界。

---

[*] Marquisele Mercedes,美国作家、文化工作者、教育者。
[†] Tressie McMillan Cottom,美国文化批评家、社会学家、作家、《纽约时报》专栏作家,北卡罗来纳大学教堂山分校教授,著有《丰满》(*Thick: And Other Essays*)等。
[‡] Ash Nischuk,播客《厚嘴唇》的创始人,长期致力于倡导肥胖者的权益。
[§] Lindy West,美国专栏作家、文化评论家,著有《尖叫》(*Shrill: Notes from a Loud Woman*)等。

第一章
# 肥胖恐惧症的束缚

38岁的珍·库兰去肾内科看病,结果医生要求她减肥。"你开始运动和节食吧,减点体重。"医生建议道。尽管顾虑重重,但珍还是照做了。"嗯,好。我行的。"珍家里有个五个月大的宝宝。医生接着说:"带宝宝出去散散步,少吃盐,不要吃加工食品,多吃蔬果。"[1]

珍说她根本不需要这样的医嘱,因为她本来就对减肥"很在行,虽然过程苦不堪言"。她早年曾减掉过115磅,不过不是为了健康,而是为了美。几年前,她决心放下对体重的执念,接纳自己身体本来的样子。怀孕期间,她的尿蛋白太高,又有高血压,妇产科医生非常担心,可她觉得自己很健康,生产后应该很快就能恢复。孕中期她一直卧床休息,37周时做了催产手术,生下女儿罗丝。

但事与愿违,生产后,珍的尿蛋白还是没降下来。医生建议她尽早去看肾病专家。

"只要减肥蛋白就能降下来吗?"就诊时珍问医生。"是的。

得减肥,那样蛋白水平才能下来。四个月后再来复查。"

但出问题的并不是珍的体重,实际上她患了骨髓癌。要是她没质疑医生的建议,没在一个月后征询另一位医生的意见,癌细胞会在她体内继续猖狂,尿蛋白也会一如既往地高。"尿蛋白那么高,不管是运动还是节食都没用。"另一位肾病专家告诉她。

幸运的是,珍的癌症——多发性骨髓瘤被及时发现,她接受了为期六个月的化疗和皮质类固醇治疗。在我写这本书时,珍的预后情况良好。

但其他人就没那么幸运了。劳拉·弗雷泽的姐姐,59岁的简来看劳拉时,劳拉对姐姐说,她看着气色很好。简减掉了60磅。但她并没刻意减肥:几个月来,她一直疼痛难忍,也没什么胃口。简绝经后阴道总是出血,盆腔也基本上一直在疼,很折磨人。她双眼噙满泪水,说起去看妇产科医生的经历。医生只是做了例行检查,然后冷漠地耸了耸肩。简觉得,医生嫌弃她是个"又胖事又多的老妇人"。她想通过限制饮食来缓解疼痛,比如不吃奶制品和麸质食品,服用非处方类止痛药。几个月后,简又找了位医生助理看病,这位助理以为简是想要他给她开点阿片制剂。但不管怎么说,他起码给简开了验血单。[2]

第二天一早,简接到电话,让她直接去急诊。她血钙含量极高,情况非常危急,直接被送进了重症监护室。核磁共振成像显示她的腹部有个巨大的肿块——负责她的外科医生从没见过那么大的子宫内膜瘤。她的盆腔里已经布满了癌细胞,癌细胞已经扩散到膀胱,就连肺部都有星星点点的癌细胞。

简只活了六个月。在整个化疗过程中,她日渐消瘦。即使如此,人们依然会恭维她,说她瘦了。

◆ ◆ ◆

对于大多数胖人（如果不是所有胖人）来说，肥胖恐惧症的束缚是压力和不适的来源。当我们的身体无法适应某些刻板僵化的限制时，它就会让我们的生活难上加难，有些胖人的身体——包括我的身体——总会绷紧、抗拒，想突破这些束缚。就像束身衣一样，肥胖恐惧症是强有效的社会标记（social marker）：它标志着哪些身体应该被忽视、漠视，被不公正地对待。它将肥胖的身体标记为不值得照顾，不值得拥有教育、就业等基本的自由和机会。

这种束缚很早就开始收紧。众所周知，胖孩子在学校是众人嘲笑的对象；体重似乎是他们会遭受校园霸凌最普遍的原因。[3] 我记得这么个场景：我和其他孩子围成一圈，在绿草茵茵的运动场上吃午餐，这时有个十一二岁的男孩挨个指着我们，漫不经心地说"小瘦子""不胖不瘦""大胖子"。我是唯一一个被叫作"大胖子"的女孩，他说完之后，我似乎听到指指点点声在我两耳嗡嗡作响。毫无疑问，我被他划到了最低等级。这不仅影响了我对自己的看法，也影响了我的同龄人对我的看法。"吃芒果会长胖！"有个孩子皱着鼻子，一脸嫌弃地看着我便当盒里的芒果说。"吃芒果还会口臭！"另一个孩子又补了一句。

与其他形式的对儿童体重的污名化相同，这会增加体形较大的儿童自卑、不满意自己的身体、患抑郁症和焦虑症的风险。甚至在一些极端的情况下会增加自杀的风险。[4]

胖孩子还会遭到老师的歧视和偏见——是的，他们的**老师**。对于体形较大的学生，教育者常常会表现出基于体重的负面刻板印象，认为他们在推理任务中表现较差，在体育课上更吃力，社交能力也较差。[5] 我想起14岁那年，有个老师亲切地拍拍我的肩膀，喊我"砖房"。我立刻感到胃猛地抽搐了一下，透过他的眼睛，我看到了粗壮、迟钝、呆头呆脑的自己。事实上，老师们往往认为正常体重的孩子能力高于平均水平，而肥胖的孩子则在学业上有困难。[6] 确实，有一些（多种多样但并不一致的）证据表明，被归类为超重或肥胖症的学生在学校的表现较差。这看似合理，但也许是因为，正如一项研究所发现的，当这些学生受到基于体重的嘲笑时，他们往往逃避上学，甚至根本不去上学。[7] 另一项研究表明，如果适当控制这种基于体重的嘲笑，学业差距就会消失。[8] 所以，如果教育者认为，体形较大的儿童学业表现不如同龄人优异是他们自己的责任，这其实就是在责怪受害者，也是认为肥胖的人不够聪明这一错误且有害的刻板印象造成的结果。[9]

此外，即使学生的成绩相同，他们也会因为体重较重而被区别看待。一项大型纵向研究发现，对五到八年级学生而言，如果身体质量指数较高，那么教师会认为他们的学习能力较差，尽管学生的标准化考试成绩这一客观指标并没有变化。[10] 具体来说，教师会认为女生的阅读能力较差，男生则是数学能力较差——说来有趣，这项研究跟踪的两个领域也是在人们的性别刻板印象中，女生、男生擅长的领域。

一些研究表明，这些恐惧肥胖的教育偏见在女孩身上可能尤为明显。被归类为超重或肥胖症的成年女性经常报告称曾遭受过教育者的体重污名化，其中有三分之一的人至少能回忆起一次这样的经历，20%的人能回忆起两次或多次。[11]

在为本书收集资料的过程中，我读到的最令人愤怒的研究结果是，与较瘦的女儿相比，20世纪90年代的父母不太愿意资助肥胖的女儿上大学。[12]我很感激我的父母，不管我是胖是瘦，他们从没觉得我不够聪明、不够勤奋或配不上良好的教育。事实上，他们会一边夸我胃口好，一边夸我聪明。但很多女孩、女人没我这么幸运。很多人从来就没机会去形成自己的观点，因为她们认为，像我们这样的身体提不出任何有价值的观点。她们的缄默沉重却往往被忽视，令我非常痛心。

◆ ◆ ◆

肥胖恐惧症也是就业歧视的重大根源。大量研究表明，在条件和资历相同的情况下，与较瘦的求职者相比，身体质量指数较高的求职者被录用的概率更低。[13]人们普遍认为肥胖者的能力较差。[14]一项研究表明，对肥胖者的污名的影响非常之大，即使只是让潜在雇主看到你坐在肥胖者的**旁边**，也足以让他们望而却步。当照片中一个假想的、所谓正常体重的男性求职者坐在一个"肥胖症"女性身旁时，潜在雇主对他的满意度明显不如他坐在一个更瘦的女性身旁时。换言之，"招聘偏见已经蔓延到了肥胖症患者附近的人身上"。[15]

一些研究表明，肥胖的女性尤其容易受到这种偏见的影响。[16] 2016年，斯图尔特·弗林特与他人共同做了一项研究，他们对假想的应聘者打分，这些应聘者有男有女、体重不一（通过照片展示），以确定他们是否适合不同的职位。[17]根据简历里的个人陈述，这些应聘者都非常适合他们应聘的职位（行政助理、零售销售员、体力劳动者、大学讲师）。无论哪一个职位，男性和女性研究对象都将所谓的正常体重的男性列为最佳人选,而将所谓的肥胖症女性列为最不合适的人选。[18] 随后的分析证实,对于适配度的判断因应聘者的体重和性别而异。这表明,在就业市场,恐惧肥胖的歧视非常普遍,肥胖女性甚至比肥胖男性更可能遭到歧视。

在麻省理工学院读研究生的最后一年,我面试了很多学术职位,我得担心大家都会担心的事:论文摘要写得是否精辟,研究报告思路是否清晰,回答教学计划相关问题时是否得当。但我最担心的是,在面试过程中,我肥胖的身体看起来是什么样。我很难买到能把我的大屁股塞进去的职业风格套装,也很难买到新英格兰冬天的必备单品及膝靴,而大部分面试都是在大雪纷飞的冬天进行的。[19] 我订购了一双还算适合我的靴子,可无奈小腿太粗,根本拉不上来。有天早上,为了穿上这双靴子,我把指关节都剐破了。最后一次面试时,我只能用裹着创可贴的手跟人握手。为了让靴子更合脚,我穿了紧绷绷的及膝袜,它严重影响我腿部血液循环,两条小腿都被勒出一道深红色的印。我觉得自己很可笑,觉得自己受到了损害。

飞去南加州一所小型文理学院参加二轮面试时,情况也没好到哪里去。在一月份灼热的阳光下与教职员工"边走边聊"的我汗流浃背、局促不安。我发愁午餐该点些什么,晚餐又该点些什么,才能让人觉得我是个生活方式健康、胃口不大的"好胖子"。(最后我几乎什么也没吃,也不敢叫客房送餐,生怕被潜在雇主知道——毕竟这也不是不可能,因为所有求职者的住宿费都是由学校负担的。)为了让自己看着比较热爱运动,我很不明智地说我喜欢骑马,然后一位瘦削的教员狠狠地嘲笑了当地的一家马术俱乐部,大意是"他们就是为了迎合肥胖的美国游客,让他们坐在又懒又肥的马儿背上，撅着肥硕的美国大屁股"。另一位同样瘦削的白男教授向他投来异样的目光，他脸倏地涨得通红。"我也有肥硕的大屁股，不过是澳大利亚的。"我心中默想，好容易才平静下来。但伤害已经造成。最后我也没拿到那个职位。

当然，这可能是由多方面的原因造成的，而且有些原因完全合理。最后，我很幸运地收到了几份不错的录用通知，这让我喜出望外，因为我原本并没抱太多期望。不过，我还是希望自己不必那么担心，不必担心肥胖的身体会让我那颗哲学家的聪明头脑显得不那么出众、不那么有竞争力。我希望有适合粗胖小腿的过膝长靴。（嗯，我知道市面有"粗筒靴"卖。我做了很多功课。遗憾的是，它们通常都很"污秽、野蛮"[*]，而且也比较短，而我想要长点的。）

更重要的是，很多胖人都没我这么幸运，更别提享有什么特权了，因为人们恐惧肥胖而产生的偏见，他们根本就得不到就业机会。别以为这种行为一定违法，要知道，在撰写本书时，全美只有两个州保护肥胖者免受基于体重的歧视——密歇根州和华盛顿州，谢谢你们。[20] 在美国、加拿大和一些欧洲国家所开展的大规模全国性调查表明，被归类为肥胖症的人失业更频繁。[21] 即使剔除相关社会经济因素和健康因素的影响，较高的身体质量指数也与较少的总工作年数相关。体重较重的人一旦失去工作，就更难再找到工作。同样，这些影响在肥胖女性群体中尤为明显。[22]

除了较低的劳动力参与率，较胖的人往往从事地位较低的职

---

[*] 此处原文是"nasty, brutish"，作者似乎是在致敬哲学家霍布斯。霍布斯说过，自然状态下的人生是"孤独、贫困、污秽、野蛮而又短暂的"，因为人们总是处于相互争斗之中。

业：所谓的肥胖症患者担任专业技术岗位、管理岗位的相应比例较低，而"肥胖症"的女性担任行政岗位、服务岗位相应比例明显较高。[23] 即使从事的是同一职业，肥胖者的收入往往也大大低于瘦人。肥胖女性受到的冲击依然超乎寻常地大。2018年发表的一项运用了最先进方法的分析研究表明，平均而言，所谓的肥胖症与女性8%到10%的薪资惩罚（wage penalty）相关，而男性的这一比例仅为2%。[24]（还有研究表明，男性根本不会受到薪资惩罚，除了最胖的男性雇员群体，其他男性雇员的工资甚至会略有上浮。[25]）

令人不安的是，随着时间的推移，肥胖女性与他人的工资差距似乎只会越变越大。研究人员克里斯蒂安·布朗和P. 韦斯利·劳顿分析了两组纵向数据，结果表明，生于20世纪60年代的肥胖者的工资差距比生于80年代的肥胖者的要小。在"肥胖症"的年轻女性群体中，收入最高的人可能会因为肥胖而受到特别严重的惩罚——高达27%的工资差距。[26] 这个数字是同年龄段收入最高的肥胖男性所受到的惩罚的三倍多，是收入最低的肥胖女性的五倍多。[27] 还有一项研究把肥胖恐惧症的影响直接换算成了美元，结果表明，在美国，非常肥胖的女性比"平均"体重的女性的年薪少19 000美元；女性体重每增加25磅就会导致年薪减少13 000美元。[28] "这也许表明，至少对女性而言，肥胖症患者人数的增加并没有让职场更接纳肥胖。"布朗和劳顿指出。[29] 用一句不疼不痒的话总结一下：整体而言，肥胖者比以往任何时候都更受轻视。

◆　◆　◆

即使是过着正常的生活，不打扰别人，胖人也能在公共空间感受到肥胖恐惧症的束缚。比如，有时我们真的是"挤不进去"，让我清楚地认识到这一点的是在哈佛大学担任助教的经历，我得提前45分钟到教室，才能在更宽敞的固定桌椅那边找到合适的座位。我好害怕哪一天那些窄小的座位会向我发出热情的召唤。但那一天终归还是来了——因为要跟论文导师见面，耽误了点时间——我焦虑得哽咽难言，只能使劲蜷起身子，颤颤巍巍地挤进阶梯教室里剩下的最后一个座位。我强忍住泪水，庆幸自己的身体刚好能凑合。现在我还是会做噩梦，梦见自己"挤不进去"。

最近，我受邀去另一所大学做关于肥胖恐惧症的讲座。来听讲座的学生有些表示出同情，有些则嗤之以鼻，公开质疑肥胖恐惧症是否真的如此严重。讲座快结束时，有位学生分享了他的健身方案并讲到了精瘦蛋白（lean protein）的好处，这时我忍不住说，这个教室的每个座位都是很窄的固定桌椅。有没有谁甚至都没机会参与这场辩论、这场对话？众所周知，从教室到会议室，再到餐厅、剧院和体育场馆，胖人常常被挤出本该属于他们的位置。最近，好莱坞环球影城的虚拟现实体验项目马里奥卡丁车遭到猛烈抨击，因为它的座椅只适合腰围小于40英寸\*的人，这个尺寸比美国人的平均腰围还小。[30]

再者，很多胖人根本没法出行。大巴、火车和飞机上的座位

---

\*　英美制长度单位，1英寸相当于2.54厘米。

根本不适合我们。坐飞机尤其痛苦，要是邻座觉得胖人占用了太多空间，觉得不适，胖人通常会被强行送下飞机。有些胖人宁愿多掏钱，买两个座位或者坐头等舱。要延长安全带时，乘务员和其他乘客往往会向胖人投来鄙夷的目光。有些乘客还会因为邻座是个胖人而恶语相向。大码模特娜塔莉·哈吉登上从得克萨斯州飞往洛杉矶的航班后开始自拍，她注意到邻座乘客唉声叹气地给他朋友发信息。他开玩笑说，边上的女人太肥了，搞得飞机都飞不起来。"但愿她没吃墨西哥菜。"那人的朋友回复。"我觉得她吃了个墨西哥人。"邻座调侃道。他抱怨说，他被她挤到了窗玻璃上，脖子都压出血痕了。

哈吉质问该男子为何要出口伤人的视频在网上疯传，最开始他给她道了歉。可后来在镜头外，他却变本加厉，他说他担心哈吉无法履行乘客的职责，毕竟他们是坐在逃生门边上。（可实际上，哈吉是多掏了钱才能坐到这个腿部空间大一点的位置。）哈吉说："这是胖子不得不面对的日常，不仅仅是在飞机上。在大巴上、在生鲜超市排队、在音乐会上、在互联网上，都是如此。哪怕你是待在自己的空间，不打扰任何人，人们还是会伤害你，找你麻烦。"她补充道，"你能做的就是明白自己的存在并不是什么错，继续活下去。"[31] 尽管你的生活仍然会被出行时遇到的肥胖恐惧症拖累。

◆ ◆ ◆

医疗体系中的肥胖恐惧症也许最为明显。从进入医生办公室的那一刻起，肥胖的病患就面临一系列障碍，因而无法获得公平有效的治疗。就诊的第一步通常是称体重，无论治疗是否需要了解病患的体重。尽管称体重是每一位患者的例行程序,但对于胖人来说,这是尤为不愉快的经历,因为他们是背负着毕生难以甩去的体重污名踏上的体重秤。就诊时,胖人还可能会因为体重过重而遭受医生的非难,有时甚至是赤裸裸的羞辱。有时医生甚至都没意识到自己的做法造成了伤害。我记得有次去门诊称体重时,电子病历屏幕上亮起红色警报,提示我体重增加了。后来,我通过医院在线系统查看我的病历,结果在"外观"一栏只看到几个字:"肥胖症"。作为一名成年人,我很少因自己而感到无地自容,也很少因自己的身体而如此卑微。

体形更大的病人面临的问题也更大。通常情况下,医院的体重秤无法满足体形最大的病人的需求,而想要判定病人的用药剂量,判断医生敦促病人实施的减肥计划是否有效,医生需要知晓病人的体重。这些病人报告说,有医生建议他们去废品收购站或动物园称体重。这简直太羞辱人了。[32] 许多医院都没有适合胖人的椅子、血压计绑带、病号服、检查床与针管。有些病人被告知进不了核磁共振成像仪,尽管实际上仪器内部空间还有富余。[33] 有些病人的体形对标准仪器来说确实太大,只能千里迢迢地去寻找适合自己的机器,但也可能根本没机会做重要检查。[34]

说到紧急避孕,大家的第一选择——Plan B 牌避孕药对体重超过 155 磅的人来说效果较差。即使是被吹捧成无所不能的 Ella 牌避孕药,也是建议体重不超过 195 磅的人使用。[35] 体重超过这个标准很可能避孕失败,你也可能无法终止妊娠,这取决于你住在美国的哪个州，因为在多布斯诉杰克逊女性健康组织案[*]判决的影响下，全美各地都出台了严苛的反堕胎法。[36]如果你选择把孩子留下，那我祝你好运，祝你能得到充分的妇产科护理。有些医疗机构拒绝接收超过一定体重的孕妇，据称是因为我们是"高危"孕妇。[37]怀孕的肥胖者的需求往往被拒绝、被置之不理。有时，医疗服务提供者会表现得满不在乎。"我感觉你会得先兆子痫。"我怀孕时，有位妇产科医生很随意地断言道，尽管我血压正常，也没其他风险因素。困扰我的不是医生不祥的预感，而是表达的方式——就诊快结束时随口一说，好像这种后果也许很严重的并发症不值得讨论、关注，不值得多花费心力监测，只是像我这样的孕妇会遇到的倒霉事。（庆幸的是，我并没得先兆子痫。）

在整个医疗行业，医疗服务提供者的态度往往是不公正的根源。一篇较全面的文献综述表明，肥胖的患者要面临许多有害的刻板印象，医护人员认为我们懒惰、缺乏自控力、意志薄弱，而且不太可能坚持治疗或坚持医生推荐的自我保健方案。[38]有项研究以主诊医生及其病人为研究对象，该研究发现，这些医生不太可能与较胖的病人建立融洽的情感关系，对我们也较缺乏同理心——从问诊过程中他们使用的表示关心、关切和抚慰的话语明显较少不难看出这一点。[39]另一项研究表明，相当一部分护士对我们的身体感到"排斥"，不想触碰我们。[40]

---

[*] Dobbs v. Jackson Women's Health Organization，指美国联邦最高法院针对2018年密西西比州禁止在怀孕15周后进行堕胎手术的法律是否违宪进行裁决的案件。2022年6月24日，美国联邦最高法院以6∶3的比例推翻了下级法院的裁决，认为密西西比的《胎龄法案》中限制堕胎的规定合乎宪法，认为堕胎不是一项宪法权利，且各州在规范堕胎方面应有自由裁量权。这一判决推翻了1973年的罗伊诉韦德案和1992年的计划生育组织诉凯西案确立的堕胎规则。

研究表明，医疗服务提供者不那么尊重肥胖的病患，在我们身上花费的时间也明显更少。[41]在一项研究中，研究人员要求多位主诊医生评估一位偏头痛患者的病历，他们拿到的病历完全相同，只是体重等级有所差异——肥胖症、超重或"正常"体重。（研究人员选择偏头痛这种病症是因为业内专家认为它与体重无关。）这些医生表示，他们打算花在最重（即"肥胖症"）的病患身上的时间比普通病患要少近三分之一。[42] 13项指标中有12项指标表明他们对体重较重的病人看法更负面。这些指标有"这个病人是在浪费我时间""我有多少耐心""这个病人会让我恼火到什么程度"，还有"想要帮助病人的意愿"。[43]一些医生在"肥胖症"患者病历的空白处写的话明显是在污名化胖人。例如，"这个女人活得很不幸福"；第二个病人"多半是个瘾君子"；第三个病人"可能有抑郁症"。有十几名医生在未进一步了解病患信息的情况下就建议体重较重的病人服用抗抑郁药物——这有点讽刺，要知道，许多抗抑郁药物会让人变胖。[44]

肥胖恐惧症的偏见会导致误诊，医生甚至根本不给诊断结果——珍和简的故事充分说明了这一点。[45]相关证据不仅仅局限于个人经历：被归类为肥胖症的女性接受某些癌症筛查的概率要低得多。[46]一项研究分析了300多份尸检报告，发现被归类为超重的死者患有重大疾病，包括肺癌和心内膜炎（心脏感染）却未被诊断出的概率要高1.65倍。[47]这表明，如健康专栏作家和身体自爱倡导者（body positive advocate）杰丝·西姆斯所言，"别的患者可能会做CT和核磁共振，这些检查和治疗能挽回性命"，而具有相同症状的肥胖病患往往会"被告知回家减肥"。[48]还有一个可能就是，我们根本就不会去医院看病，起码不到急需医疗救助那一步我们就不会去。2016年的一项调查发现，在不同体形的女性中，大约45%的女性表示，她们会一直推迟就医，除非体重减下来。[49]还有项研究发现，肥胖女性不去就医的概率更高是因为她们不仅害怕称体重，还怕被人耻笑。[50]另一项研究表明，女性越胖，就越可能彻底放弃就医。[51]综上所述，肥胖恐惧症不啻杀手。

临了胖人还要再被侮辱一把：作为胖人，我们死了都不能把遗体捐献给科学事业。遗体捐献的一般要求是体重不能超过180磅，但这并没有充分的科学依据。[52]看来就算我们死了，医疗行业的人也不高兴处置我们不听话的身体。

◆ ◆ ◆

上述医疗机构的偏见模式虽然残酷，但至少有些读者对此并不陌生。更鲜为人知却又必须重视的是，肥胖恐惧症对最边缘化的肥胖人群的伤害非常之大。这部分是由各种形式的压迫和污名造成的，也是因为一些边缘化的人群需要特殊医疗服务，而肥胖者通常得不到这些医疗服务。例如，有许多关于跨性别者因身体质量指数过大而被拒绝做性别肯定手术的报道。25岁的跨性别者内森为了获得在英国布莱顿做乳房切除术的资格，进行了地狱式快速节食，他想把身体质量指数从38降到35。他一点碳水都不摄入，每天锻炼近三个小时，终于把数值降到了35.8。但他发现自己的体重不会再降了，因为肌肉一直在增加。医生要求他在十天内再减掉两千克（将近四磅半），才能做手术。[53]想想看，为了达到一个随意制定的标准而快速减肥，无论是术前还是术后，他能更健康吗？更何况，他认为这是导致他进食障碍的罪魁祸首。

内森后来得知，如果他去的是附近的另一家医院，那从一开始他就可以手术，该医院要求身体质量指数不超过40就行。"如果我去的是普利茅斯，医院压根儿不会要求我减肥。"他心想。

尽管有人为限制身体质量指数这一举措辩护，理由是这样手术的效果更好，恢复起来也更快，但这方面的证据非常有限且有矛盾之处。一些研究确实发现，较高的身体质量指数与术中和术后的不良后果（如术中出血、房性心律失常、深静脉血栓和肺栓塞）相关。但有些研究的结论与之相矛盾，"不考虑其他因素，围手术期\*结果与更高的身体质量指数并不相关"，研究人员这样指出。[54]我还想说，很多肥胖的患者也许只有资格动一种大手术：减肥手术。对肥胖的跨性别者来说，性别肯定手术有潜在风险，他们需要权衡利弊；如果被拒绝做手术，跨性别患者的生活质量会大大降低，心理出现问题的概率也会增加——包括自杀概率。[55]此外，有时外科医生自己的审美观以及以顺性别为中心的审美标准似乎也是影响医生决定的关键因素：有位外科医生跟打算做下体手术的病人说，只有减肥，他那儿才能"看着又大又……能干"。看来，至少在身体管控的这个方面，尺寸大被认为是种财富。

残疾的肥胖跨性别病患想要锻炼身体其实很困难，找到自己所需要的医疗服务是难上加难。38岁的李·休姆是英国的一位非二元性别的男性倾向跨性别病患，长期被膝伤和背痛所折磨，后来又患上了坐骨神经痛和关节炎。尽管这些病症给锻炼增加了难度，李还是被告知必须先减肥，才能接受下体手术。"有时真的很

---

\* perioperative period，指从患者确定进行手术治疗、进入手术前准备开始，到手术后痊愈出院的这段时期。

绝望，需要的怎么也得不到。"李哀叹。

在美国，跨性别患者因体重而被拒绝做性别肯定手术的情况同样很普遍。关于该问题的第一篇综合性研究论文发表于2020年：研究人员对近1500名跨性别患者进行了跟踪调查，这些患者都想去位于纽约的大型医院芒特西奈医院做性别肯定手术。[56] 其中超过四分之一的患者被划定为肥胖症；14%的患者身体质量指数大于33，因此，这些患者被判定为不适合在该院做手术。[57] 值得注意的是，直到复诊，这些患者**都未**减到要求体重。还有些患者甚至因为初诊后体重增加而被判定为不符合手术条件[58]，尽管这些患者很可能迫切想要做手术，研究人员这样指出。总而言之，对于体重的严苛要求是跨性别者在试图获得人道的性别肯定医疗服务时所面临的另一种障碍，而他们有资格获得这样的服务。[59]

许多肥胖的病患——无论是跨性别者还是顺性别者——也无法获得生殖类医疗服务，而酷儿和跨性别者往往需要这类服务来生育后代。体外授精诊所通常会限定身体质量指数的上限，许多数值都是随意规定的，没有充分的证据说明这些规定的必要性。[60] 肥胖者在领养孩子时也常常遭拒，理由大概是我们当不了好父母。[61] 最近，有位肥胖女性去收容所领养狗甚至都被拒绝了，因为他们怀疑她无法让宠物得到充分锻炼——尽管她说自己可以做到，也乐意这么做。[62]

如果我们真的有了孩子，而我们的孩子又像我们一样肥胖——考虑到遗传基因对体重的决定性影响——那么我们很可能将面临大量非难。人们会认为，我们自己和孩子吃的都是不健康的食物，因为我们错误的决策，孩子也许会遭受欺凌。根据最新研究，即使父母较瘦，也会因孩子身材肥胖而受到指责和羞辱。[63]

由此可见，肥胖恐惧症是一种普遍而有害的压迫形式，这与个体表现出敌意或辱骂不是一个层面的问题。它是真实存在的、结构性和制度性的现象。而且，正如常以笔名 G. M. 埃勒发表文章的哲学家玛德琳·沃德所言，肥胖恐惧症是**系统性的**，因为它对于我们生活某一方面的影响很容易渗透到其他方面。她写道：

> 人从幼年开始就对肥胖有偏见，而且一辈子都会如此。早年受到伤害会带来并加剧后期的伤害。青少年时期低自尊可能会导致个体体重增加或抑郁，从而阻碍他们走向成功。青少年时期肥胖的结果可能是个体只能上较差的大学，日后的收入也会相应较少。此外，肥胖者受到的伤害还会延伸到他们生活的方方面面。他们不仅会随时随地遭受赤裸裸的歧视……还有"各种甩都甩不掉的烦恼"：挤不进飞机座位、游乐设施的座位、对胖子不友好的洗手间，或者只有去专卖店才能买到合身衣服。种种伤害相互关联，充斥着肥胖者的生活。[64]

因此，肥胖恐惧症具有破坏乃至摧毁生命的力量。"求职时因体重而被拒、在教育中处于劣势、被医疗工作人员边缘化，或因为肥胖而受到同龄人不公正的对待，其后果都会对生活质量产生深远影响。"某研究团队指出。[65] 或者，如黑人非二元跨性别者、倡导接受肥胖活动家达肖恩·L. 哈里森所写，肥胖与其他种类的"丑陋"（Ugliness）一样，"决定了谁有工作，谁没工作；谁得到爱，谁得不到爱；谁会死，谁不会死；谁有饭吃，谁没饭吃；谁有地方住，谁没地方住"。[66]

本章所论述的肥胖恐惧症的束缚是由什么造成的？你也许会顺理成章地认为，这应该归咎于一个显而易见的事实：胖人不如瘦人健康。这虽然不幸，但合情合理。但在后文我们会看到，现实情况并非如此简单：胖瘦与健康之间的关系实际上错综复杂。此外，认为胖人不健康的信念往往是一种**钓鱼式**关心（concern *trolling*）——一种支配和羞辱他人的方式，而不是发自内心地关心我们的健康。

## 第二章
# 瘦身成本

从很多方面来看，我大四那年都过得很糟：和同居多年的男友分手，第一次自己租房住，为了付房租，课余时间只能打两份工。（不过呢，尽管我一心想尽早经济独立，但命运其实对我一直很眷顾，我出生于饱暖无虞的中产之家，父母也很支持我。）大四那年，我学习特别用功，因为我想去美国读哲学研究生，那是我的梦想。我这辈子都没如此忙碌过，要写毕业论文、寄送申请材料，还要准备 GRE 考试。

我对吃一点也不讲究，意面、面包、麦片，只要便宜、方便，还能填饱肚子就行。我一下子胖了很多，上臂长满了橘皮纹。我觉得橘皮纹看着特别丑，那之后的几年，我都不敢穿短袖，更不敢穿无袖，直到那些橘皮纹从张牙舞爪的淡紫色纹路变成了浅白色、歪歪扭扭的格状。多少个夏天，我穿的都是七分袖，热得我汗流浃背。

大四那年年底，我感觉真的糟透了——疲惫、隐痛、焦虑，而且两脚发麻。和"谷歌医生"聊了一个钟头之后，我确信自己得的是糖尿病神经痛。我走到当地药店买了个针扎式血糖仪。我用针刺了刺手指,看到好一大滴血流出来,然后测了下血糖,这时我的心提到了嗓子眼。但我的血糖很正常,到现在都很正常。(那我两脚到底为什么发麻?原来是因为穿了不合脚的鞋子走了太远的路。)当时我特别内疚、恐惧和惊慌,但我很少会那样。大概十五年过去了,当怀着女儿的我焦急地等待着妊娠糖尿病检查结果,足足等了有三个钟头时,我再一次体会到那种感受。我一遍又一遍地刷新医院网站,想早点查到结果,我猜他们肯定以为有黑客入侵或者是系统出了故障。在我看来,这两次检查不只是医疗评估,也是对我这个人的"盖棺论定"。要是结果一切都好,我不仅会如释重负,激动到泪奔,还会觉得自己暂时摆脱了冥冥注定的悲惨命运的魔爪。

这种恐惧并非全无道理。我们家有 2 型糖尿病家族史。要是我被诊断出患有这种疾病,我一点都不意外。另一方面,我现在能意识到,我焦虑的严重程度及其复杂性反映出人们对某种疾病的强烈耻辱感,而这种疾病对近 10% 的美国人都有影响。我的焦虑不仅仅是害怕生病或残疾(这是不对的,因为涉嫌残障歧视);我还害怕,人们认为我胖是**咎由自取**。没错,糖尿病是挺严重的疾病,需要精心治疗、严格控制,但这种恐惧却常常被用来对付我们这些体格较大的人。

在本章中,我将从群体与个体角度探讨肥胖恐惧症所引发的与健康相关的恐慌。我们必须找到办法,开启对话,让公众认识到肥胖与健康之间的复杂关系,让公众知道肥胖也可以很健康,不必固执己见,认为胖人**只有**达到了健康标准才配活着。我们的福祉岌岌可危,我们获得适当的、体贴暖心的医疗服务的权利同样岌岌可危。

◆ ◆ ◆

2005年，美国疾病预防控制中心（CDC）资深科学家凯瑟琳·M.弗莱格尔做了一项具有里程碑意义的研究，该研究表明，与肥胖相关的死亡风险远低于人们的预期。她发现，与所谓的正常体重者（身体质量指数在18.5至25之间）相比，"轻度肥胖"者（身体质量指数在30至35之间）的死亡风险在统计学意义上并无显著提高。[1] 此外，"超重"（身体质量指数在25至30之间）实际上与**较低**的死亡风险相关。超过"轻度肥胖"（身体质量指数大于等于35）**的确**与更高的死亡率相关，但体重过轻（身体质量指数低于18.5）也与此相关。[2]（迫不得已时，我只能以身体质量指数为参考指标。需要说明的是，"严重肥胖"是指身体质量指数大于等于40，我曾经是个严重肥胖者；"严重肥胖"有时也称"病态肥胖"〔morbid obesity〕，这个标签污名化的意味尤为强烈。）

这项研究深入细致，且与之前的研究结果一致；随后的研究也进一步证实了它的结论。[3] 弗莱格尔是位备受尊敬的科学家，她的研究曾获美国疾病预防控制中心的最高奖项，在那之后，她一直为该中心所发布的健康建议提供指导。尽管如此，她的研究还是遭到了那些推动反肥胖议程的科学家的猛烈抨击。

当然，研究该问题的科学家远不止弗莱格尔一人，一些研究结果也相互矛盾，其中包括美国疾病预防控制中心于2004年开展的另一项研究，该研究的带头人是阿里·H.穆克达德。他的团队称，有许多"超额"死亡（excess death），即比根据平均预期寿命所预计的死亡人数多出来的死亡数，是由肥胖造成的（"超额"死亡人数每年约38.5万，但弗莱格尔估计的数目相对较低，"超重"

与"肥胖症"所导致的死亡加起来不到2.6万人,且多见于身体质量指数超过35的人群)。[4]但正如社会学家阿比盖尔·C.萨吉所阐述的,与弗莱格尔的研究相比,穆克达德的研究在许多方面都有缺陷:它使用的样本并不能代表美国人口;它未校正性别、年龄、是否吸烟三个因素;它假定,而非证明超重者和肥胖症患者的死亡是由"不良饮食和缺乏活动"造成的;它所收集的数据不能代表整个"正常"体重人群,只是调查了身体质量指数较大的"正常"体重人群(根据弗莱格尔的研究结果,这些人的死亡风险可能低于较瘦的"正常"体重人群)。[5]该研究还采用了自陈数据,而自陈数据是出了名地不可靠。[6]此外,穆克达德的初步估计存在基础的计算错误——发表后又不得不向下修正了2万人。美国疾病预防控制中心官方认可的是弗莱格尔的研究结果,而非穆克达德的研究结果。[7]

鉴于人们普遍认为肥胖会带来健康风险,媒体对这两项相互矛盾的研究的报道大相径庭,这倒也不足为奇:媒体倾向于认为弗莱格尔的研究结果不可信,正如阿比盖尔·C.萨吉的媒体分析文章所揭示的那样。具体来说,萨吉发现,75%的关于穆克达德研究的新闻报道都认为,他的研究结果证实了先前的结论,相比之下,只有不到10%的关于弗莱格尔研究的新闻报道认为她证实了之前的结论,尽管她的研究与大量流行病学证据相吻合。相反,只有不到3%的关于穆克达德研究的新闻报道认为其研究结果令人惊讶,而相比之下,有超过三分之一的关于弗莱格尔研究的新闻报道认为其研究结果令人惊讶。最后,关于弗莱格尔研究的新闻报道中,有30%以上援引了外部研究人员对该研究结果的质疑;然而没有一篇关于穆克达德研究的新闻报道援引了外部研究人员的质疑。[8] 正如《肥胖的神话》(*The Obesity Myth*)一书的作者保罗·坎波斯所言,类似的倾向会让新闻报道失实,比如在新冠疫情期间,有报道不遗余力地渲染称,肥胖人群若感染新冠会面临略高的健康风险。光看这些新闻头条你根本想不到,目前研究表明,男性似乎比"严重肥胖"者面临更大的健康风险,还有,再次强调,"超重"的人比所谓的正常体重者也许还健康一些。[9]

媒体对于疾病预防控制中心这两项相互矛盾的研究的报道如此厚此薄彼,部分要"归功于"哈佛大学公共卫生学院教授沃尔特·威利特的不懈努力。威利特曾出版过多本减肥书。弗莱格尔的研究结果一出来,威利特就开始口诛笔伐,他写了篇报道,对弗莱格尔的研究结果嗤之以鼻,称其"实在幼稚,漏洞百出,严重误导公众"[10],并专门组织了一场为期一天的会议,以诋毁弗莱格尔的研究结果,还向记者进行了网络直播。在科学界,很少有人会那么做。但威利特被"肥胖"的危险吓坏了头脑,言辞非常之激烈:"凯西·弗莱格尔根本就不懂。"("请叫我凯瑟琳。"弗莱格尔纠正他。[11])"这项研究简直是一堆垃圾,谁都不该浪费时间去读它。"威利特对弗莱格尔后续做的荟萃分析\*大加挞伐,而该分析进一步支持了弗莱格尔之前的研究结果。[12] 哈佛大学公共卫生学院的学生报告说,学院里有些教授甚至拿弗莱格尔的体重开玩笑。[13]

由此可见,肥胖的致命性常常被记者和一些研究人员夸大。[14] 关于这个问题,目前最细致、可信度和可重复性最高的研究表明,

---

\* meta-analysis,也称元分析、总分析、后分析,指运用统计程序对某一问题的大量单个研究进行定量化总结和评估的方法。

肥胖与死亡率之间的关系可以用 U 形曲线来表示，过胖**或**过瘦与早逝只是相关，并不一定会导致早逝。[15] 与所谓的正常体重相比，"轻度肥胖"的死亡风险并不高；而"超重"实际上与明显更低的死亡率相关。可尽管如此，很多人依然认为肥胖致命。

◆　◆　◆

所以，肥胖并不像我们所相信的那样，能要人命。[16] 它也远没有我们一贯认为的那样容易控制。虽然许多人靠节食可以在短期内减重，但根据目前最可靠的数据，瘦下来后想要保持却是难上加难。

在一项重要的荟萃分析中，加州大学洛杉矶分校的研究人员想要弄清楚，节食对于长期减重是否有帮助。"我们发现，证据恰恰指向了相反方向。"研究小组成员珍妮特·富山说。换言之，节食对长期减重并无帮助。他们分析了 31 项针对节食的长期研究——跟踪时间长达 2 至 5 年的研究基本上也就那么多了——在此类分析中，它是迄今为止最全面、最严谨的。[17] 该研究的负责人特拉奇·曼这样总结他们的结论："一开始，你能减掉 5% 到 10% 的体重，但之后都会胖回来，无论用的是哪种节食法。我们发现，多数人的体重都会反弹，甚至比之前还重。"只有少数研究对象的体重能持续下降。多数人的体重都会彻底反弹。在四五年的时间里，很多人——大概三分之一到三分之二的人——反弹回来的体重比减掉的体重还要多。[18] 因此，节食非但不能帮助人们减肥，还可能适得其反。"几项研究表明，节食实际上是预测一个人未来体重是否会增加的可靠因素。"富山说。[19]

从健康的角度看，节食之所以不稳妥，还有另一个原因。减重后体重很难保持，这只是其一，其二是在减肥的过程中，体重几乎会不可避免地来回反弹，也就是人们常说的"溜溜球效应"（weight cycling），而这对健康非常不利。它与多种健康问题相关：心血管疾病和中风[20]、新陈代谢问题[21]、免疫功能恶化[22]，甚至糖尿病[23]。因此，曼认为，大多数研究对象最好从一开始就不要节食；这样，他们的体重就不会有太大变化，整体健康状况也更好。"节食并不能治疗肥胖症，"曼总结道，"节食的弊远大于利，它有很多潜在危害。"[24] 虽然体重一直较轻的人通常比体重非常重的人更健康，但这并不是说体重较重的人自己如果减肥就会更健康，这是因为"瘦身成本"（shrinking costs）的作用。[25]

曼和她的团队于2007年发表了他们的荟萃分析论文，随后的研究进一步证实了他们的结论。在2020年发表的另一项较全面的荟萃分析中，研究人员分析了121项针对节食方法（低脂饮食、低碳水饮食等）的试验，涉及近2.2万名研究对象。他们发现，在12个月的时间里，多数节食方法对心血管健康状况的相关指标没有明显影响，包括血压、低密度脂蛋白胆固醇指标和C反应蛋白指标。仅有两种差异显现出来，好坏参半。好消息是：遵循地中海饮食方式（以鱼类、坚果、绿叶蔬菜和橄榄油为主）的研究对象的低密度脂蛋白胆固醇指标，也就是通常所说的坏胆固醇，在12个月的随访中显著降低。坏消息是：某些饮食方式（低脂饮食和适度宏量营养素饮食）会让高密度脂蛋白胆固醇指标，也就是通常所说的好胆固醇显著下降，而这对健康**不利**。在总结所有节食方法的效果时，研究人员指出，"12个月后，减重效果、改善心血管风险因子的效果基本消失"。而研究对象平均减掉的体重远不够 5 磅。[26]

  研究还表明，人们一直以为运动是控制体重的关键，但令人惊讶的是，运动的减重效果微乎其微（尽管运动总会让人更健康，并且在保持体重方面能发挥更大作用）。[27] 这大概部分是因为人们高估了运动能消耗掉的卡路里，部分是因为运动会增加饥饿感。"饮食不健康，运动再多也白费"这句话现已成了广为接受的至理名言（至于怎样才算"饮食不健康"，大家见仁见智）。

  2018 年，曼接受了采访，谈到了 2007 年那项具有里程碑意义的研究的后续结果。2013 年，曼的团队更新了该研究，他们分析了更多项研究，包括最近的研究。但团队的结论与之前一致。[28] "结果很明显，"曼说，"节食的人辛辛苦苦，却几乎看不到任何好处，而没节食的人并未因没付出努力而变得不健康。总之，体重反弹似乎是节食造成的长期反应，它并不是个案，而是普遍现象。"[29]

  在那之后，曼一直在研究体重为什么会反弹。她发现意志力并不是答案：尽管意志力与身体质量指数并非全无关联，但它至多是次要因素，从整个人群来看，它对个体之间体重差异的影响只有 1% 到 4%。（相比之下，意志力能很好地预测其他结果，比如 SAT 成绩。[30]）体重反弹似乎是多重因素在作祟：节食会让食欲增强，因为人节食后会对食物异常渴望；由于遗传因素的影响，每个人都有相应的"基准"体重（set point weight），讽刺的是，节食可能会让基准体重增加。[31] 此外，在严格限制热量摄入一段时间后，新陈代谢会长期性地减慢。[32] 有研究跟踪了减肥真人秀节目《超级减肥王》（*The Biggest Loser*）的参赛者，结果发现，令人吃惊的是，在大幅减重后的几年里，他们每天消耗的热量也大幅减少，平均减少了近 30%。大多数参赛者不仅体重有所反弹，有些甚至比刚开始减肥时还要重。只有少数几个人体重基本没反弹，但他们需要比之前更努力才能保持体形。[33] 这不禁让人对流行的"吃进多少卡路里就消耗多少卡路里"的理念产生极大怀疑，而很多节食方法和健身方法都是以这一理念为前提，包括《超级减肥王》中的方法。

结论：大多数胖人都没法通过节食变瘦，至少长期来看如此。同样重要的是，节食造成的体重波动似乎对健康还非常不利。

◆　◆　◆

你也许还是想问：**那么 2 型糖尿病呢？** 就算肥胖与健康之间的关系并不像许多人想象的那么简单，可肥胖与糖尿病之间的关联不是很明显吗？

这两者之间的关系仍然很复杂，需要强调的是，我们对糖尿病这种慢性疾病的病因和最佳疗法仍然知之甚少。如果人体无法分泌足够的胰岛素，或者能够分泌胰岛素但机体的胰岛素敏感性降低，即出现"胰岛素抵抗"时，就会患糖尿病，结果是细胞对葡萄糖（一种糖）的吸收受到影响，葡萄糖就会在血液中累积。（2 型糖尿病是由这两种相互关联的病因引起的。而 1 型糖尿病的病因是胰腺中能分泌胰岛素的 B 细胞被免疫系统破坏，因此体内只有极少量的胰岛素，甚至完全没有。[34]）什么可能与糖尿病相关？有一项研究的结论看似非常离奇：每天至少用两次漱口水的人在之后的三年里，患糖尿病或前驱糖尿病的概率要高出 55%。[35]（前驱糖尿病是指血糖水平升高，但并未达到 2 型糖尿病的诊断标准。[36]）即使排除一些混杂因素，比如饮食、口腔卫生、睡眠障碍、药物使用、空腹血糖水平、收入和教育程度,这种相关性仍然存在。研究人员认为,漱口水可能会破坏口腔中有助于一氧化氮形成的"好"细菌,而一氧化氮是人体内一种有助于调节胰岛素的化学物质。但截至目前,要想弄清楚其作用机制,我们还有很长的路要走。还有研究发现,习惯喝咖啡的人2型糖尿病发病率明显较低。[37]

毫无疑问,按照身体质量指数的划分标准,大多数(绝非全部)患2型糖尿病的人都属于超重或肥胖。[38]因此,较重的体重与2型糖尿病无疑是高度相关的。但有些研究人员提出了一个目前颇受认可的假设,即并不是体重的增加导致了2型糖尿病;相反,血液中胰岛素水平的升高可能导致体重的增加,它也是2型糖尿病发病的标志。[39]另外,有很多肥胖者的新陈代谢并无任何问题。[40]

话说回来,且不论病因,减重难道不能改善2型糖尿病患者的健康状况吗?毕竟,医生给新确诊的糖尿病患者、前驱糖尿病患者常开的医嘱就是减重。可以肯定的是,减重通常可以在短期内改善血糖控制状况,缓解其他症状。但长期看,这方面的证据同样模棱两可。著名的Look AHEAD(Action for Health in Diabetes,糖尿病健康行动)研究给了我们重要启示。研究人员跟踪调查了5000多名年龄在45岁至76岁之间、被划为超重或肥胖症并患有2型糖尿病的人。其中一半人接受了标准护理,即糖尿病健康支持和教育(diabetes support and education,DSE);另一半人接受了"密集生活方式干预"(intensive lifestyle intervention,ILI),即全面的行为减重咨询\*。研究人员还为他们

---

\* 一种旨在帮助个人通过改变行为和习惯来减重的治疗方法。

精心安排膳食计划，提供免费代餐，建议他们饮食要低卡、低脂，还指导他们把每天吃的食物都记录下来。最后，还规定他们每周至少进行175分钟的中等强度运动（如果达成这个目标，还可增大运动量）。"Look AHEAD项目通过评估随机样本，调查了密集生活方式干预对减重的影响，是同类研究中规模最大、时间跨度最长的。"研究人员指出，"减掉初始体重的5%并维持该体重（即临床意义上的显著减重）是否可行，该研究对此提供了宝贵信息。"[41]

结果如何呢？与许多研究不同的是，ILI组的实验对象在一年后平均减掉了初始体重的8.5%，DSE组则减掉了不到1%。ILI组的很多人能保持大部分减掉的体重不反弹，即使在八年后，平均减掉的重量也接近初始体重的5%（而对照组的减重幅度只略高于2%）。密集生活方式干预能让初始体重为200磅的人最终平均减重10磅。八年后，ILI组体重减轻超过初始体重5%或10%的实验对象明显多于DSE组。[42] 不过，虽然ILI组的实验对象减重更多，但与DSE组相比，心血管病死亡率或发病率并没有显著改善，而该实验的首要目标就是降低心血管病的死亡率或发病率，研究人员先是做了一番令人扼腕的"徒劳分析"，后出于伦理原因，在十年后终止了试验。[43]

这样的结果令人大失所望。在大约十年的时间里，ILI组的实验对象尽最大努力节食、运动，许多人**确实**克服了重重困难，在严厉措施与密切监督的帮助下，减掉了适量的体重，而且只有小部分体重反弹。在研究的最初几年，与DSE组相比，他们的健康状况有所改善：一些人的尿失禁、睡眠呼吸暂停和抑郁症有所减轻；这些研究对象自陈生活质量明显提高。[44]（健康状况的改善是该归功于减重本身、饮食习惯的改变、锻炼，还是几方面因素的共同作用,仍然是一个悬而未决的问题——最初的改善是否能保持下去同样是个问题。)不过,从结果来看,与采用标准方案(强度和干预程度要小得多)的实验对象相比,2型糖尿病患者面临的最大风险,即因心血管问题导致的疾病和死亡,**并没有统计学意义上的显著改善**。[45]

2016年发表的一篇论文进一步证实了该研究的结论。拉斯穆斯·科斯特-拉斯穆森与人一起研究了减重对所谓超重与肥胖症的2型糖尿病患者长期发病率和死亡率的影响。该团队想要验证的假设是,如在医生的监督下刻意减轻体重,能延长2型糖尿病患者的寿命、降低罹患心血管疾病的概率。在6年的时间里,他们每三个月就对400多名丹麦糖尿病患者的身体质量指数和减重意愿进行一次监测。在随后的13年中,他们跟踪了这些患者的治疗效果,该研究的时间跨度长达近20年。令研究人员惊讶的是,他们发现减重(无论是否刻意)不仅与更好的健康状况并无关联,而且,甚至是导致全因死亡率增加的独立**风险因子**。[46]该团队发现,"体重变化与全因死亡率之间呈类似V形的关系,这表明体重稳定的人健康状况最好"。(同理,体重大幅减少和大幅增加都会带来问题。)他们的结论是,"在这项以人群为基础、针对超重的2型糖尿病患者的队列研究中,研究对象在医生的监督下,用了6年的时间进行刻意减重治疗,但从随后13年跟踪的数据来看,减重与更低的全因死亡率或心血管发病率/死亡率并不相关"。[47]

当然,类似的研究都会有异常值。扩大范围来看,情况亦如此:根据美国国家体重控制登记处(National Weight Control Registry)提供的自陈,有些人**确实**能通过节食和运动大幅减重,也有些人确实能保持大部分体重不反弹。[48]我们同样不能排除这样的可能性，即减重确实能显著改善部分人的健康状况。我的观点是，异常值终归是异常值。它们并不能为个人健康或公共政策干预提供可信的依据。

看到这些令人沮丧的结果，你也许会问，对那些想把心血管疾病等主要致死因素的风险降至最低的人（无论是否患有糖尿病）来说，究竟什么才能带来**真正的**改变？许多研究表明，运动确实有帮助，即使没减重也同样有帮助。一项荟萃分析以 14 项针对 2 型糖尿病患者的研究为基础，结果发现有氧运动和力量训练都能降低血液中糖基化血红蛋白水平，而糖基化血红蛋白水平是判断血糖控制情况的标准指标，"它所降低的幅度能减少糖尿病并发症的风险"，即使研究对象的体重并没有明显减轻。[49] 另一项荟萃分析以 10 多项针对普通人群（即**不**专门针对 2 型糖尿病患者）的研究为基础，研究人员发现，无论身体质量指数如何，不健康个体的死亡风险都是"体重正常"的健康个体的两倍。然而，"超重、肥胖症的健康个体的死亡风险与体重正常的健康个体相差无几"，研究人员总结道。他们补充说："研究人员、临床医生和公共卫生官员应该把重点放在运动和以健康为目标的干预措施上，而不是通过以减重为目标的方法来降低死亡风险。"[50]

同样，鹿特丹的科学家以 5000 多名年龄在 55 岁及以上的个体为研究对象，根据身体质量指数和运动量（小或大）对他们进行分类，并对他们进行了平均约 10 年的跟踪调查。虽然运动量小的超重者、肥胖症患者患心血管疾病的风险要高于运动量小的正常体重者，但对运动量大的超重者、肥胖症患者来说，情况**并非**如此。"被归类为超重和肥胖症且运动量大的研究对象并没有显示出更高的心血管疾病风险。"研究人员写道。[51] 一项针对超过 2.2

万名 30 至 64 岁美国人的研究也发现，与较低的心血管疾病风险相关的是运动，而不是正常的身体质量指数。[52]

有相当多的证据表明，对健康而言最重要的是运动，而非胖瘦，运动可以减少许多（如果说不是全部）与大体重相关的健康风险。可许多人依然以为肥胖是罪魁祸首。

◆ ◆ ◆

倡导接纳肥胖的运动圈中常说，相关性并不等同于因果关系：胖人的健康状况整体而言不如体重较轻的人，比如更容易患 2 型糖尿病，但这一事实并不意味着体重较重必定会**导致**健康状况不佳。再比如，雄激素性脱发与心脏病高度相关，但这并不意味着它会**导致**心脏病（反之亦然）；它们似乎都是由第三变量或混杂因素——高水平睾酮引起的。[53] 同样，肥胖与某些健康问题相关，并不是因为前者导致了后者，而是因为缺乏运动导致了相关的健康问题**和**较重的体重，除此之外，还有许多可能。

这些观点很重要，也有理有据。尽管如此，科学研究发现的很多相关性**很容易**被民众解读为因果关系：吸烟一定会导致肺癌，阿片制剂一定会导致有些人成瘾。既然都相关了，何不认为肥胖会导致不健康呢？[54]

为什么肥胖与健康具有相关性？我们已看到了几种不同的解释。首先，我们有充分的理由相信，迫于沉重的社会压力，较胖的人节食更多，从而体重反复波动对他们造成的负面影响也更大。其次，一些研究人员认为，并不是体重增加导致糖尿病，而是胰岛素抵抗等早期糖尿病病程可能会导致体重增加。[55] 虽然我们需要更多的研究来全面评估这一假设，但它与仅通过抽脂手术去除体内脂肪并不能改善空腹血糖、胰岛素水平和胰岛素敏感性等健康指标的研究结果相吻合。[56]相反，令人困惑的是，减重手术\*可以在体重大幅下降之前**改善**某些健康指标，比如2型糖尿病患者的血糖控制情况。一些研究人员推测，这可能是由于胃肠激素的分泌发生了变化。[57]还有研究表明，造成这种差异的并非手术，而是手术后对热量摄入的极端限制，当然，对那些选择不做减重手术的人来说，严格限制热量摄入并不是一个长期可行的方案，在后文我们会看到，这些手术风险很大，也有诸多弊端。[58]

或许影响体重与健康关系的最关键的复杂因素就是污名。我在本书开篇提到，体形较大的人经常面临社会污名（social stigma）。大量证据表明，遭受此类偏见会对健康产生不利影响。一项研究将被归类为肥胖症的对象分为两组：一组有肥胖恐惧症内化程度较高的表现——例如，认为肥胖会让人觉得他们懒惰、没有吸引力；另一组则没有此类表现。在年龄、种族、性别等因素相同的情况下，与"体重污名内化程度低"的受试者相比，"体重污名内化程度高"的受试者患代谢综合征的概率要高出约三倍，而代谢综合征包括高血压、高血糖、腰围粗、胆固醇水平异常等一系列健康风险因素。"体重污名内化程度高"组的受试者甘油三酯偏高的概率也要高出六倍。[59]"人们普遍误以为，污名能激励肥胖症患者减肥，改善健康状况，"这项研究的带头人丽贝卡·珀尔指出，"我们发现，实际效果恰恰相反。"[60]作家、健康栏目记者弗吉尼亚·索莱-史密斯总结了这项新研究的结果——污名带来的

---

\* 指改变消化系统以达到减重目的的手术，常用的有袖状胃切除术与胃旁路切除术。

压力会导致炎症多发、皮质醇水平升高，而这两者对健康有不利影响。[61]

此外，正如我们所看到的，体重污名会让肥胖者不愿就医，就算就医也得不到充分的治疗。肥胖的患者做宫颈癌、乳腺癌和结肠直肠癌筛查的可能性尤其小。[62] 而常见的说法是较重的体重与患某些癌症（包括上述三种癌症）相关[63]，我们十分有必要把这一说法与肥胖者不愿就医、得不到充分的治疗这一事实联系起来看。无可否认，较重的体重与患癌确实有一定关系，但我们很难确定，患癌到底是肥胖本身带来的影响，还是肥胖者未进行早期癌症标志物筛查、未进行早期治疗的结果。[64] 另一个要考虑的问题是，虽然较重的体重与患癌相关，但所谓的超重者和肥胖症患者的癌症存活率往往高于较瘦的癌症患者。这就是"肥胖症悖论"（obesity paradox），有研究人员认为该术语是一个误称，它其实指的是在某些情况下，肥胖能防止病人因患重病而"过度消瘦"。*[65]

体重污名对健康的影响还不止于此。有研究指出，遭受体重污名会让肥胖者逃避运动[66]，而多数研究表明，运动对健康有明显的益处。[67] 这不难理解，正如索莱-史密斯所言，如果你料到自己去健身房、游泳池，甚至只是出现在公共场合都会遭到骚扰或污蔑，那你就不太可能运动，即使你本来挺乐意。她写道，"在肥胖相关研究中，肥胖恐惧症总是个未知因素"，一个无法观察到的变量，它从多方面影响着体重与健康之间的关系，而我们常常会武断、偏狭地判断这两者的关系。[68] 一项研究调查了 21 000 多名被归类

---

\* "肥胖症悖论"一词暗示超重或肥胖症有益。然而，这种说法过分简化了体重与健康关系的复杂性，导致人们对超重带来的健康风险产生误解。虽然超重和患肥胖症的人患某种疾病的存活率也许更高，但这并不意味着超重对整体健康有益。

为超重或肥胖症的受试者，这些受试者都报告称遭受过体重歧视，结果发现，即使校正了身体质量指数、运动量与社会人口特征等因素，他们患动脉硬化、高胆固醇、心脏病、轻微心脏病、胃溃疡和糖尿病的风险也明显更高。"更高的健康风险……是由感知到的体重歧视*造成的，我们需采取公共卫生和政策干预措施，以消除歧视，减轻肥胖症带来的社会经济负担。"研究人员总结道。[69]另一科研团队以近14 000名老年人为研究对象，结果发现，那些报告说遭受过体重污名的人总体死亡风险要高60%，同样，这与他们的身体质量指数无关。[70]看来，致命的似乎是体重污名，而不是体重。

总而言之，谈到体重与健康的关系，以下因果机制都是可信的（其中"→"表示可能存在某种因果关系）：

较重的体重→体重反复波动（因为较胖的人面临社会强加给他们的节食压力）→较差的健康状况

较差的健康状况（例如，早期糖尿病）→较重的体重[71]

较重的体重→体重污名→压力→较差的健康状况

较重的体重→体重污名→临床意义上的肥胖恐惧症→较差的健康状况

较重的体重→体重污名→运动机会减少→较差的健康状况（有时体重会继续增加）

---

\* 感知到的歧视（perceived discrimination），或歧视知觉（discrimination perception），指个体感知到由于属于某个群体而受到了有区别的或不公平的对待。

上述因果机制未考虑影响健康的其他社会因素，如系统性阶级歧视、种族主义所造成的物理环境特征，我们将在后文中讨论这些因素。

流行病学家等医学研究人员一直在激烈争论的问题是，肥胖本身是否**也是**导致健康状况较差的风险因素，如果是，与其他众多因素相比，它的影响有多大？一些人以孟德尔随机化[72]和动物研究的方法[73]为基础，提出了肯定的论点；另一些人则指出高胰岛素血症和炎症是重要的混杂因素，他们的依据是布拉德福德·希尔准则\*等原则以及临床研究结果。[74]无论辩论结果如何，以下都是**确凿**的事实，它们应该成为这场对话的焦点：肥胖对健康的危害经常被夸大；体重往往很难刻意改变，至少长期来看很难；目前还没有可靠、安全又合乎伦理的方法能让胖人变瘦，无论是在个人层面还是在社会层面；除了体脂，体能也是决定一个人是否健康的关键因素；不管肥胖对健康的危害有多大，体重污名对胖人的健康都极为有害。归根结底，即便肥胖会让我们面临更大的健康风险，这又有多少实际意义呢？这对有关肥胖的公众讨论又有多少积极意义呢？[75]就算肥胖，我们仍然应当得到支持、同情和适当的医疗。我们仍然应当被当作人来对待，而不是窝囊废，也不是会说话、会走路的累赘，医疗体系（你可以把医疗体系想象成一个人）的累赘。我们仍然应当得到更个性化、更人性化的对待，而不该沦为冷冰冰的数据，从想要欺凌和贬低我们的瘦人嘴巴里

---

\* Bradford Hill criteria，英国流行病学家奥斯汀·布拉德福德·希尔爵士于1965年提出的、用以推断病因的基本原则，包括九大条件：时间顺序、关联强度、剂量反应关系、研究的一致性、实验证据、生物学合理性、生物学一致性、特异性、相似性。

吐出来的冷冰冰的数据。作为道德哲学家的我，说这些话时底气非常之足。事实上，每一个人都应该明白这个道理。

◆ ◆ ◆

我承认，我很不情愿写这章的内容。不知何故，我隐隐觉得这章的内容似乎不是问题的关键。然而为什么会这样？为什么我们**首先**要讨论的，总是胖人不健康这种观点呢？

正因为如此，我疑心有些人嘴上谈的是健康，但心里想的却不是健康；看似是在给我们贴不健康的标签，实则另有所指。他们是在说，或者至少是在暗示，我们意志薄弱、令人厌恶、懒散、愚蠢。他们是在说，我们注定不健康，而且**不快乐**。我们为人所不齿是咎由自取。

如此一来，"不健康"这个标签在关于肥胖的讨论中就相当于狗哨\*，就像"内城"（inner city）和"城市贫民"（urban poor）这两个词，哲学家珍妮弗·索尔认为，它们包含种族化的含义。[76] 但对有些胖人来说，"不健康"就是字面意思，因此我们百般努力地想证明，并不是说胖就一定不健康，而且通过节食和锻炼来减重对大多数胖人而言横竖都没有用，甚至会适得其反。有很多健康的胖人，也有很多不健康的瘦人，你没法从一个人的外表来判断他的健康状况，而且这么做往往带有歧视性。如此等等。但对许多听众——那些深受肥胖恐惧症影响的人来说，这些努力多半是

---

\* dog whistle，指用在特定受众身上含有次要含义（通常是具有争议性或歧视性），但用在普通大众身上则只有中性意义的语言。

徒劳。"不健康"这个词会让他们联想到一连串的负面信息和刻板印象，而本书的后半部分主要都是为了揭露和消除这些负面联想和刻板印象：从道德看，胖人该受指责；从外貌看，胖人低人一等；从智力看，胖人愚笨迟钝。

所以，如果在讨论肥胖时用到"不健康"这个词，许多人势必会对该狗哨做出反应，朝着胖人高声吠叫，气势汹汹。事实上，"不健康"这个词的含义是如此清楚明了，以至于在某些语境中，"不健康"可能**就是指**贬义的"胖"。想象一下，你那爱评头论足的姨妈对你说，她刚刚碰到了你儿时的好友卡姆。"卡姆看着不太**健康**。"她说道，口气中带着一丝轻蔑。在很多情况下，你多半都会顺理成章地认为，姨妈是在"内涵"卡姆变胖了。[77] 再比如，所谓的健康食品通常是指人们认为有助于减肥的食物。

因此，在讨论肥胖的许多语境中，类似"这不健康"和"我担心你的健康"这样的评论并不仅仅意味着胖人的健康更容易出状况，更容易生病或早死。他们想表达的意思，或者至少旁敲侧击想说的是，胖人不值得照顾，也没能力照顾好自己。作家克劳迪娅·科特斯在讨论肥胖恐惧症这一流行病时说：

> 健康这个概念被用来对付肥胖者：肥胖恐惧症的信条是，你不健康是你咎由自取，所以你不值得关心和同情。根深蒂固的文化迷思将健康与美德联系在一起，一切被视作不健康的，比如肥胖、慢性病或残疾，都是选择不当的结果，也是品性不良的结果。[78]

就这样，健康被用作了武器，它对那些**不健康**或无法通过行为改善健康状况的胖人的伤害尤为严重。以患有脂肪水肿的琳达·格哈特为例——脂肪水肿是指皮下脂肪异常堆积而引起的水肿，尤其会出现在下肢，据估计，10%以上的女性都患有这种疾病，但我们对其了解甚少。[79] 脂肪水肿限制了格哈特的活动，眼下流行的"快乐运动"（joyful movement）理念在她这儿只能落空。需要明确的是："胖瘦皆健康"的范式大有裨益，它强调不减肥也能保持健康，不受限制地吃有营养的食物，以及做让自己感到愉悦而非受罪的运动。但这种范式往往会顾及不到像格哈特这样不仅患有慢性病，还患有肥胖相关疾病的人。她与弗吉尼亚·索莱-史密斯的对话令人动容，她是这么说的：

> 对我来说，做不了"好胖子"，只能做个慢性病缠身的胖子让我觉得十分羞耻，我双腿浮肿、又沉又痛，所以没法远足。可人们在意的是"嘿，甭管胖瘦都可以健康,关键是要动起来"。可你知道，有些人就是动不起来。[80]

不健康不应该是耻辱。一个人的健康状况也绝不是他们能否得到同情、关怀和尊重的先决条件，那些职责是帮助健康状况不佳的人尽可能过上美好生活的医疗人员尤其不能以此为判断标准，因为这些人也许被物质、身体、情感、社会和经济所限制。

但健康不只被用作武器，也被用作烟幕弹。我们对肥胖的恐惧以及肥胖所引起的厌恶，早在医学界对肥胖症流行病表现出合理的担忧之前就已存在。我们憎恶肥胖，并非因为我们发现它不健康。基本上，我们**认为**肥胖不健康，是因为随着时间的推移，人类逐渐憎恶肥胖,在后文中,我们会深入探讨其背后罪恶的原因。

第三章

# 越来越瘦的维纳斯

维伦多夫的维纳斯是世界上现存最古老的艺术品之一,这尊由石灰岩塑造的肥胖女性雕像可追溯到旧石器时代,距今已有约2.5万年的历史。她的乳房丰满松垂,腹部浑圆,大腿粗壮。[1]面部是空白的,线条柔和流畅,看起来美妙绝伦。

维伦多夫的维纳斯虽然赫赫有名,但绝非孤品。人们在欧洲、亚洲的许多地方都发现了类似的雕像,有数百尊之多,而且都创作于同一个时代。[2](可别再吹嘘原始人饮食法\*能减肥了。)这些雕像年代久远,我们无法确定它们想表达什么;它们可能是生育的象征、宗教图腾、玩偶、信物、挂件、真实女性的化身,也可能是一种理想,甚至是古人的淫秽玩具。[3]总之,它们只是诸多证据的一部分,这些证据表明,在人类历史的长河中,很多时候肥胖往往并不被视作问题。

---

\* 指少吃谷物,少吃盐,主要以蛋白质(肉和鱼)、不饱和脂肪酸、新鲜蔬菜水果为主,不吃预处理食物的饮食方法。

在古埃及，男性生殖神哈皮（或哈比）经常被描绘成这样的形象：身材圆润、大腹便便、胸部松垂。有时候，法老埃赫那顿（公元前1350年左右上台，很可能是图坦卡蒙的父亲）的形象也是如此，这表明肥胖不仅与生殖力有关，还与繁荣有关。[4]公元前1世纪希腊化时期的埃及雕像也支持这一观点：在埃及，肥胖与丰裕之间一直有着积极的联系。[5]

《希伯来圣经》明确谴责贪吃，但对肥胖却几乎未予置评。[6]同样，古希腊哲学家柏拉图和亚里士多德也对暴饮暴食的恶习和人类贪食的本性有很多论述，下文中我会详细阐述。但当时人们接受肥胖，对此并未有过多置评。[7]历史学家苏珊·E.希尔是这么说的：

> 专门研究食物的学者指出，古人很少会把贪吃等同于肥胖，这并不仅仅是因为古人对热量、新陈代谢以及各种食物的营养成分一无所知。古人一般认为肥胖与贪吃是两码事，这是因为每个人都有贪吃的时候，而胖人并不一定贪吃。[8]

尽管人们普遍认为，大量食用某些食物会让人发胖。（毕竟，大家都知道，上帝的应许之地流淌着"奶与蜜"，人们在那里"吃得饱足，身体肥胖"，便转而崇拜其他神灵，恰如《申命记》第三十一章不祥的预言。[9]）然而，"在古代，肥胖往往具有正面意义，代表着财富、丰裕和奢华"，绝没有被大众所厌恶。[10]

循着希腊化时期的犹太哲学家亚历山大的斐洛的脚步，早期的基督教作者将贪食列为七宗罪之一。但在整个中世纪，人们对肥胖的身体仍然不甚在意。[11]与此同时，在10世纪的中国，佛教中胖乎乎、憨态可掬的布袋和尚开始受到人们的喜爱。时至今日，他依然很受青睐，在中国、日本、韩国和越南，你会看到布袋和尚常常背着个袋子，里面装满了给孩子们的糖果。很多人都叫他"弥勒佛""胖佛"，这些称呼多少有些误导性。[12]

肥胖恐惧症目前在世界各地都很普遍，包括东亚。但有些地方仍对肥胖持肯定态度，甚至过度喂养以让孩子变胖。毛里塔尼亚等地的某些地方一直有"勒布卢"（leblouh）的习俗，这个习俗鼓励年轻的未婚女子多吃、多长肉，让她们每天摄入大约15 000卡路里的热量。[13] 这种习俗有时很残忍，会强制喂食。[14] 而撒哈拉人无论男女，都喜欢"超重"的身材。[15]

由此可见，每一个时代都有胖人。而且，在许多时代、许多地方，胖人一直受到尊敬，并将继续受到尊敬，或者被不偏不倚地视为正常人。那么，肥胖变得不受欢迎是从何时何地开始的呢？为何会如此呢？

◆　◆　◆

16、17世纪，欧洲在艺术上对丰腴的女性身体的崇拜达到了顶点，代表艺术家有阿尔布雷特·丢勒、拉斐尔，当然还有保罗·彼得·鲁本斯。[16] 正如社会学家萨布丽娜·斯特林斯在《惧怕黑人身体：肥胖恐惧症的种族主义起源》（*Fear the Black Body: the Racial Origins of Fat Phobia*）一书中所阐述的那样，按照当时欧洲的审美标准，女性身体应该丰满圆润，同时也要"骨肉停匀"，尤其是白人女性。[17] 巴洛克画家以擅长画女性丰满的臀部、胸部、髋部和脂肪凹陷，甚至是橘皮组织，以及鲁本斯所说的"雪白肌肤"而著称。[18]

讽刺的是，虽然鲁本斯偏爱丰腴的女性，他自己却一直饮食有度，一是为了更好地投入绘画创作，二是避免长胖。[19]法国哲学巨擘笛卡尔在17世纪40年代写的信件中也建议控制饮食：一个人应保持健康的饮食习惯，只摄入"能使人焕发生机、能净化身体的饮食"。[20]17世纪，推崇瘦身的观念在某些圈子里初现端倪。但那时人们的想法是，应该保持轻盈纤瘦体态的是**男性**，而不是女性，因为人们开始把这种体态与才思学敏和理性联系起来。[21]这种观点虽然在某些方面有一定的影响力，但远未成为社会规范：许多人质疑瘦身的理念和节食的智慧，认为这等于拒绝了健康又富有热情的生活。[22]此后不久，在18世纪初，英国医生乔治·切恩的营养学说激起了人们对某种饮食的兴趣，它不仅可以治疗痛风、消化不良，还不会让人发胖，而上述三种问题日趋多见，要归咎于咖啡馆的出现。[23]切恩的"疗法"就是大量饮用牛奶。乳制品行业真应该好好利用切恩的学说，说不定这是卷土重来的大好时机。

18世纪中叶，法国、英国的跨大西洋奴隶贸易发展迅猛，人们开始把黑人与肥胖关联起来。斯特林斯指出，自称"布封伯爵"的法国人乔治-路易·勒克莱尔的著作起到的作用至关重要。布封在1749年出版的《自然史》(*Histoire naturelle, générale et particulière*)一书中，将人类的差异理论化，从而为新兴的伪科学——种族科学（science of race）的早期发展做了贡献。布封以为，除去肤色，体形与体格也是种族之间相貌差异的最重要的标志。当时人们对非洲人的刻板印象是"瘦小……非常矮小"，但他不这么认为,他说"摩尔人"*也许如此,但非洲黑人(les nègres)却"高大、丰满……头脑简单愚蠢"。[24]他将这些特征归因于他们所居住的繁茂土地,并将所谓的肥胖与懒惰和迟钝联系起来——这是将理性视为瘦削的白人男性的独有特质的必然结果,而瘦削的白人男性被视为人类卓越的规范与标准。当时的思想家还提出了一种观点,认为非洲人肥胖是由炎热气候造成的,炎热的气候会让人体囤积"多余"的脂肪。[25]

法国著名理性主义者德尼·狄德罗在著作中甚至更加轻蔑,字里行间流露出对黑人肥胖身体的厌恶。他在1751年首次出版的《百科全书》(*Encyclopédie*)中是这样描述非洲某一族群的:

> 最不受人尊敬的黑人便是班巴拉人(Bambaras);他们肮脏不堪,脸上有道道疤痕,这些疤痕从鼻子到耳朵横跨半张脸,看着面目狰狞。他们懒惰、酗酒、贪吃,还喜欢偷窃。[26]

狄德罗的论述比布封的影响面更广。值得一提的是,这两人都没去过非洲的相关地区。

法国博物学家朱利安-约瑟夫·维雷也没去过非洲,但他是近一个世纪后对霍屯督人†,尤其是霍屯督女性的贬低和他者化的始作俑者。在1837年出版的《黑人种族自然史》(*Natural History of the Negro Race*)中,维雷断言,"黑人"一般"性情温和、体格健壮,但懒惰迟钝"。"霍屯督"——正确的称谓是科伊桑——

---

\* 近代欧洲人对非洲西北部地中海沿岸城市中的穆斯林群体的泛称。
† 欧洲人曾将南非的一些土著游牧民族称为霍屯督人(Hottentots),意即"笨嘴笨舌者",现在这一说法被认为具有冒犯性。

059

女性因为"肥硕的屁股和鼓鼓囊囊的肚皮"而受到维雷的特别关注。[27] 维雷的理论是,这些女性常常久坐不动或频繁怀孕,所以脂肪会囤积在她们的腹部、乳房、髋部和臀部。维雷对于她们的非人化记述骇人听闻,斯特林斯是这么概括的:"霍屯督女性的臀部……像四足兽的臀部,有的大到要用一辆小车来承托,形似家畜。"[28]

人们开始厌恶肥胖并非偶然。它是一种意识形态工具,被不断增长的资本主义利益——奴隶制所掌控。正是通过将肥胖解读为黑人的显著特征,社会才能将肥胖的身体构建为"他者",构建为怪异甚至畸形的东西。并不是先将肥胖污名化,然后将黑人与肥胖相联系;而是先将黑人与肥胖相联系,接着肥胖很快就被污名化。斯特林斯写道:"至少从 18 世纪开始,种族科学文献就声称肥胖是'野蛮人的''黑人的'……对肥胖的恐惧'早已'被烙上了种族因素。"[29] 后来,对肥胖的恐惧使得新兴的奴隶贸易变得正当、合理,并让美国白人新教徒把自己与被自己残酷奴役的人区分开。到 19 世纪末,瘦已经成了社会地位和"文明"的标志,美国白人女性尤其这么认为。[30]

没有什么比科伊桑女性萨尔特杰·"萨拉"·巴尔特曼令人瞠目结舌的展览更能淋漓尽致地体现这些社会进程。大概在 1806 年,巴尔特曼先是在开普敦展出,供海军医院的伤员和奄奄一息的士兵观赏,后被迫前往英国和法国展出她"肥硕丑陋的"身体,这些展览惨无人道、极尽剥削。巴尔特曼是人类历史上最早的怪胎秀明星之一。(有趣的是,在她之前遭受如此羞辱的是肥胖白人男性丹尼尔·兰伯特。兰伯特的展览大受欢迎,据称他的体重超 700 磅。[31])1810 年到 1811 年,巴尔特曼在伦敦风靡一时,被狂热的观众称为"霍屯督维纳斯"。斯特林斯写道：

> ［巴尔特曼］既怪诞又充满异国情调：一个具有特殊种族身份的性猎奇对象。出于这些原因，参观者既可以目不转睛地欣赏她的身材比例，尤其是她的臀部，也可以额外付费以体验触摸她带来的感官快感。虽然当时英国流行能让臀部更丰满的裙撑，但据说她浑身上下，包括臀部都很丰满，因而成了大家竞相观看的奇景。人们认为她的身材"与伦敦女性的身材标准大相径庭"，与伦敦女性"修长的身形"大相径庭。[32]她的"赘肉"被视作原始野性的标志。[33]

但有些前来猎奇的人却大失所望。他们参观完后抱怨说，她看起来跟普通女人并无分别。[34]

◆　◆　◆

时间切到一个世纪后。随着纤瘦成为大众的审美理想，美国的医疗机构终于按捺不住了。当时，医疗保险还是一项相当新的创新，分析师得想方设法弄清楚，具有不同特征的个体的疾病风险与死亡风险。他们发现，从统计学角度看，只要体重身高偏离平均值过多，无论是偏高还是偏低，都与死亡风险相关，这与弗莱格尔的结论不谋而合。遗憾的是，由于当时绝大多数受薪雇员都是白人男性，因此在设计这些早期精算表时，白人男性在样本中所占的比例过高。而医生很快就开始借助这些表格做诊断，尽管这根本不是表格设计者的初衷。医生以此为依据，拒绝"超重"

病人，因为他们担心这些病人会因肥胖而被医疗保险公司拒保。"[35]

即使在几十年后，科学研究和经济因素也并不总是肥胖恐惧症的驱动因素，起到很大作用的依然是对肥胖的厌恶。1961年，哈佛大学著名生理学家安塞尔·基斯在《时代周刊》上指出，"肥胖症"并不一定会导致冠心病。但它"很丑陋"，更别提有多"令人厌恶"，"从道德上叫人反感"，他在其他出版物上这样写道。胖子"笨手笨脚"，肥胖的身躯让"家具根本吃不消"。（可怜的沙发啊。）斯特林斯写道："这些言论让人很难相信，[基斯]对体重与健康之间复杂关系的研究完全是由科学证据推动，而不是由他的主观想法所推动的——他认为脂肪很不体面，应该彻底去除。"[36]

研究出身体质量指数的人正是安塞尔·基斯，20世纪80年代，该指数取代了精算表，比如大都会人寿保险公司的精算表。基斯的研究以19世纪比利时天文学家和数学家阿道夫·凯特勒的研究为基础。凯特勒对"普通人"（l'homme moyen）的本质很感兴趣，他认为普通人应该是理想的人，而这是将"是"与"应该"混为一谈的典型错误。[37]凯特勒的"普通人"专指白人和欧洲人，因而"理想人"亦如此。所以，果不其然，凯特勒的著作最终为"有些人不适合生育后代"这一观点与日益兴起的优生学运动（包括对有色人种和残障人士等进行系统性绝育的做法）提供了关键支撑。[38]

尽管基斯知道这些不光彩的背景，但他在1972年发表的具有里程碑意义的论文中并未提及，而是与论文的共同作者一起，称凯特勒为"人体测量学和统计学的伟大先驱"。[39]他们收集了全球五组男性样本的数据——主要是白人男性，但也有其他肤色——将凯特勒的指数调整为身体质量指数，即体重（千克）除以身高（米）的平方。[40]基斯和他的团队谦虚地总结："事实证明，作为相对肥胖度的指标，身体质量指数与其他指数相比，就算不能完全令人满意，起码也是不相上下。"[41] 不过它比其他方法更简洁。[42] 接下来要说的就是它的发展史了，这就得提到1998年的某一天，数百万美国人一下子从正常体重变成了"超重"，因为超重标准从身体质量指数28下调到了25。为什么？部分是为了提醒美国人要更加警惕肥胖，部分只是因为他们认为，对医生和病人而言，这个数字更好记。

所以，身体质量指数就是植根于白人中心主义，甚至种族主义的；它的设计初衷并不是衡量个体的健康状况；尽管我们对它极为尊崇，它仍然是一个武断而粗糙的指标。众所周知，它会把肌肉发达的人，比如运动员，错误地归类为超重或肥胖症，尽管他们的体脂率很低。更重要的是，对社会中最受压迫的群体而言，这是个可怕的衡量标准：事实证明，相较于美国其他种族的女性，黑人女性的平均身体质量指数最高。这部分是因为她们（和黑人男性一样）的肌肉量和骨矿物质密度高于白人。相比之下，即使她们的身体质量指数升高，健康受到的影响也较少。[43] 讽刺的是，正如前文所说，被判定为身体质量指数过高所带来的污名却**会**对健康产生不利影响。

◆ ◆ ◆

美国人对"肥胖症流行病"的道德恐慌于2013年达到顶峰，那一年，美国医学会宣布肥胖症是一种疾病，全然无视之前就此问题所召开的会议上提出的建议——与会者认为，身体质量指数作为肥胖的衡量标准存在无可救药的缺陷，且过于简单粗暴。[44] 在这一文化阶段，黑人女性的面孔，确切地说是身体，再一次成了耻辱。萨布丽娜·斯特林斯在书中提到，2013年美国有线电视新闻网（CNN）的报道《肥胖症杀死的美国人比我们想象的要多》配的是这样的图片：白人女医生手握卷尺，十指纤细，绕着一位肥胖黑人女性的腰部，和蔼可亲地给她量腰围。这篇报道援引了最新发表的一项研究——因肥胖症而死亡的黑人女性人数超过了美国任何其他人口群体。但前后有许多研究都与该研究的结论相矛盾，而且媒体对这些研究的报道也少得多。[45]

黑人女性无论多健康匀称，只要她生活在这个恐惧肥胖、厌女和种族歧视的世界里，就会招致厌恶、非难和贬损。塞雷娜·威廉姆斯是有史以来最伟大的运动员之一，在辉煌的职业生涯中，她经常遭人嘲笑、批评，而这只是因为她肌肉发达，与一般女子网球运动员相比，身材"粗壮"。白人网球运动员卡洛琳·沃兹尼亚奇为了模仿威廉姆斯，在胸罩和裙子里塞满了网球，那副怪异模样与霍屯督维纳斯的形象互为呼应，整场表演赛令人瞠目结舌，充斥着种族歧视。[46]鉴于威廉姆斯是当今世界最健美、最强壮的人之一，这种贬损绝不可能出于对她健康的担忧。[47]

真正肥胖的黑人女性，比如歌手莉佐，尽管敏捷矫健、体力充沛，却让很多人坐立不安。"她要是得了糖尿病那可就不妙了。"2020年初，真人秀节目《超级减肥王》的选手吉莉恩·迈克尔斯吐槽道。她使的这一招是屡试不爽的伎俩——每当我们被怀疑"美化肥胖症"时，网上就会有人惺惺作态地关心起胖人的健康。[48]（"你们就等着截肢吧！"他们"关怀备至"地喊道。）同样，我们也很难认为这种指责是出于对莉佐健康的担忧，因为她在演唱会上又唱又跳又吹长笛，几个小时都不休息，而这是大多数瘦人梦寐以求的本事。

而且,在很多其他方面,人们对黑人女性的健康也表现出明显的冷漠,例如孕产妇死亡率——黑人女性在孕期、分娩期间和产后死亡的概率是白人的三到四倍。[49]如果我们真的关心黑人女性的健康,那在面对这种丢脸的状况时,不应该更高声疾呼吗?

身体质量指数并非唯一一个以白人为中心,实际上还带有种族主义色彩,并且导致肥胖恐惧症的武断标准。我们还得把美学标准也算进来,在过去的一个世纪里,美学标准同样经历了无数次转变。从20世纪10年代英美文化推崇的"吉布森女孩"相对丰满的沙漏形身材,20年代瘦削、"男孩子气"的新潮女郎,50年代稍显圆润丰腴的身材,到60年代娇小纤弱的身材,再到八九十年代骨瘦如柴的"海洛因时尚","瘦"比以往任何时候都更流行。不过,从很多方面来看,这些都只是事物发展过程中的细微变化。进入21世纪后,女性的肥胖从未得到过英美主流文化的广泛认可。这些微妙的变化也许是由某个时代最受大众青睐的明星引起的,而非反过来:20世纪50年代的玛丽莲·梦露、60年代的崔姬\*、90年代的凯特·摩丝†。梦露实际上很苗条,尽管大众一直不那么认为。[50]而金·卡戴珊最近吹嘘她为了能在2022年大都会艺术博物馆慈善晚宴上穿上梦露穿过的礼服,极端节食三周,成功减重16磅。[51]

卡戴珊的例子凸显了一个事实,那就是近些年来并不是以胖为美。人们喜欢的是经久不衰的纤瘦身材,至于是不是凹凸

---

\* Twiggy,英国模特、歌手、演员,"Twiggy"是她的绰号,因为她身材矮小、瘦骨嶙峋,像一个用细树枝拼出来的假人。
† Kate Moss,英国超模,她的身材骨瘦如柴,有一种"病态美"。

有致,那并不重要。这让我们更容易被物化、被控制,也更容易被骗钱。比如现在很受欢迎的巴西提臀术,它是从腹部、髋部或大腿上抽取脂肪,然后注射到臀部。再比如现在越来越多人做的颊脂垫切除术——通过手术切除颊脂垫,以求脸部线条看起来更流畅,而有些人则长期往脸颊注射脂肪,让面颊饱满,以制造年轻的假象。

这些流行趋势也引发了有害无益的文化挪用,甚至是赤裸裸的种族主义。2014 年,卡戴珊为杂志拍摄封面,照片中的她打开一瓶香槟,香槟酒从她的头顶喷射而出,落入了稳稳当当地放置在她圆润肥臀上的蝶形杯中。图片的标题是"火遍全网"。当时布卢·特卢斯马指出,这张照片让人想起的不是别人,正是被称为霍屯督维纳斯的萨尔特杰·巴尔特曼。尽管卡戴珊很可能是无心的,但这张照片"浸透了几个世纪以来的种族主义、压迫和厌女症",而这是美国特色。[52]

卡戴珊——众所周知,从外表看不太容易判断出她的种族——在这里呈现的是黑人身份。相比之下,那些一眼就看得出是白人的女性会让黑人女性团团簇拥在自己周围,以此作为对比并衬托自己的地位。2013 年,麦莉·赛勒斯在 MTV 音乐录影带大奖颁奖典礼上的表演中用黑人女性做伴舞。社会学家特雷茜·麦克米伦·科顿指出,"赛勒斯不仅让黑人舞者在她身后扭动腰肢,而且她请的还都是特别肥胖的黑人女性。她乐不可支地拍了拍一位舞者的屁股,像是要就着饼干把她的屁股吃掉"。麦克米伦·科顿认为,赛勒斯挑逗性的表演旨在借助肥胖黑人女性性变态( sexually deviant )的种族刻板印象来改变观众认为她缺乏性经验的印象。因为"肥胖、非正常的黑人女性身体与历史上对黑人女性的丑化密切相关"。因此，赛勒斯"等于拿黑人女性的身体开了个大家心知肚明的玩笑，目的是要改变观众对她的看法，却不会改变观众对于黑人女性身体的刻板印象。这场舞蹈既表达了性自由，又维护了女性身体的等级制度，本质上是白人女性获益。[53]自英美文化中出现肥胖恐惧症以来，白人女性确实从此种等级制度中获益匪浅，并获得了凌驾于黑人女性之上的手段。从很多方面来看，这都是肥胖恐惧症的本意和一贯目标，过去如此，现在亦如此。

诚然，现在有很多文化也极度仇视肥胖，并不一定有反黑人的传统。但我们并不能借此否定斯特林斯的"肥胖恐惧症是反黑人种族主义的产物"这一论点：事实证明，肥胖恐惧症在很大程度上是西方输出的产物，而不是同时各自自发产生的。先是西方媒体（如杂志和电视节目）进入某种文化，紧随其后的便是恐惧肥胖的态度和对苗条身材的喜爱。要不了多久，进食障碍，尤其是年轻女性的进食障碍，就会明显增加。[54]

◆ ◆ ◆

尽管最初被区别对待的可能是黑人女性的身体，而且在当今美国，肥胖黑人女性仍然首当其冲地受到肥胖恐惧症的影响，但长期以来，肥胖、壮硕的黑人男性也一直是这种制度的牺牲品。达肖恩·L.哈里森指出，反肥胖的核心是反黑人，这甚至会要了黑人的命。[55] 2014年8月，密苏里州弗格森，白人警官达伦·威尔逊觉得黑人少年迈克尔·布朗威胁到他的人身安全，便开枪将其射杀，事后还拿布朗的体形为自己的行为辩解。"抓到他时，我只能说我感觉自己就像个五岁小孩抓住了胡克·霍根\*。"他说。他还说布朗是"魔鬼",说"他浑身铆足了劲,迎着子弹冲过来……好像我根本不存在,根本挡不住他"。[56]

事实上,两人的体形差距并不大——威尔逊身高6英尺4英寸[†],体重210磅,布朗身高6英尺5英寸,体重290磅。[57]更不消说威尔逊与布朗不同,他携带了致命武器。但和绝大多数此类警官一样,威尔逊并未因这起谋杀案被定罪,甚至没被起诉。

同样没被起诉的,还有几周前在斯塔滕岛暴力执法的警官丹尼尔·潘塔莱奥。他掐住埃里克·加纳的脖子,而这是违法操作,然后将他脸朝下按在人行道上活活勒死。"我喘不上气。"看过视频的人都知道,加纳从头到尾抗议了11次。而潘塔莱奥的辩护理由是,加纳太胖了,迟早都会没命,甚至是像"熊抱"这样温和的动作都会要了他的命。潘塔莱奥的律师称加纳是"病态肥胖""一颗定时炸弹"。[58]

由此我们看到了肥胖黑人的命运:他们要么令人生畏,要么过于脆弱;要么对他人构成威胁,要么对自己构成威胁;而无论哪种情况,他们都会被判处死刑。哈里森写道:

> 诚然,埃里克·加纳身高6英尺2英寸,体重395磅,患有哮喘、糖尿病和心脏病。但在他与潘塔莱奥等把他团团围住的警察发生冲突之前,他**并没有**死。也就是说,无论此案的律师、大陪审团、法医和其他医生以及媒体将他描

---

\*　Hulk Hogan,美国著名摔跤手。
†　英美制长度单位,1英尺等于12英寸,相当于0.3048米。此处约合1.93米。

绘成多么不可驯服的猛兽，让他咽气的都是扼住他脖颈的警察手臂。[59]

显然，有些白人真是太"关心"肥胖黑人的健康了，以至于要杀掉他们，然后满不在乎地耸耸肩。也许更合理的解释是，这根本就与健康无关，而是为了反黑人而不断污名化、贬低肥胖的身体。

◆ ◆ ◆

肥胖恐惧症不仅植根于种族主义，而且还在继续捍卫种族主义。它让享有特权的、纤瘦的白人精英们相信自己比其他群体优越，同时又能貌似合理地否认自己的种族主义和阶级歧视。在左派圈子中尤为如此，因为在左派圈子中，种族和阶级偏见现已广受诟病，如果承认，哪怕是自己在心里承认，也会让他们感到内疚、羞愧和自责。因此，正如保罗·坎波斯所提出的，肥胖恐惧症可以作为这些偏见的强有力的替代物和宣泄口：

> 正因为美国人在阶级问题上如此克制，（相对的）富人对（相对的）穷人的厌恶必须投射到其他一些显著特征上。1853年，英国的上层阶级可以不必在意别人的看法，承认自己只要看到城市无产阶级就会心生厌恶。[而近些年来，]美国任何一个上层社会的白人自由主义者，都难以想象看见一个下层社会的墨西哥裔美国妇女走进沃尔玛会让他心生厌恶，要知道，他平日里可是很注重种族平等的啊。但看见一个胖女

人——应该是"肥胖症"——最好是"病态[原文如此]肥胖"的女人走进沃尔玛……哈,那又是另一回事了。[60]

坎波斯认为,该女性是穷人、非白人这一事实将被视为"无关紧要的巧合"。实则不然。肥胖是一种强有效的阶级和种族标志。因此,当我们对肥胖扼腕叹息或嗤之以鼻时,我们往往是在不知不觉却又心照不宣地传达阶级歧视和种族主义。坎波斯写道:"上层阶级的瘦人厌恶下层阶级的胖人,并不是因为肥胖与更高的死亡率相关,而是因为瘦人看到胖人时会有一种道德优越感。"[61]

我们非常热衷于嘲笑,以至于给公共对话增添了很多新的话题。很惭愧地说,"沃尔玛人"*网站曾经在我的社交圈风靡一时,圈里主要是白人、左派或自由派,实际上都是进步派。[62]这个网站并没有露骨地教唆人们去嘲笑和憎恶穷人、黑人、棕色人种和残障者。它根本不必这么做。网站上上传的那些以胖人为主的照片,能从视觉上引起人们的反感,这些胖人总是衣冠不整,衣衫常常遮不住屁股沟、"侧乳"和一圈又一圈不听话的肥肉。所以,网站怂恿看客们把这些人视作丑陋的人类标本,污蔑他们的健康状况与人格。这种评论看似是针对美国人的消费主义,实则是在宣泄种族主义和阶级歧视,但披的是更容易被社会接受的肥胖恐惧症的外衣。

事实上,对晚期资本主义消费主义的异议更应该对准的是那些不惜重金追求瘦的人,主要是白人精英。我们被怂恿购买价格

---

\* People of Walmart,一个搞笑网站,用户可以在该网站上传沃尔玛超市顾客的照片,照片里的人通常看着比较不受欢迎或有社交困难。

不菲的 Peloton 动感单车，订购过于昂贵的外送沙拉。（没错，我说的是"我们"：在新冠疫情暴发伊始，这两件事我都干过，目的只有一个，就是减肥，现在想起来真是恨不得找个地缝钻进去。）我们以为，这些商品是对身体和所谓的健康的投资，本身也是身份的象征。这种高雅的消费主义形式让我们觉得自己既有责任心又很高尚。

因此，饮食行业、健身行业和所谓的保健行业从恐惧肥胖的等级制度中获利颇丰，在这个卡路里过剩的社会环境中，该等级制度使某些体形成为大多数人非常渴望却又无法企及的体形。女性主义学者艾米·厄尔德曼·法雷尔在《肥胖耻辱》(*Fat Shame*)一书中写道：

> 19 世纪末之前，只有经济条件、身体条件优越的人才会肥胖。工业化和城市化改变了美国人生活的方方面面，同样也改变了人们的身体。随着 20 世纪的发展，越来越多的人拥有了足够的财富，动得越来越少，新的农耕方式和更好的运输系统的发展使得食物更丰富、相对便宜，医疗保健也得到了改善。这一切意味着肥胖且一直瘦不下来的人更多了。此时，"胖"成了划分贫富的标志，但与早几个世纪不同的是，现在的过胖并不代表地位高，而是代表个体对自己的身体失去了控制，其理性和头脑被肥胖症的影响所支配和压倒。随着"胖""瘦"的含义发生改变，想要社会阶层与经济阶层有所攀升，人们往往渴望更纤瘦的身材，即便这是痴心妄想。[63]

因此，在过去的一个世纪里，"瘦"变得更难了，同时也更受重视了。这绝非偶然。它确实是我们所说的"越难得到的就越宝贵"这一谬误的典型例子：最难得到的一定是最宝贵的，不管它合不合意，有没有实际价值。[64]任何唾手可得的都被视为可鄙的，那些费尽千辛万苦追求纤瘦的人尤其会那么想，他们一丝不苟地准备"健康的"餐食，每天勤勤恳恳地锻炼，等等，不遗余力地维护自己的重要性。

作为人类，我们倾向于构建临时的等级制度，让自己感觉高人一等。这种倾向是肥胖恐惧症的基础，尤其是在肥胖恐惧症与种族主义交织在一起时。与种族主义盘根错节的肥胖恐惧症，正是人类这种倾向的产物。

第四章

# 肥胖是道德失范

我一直觉得,节食是优良品行,而忍饥挨饿是美德的证据。越是否定自己,我感觉就越好,不仅是身体方面,还有道德方面。这种关联含糊且不审慎,但它对我的影响并没有因此而削弱分毫。

我十几岁时吃得很少,有时几乎不吃东西。大学毕业后,我离开澳大利亚赴美读研究生,在那之前九个月,我决定采取"正确"的饮食方法:低碳水饮食。我吃了不计其数的鸡蛋、绿叶蔬菜、芹菜和杏仁。我逼着自己吃肉,尽管我并不是很喜欢吃肉,也吃不起肉,毕竟,学生的手头并不宽裕。虽然当时我觉得,这么做也许不对,但我说服自己,胖只会更糟。为了变瘦,我在道德方面做了许多让步,而这只是其中一例。

尽管这种低碳水、高蛋白饮食结合每天运动一个多小时的减肥方法相当"成功",但体重难免会反弹。所以呢,它只是我试过的众多节食方法中的第一种。现在回忆起来,我几乎想不出我没禁食过哪种食物,或者说,至少在某种程度上没严格限制过哪种食物:面包、意面、米饭、面粉、各种谷物粉、各种谷物和淀粉、土豆、红薯、各种根茎和块茎、豆荚类、豆类、玉米、熟食肉类、各种肉、植物肉、白糖、各种糖类、各种含热量的甜味剂（比如蜂蜜、枫糖浆）、无热量甜味剂（比如甜菊糖、三氯蔗糖）、各种有甜味的食物（除了某些浆果）。最后，我连浆果也不敢吃了。

我尝试过低脂饮食、低 GI（血糖指数）饮食、低碳水饮食，这些方法通常被冠以"健康膳食计划"的美称。我试过香格里拉饮食法，这种饮食法的离奇之处在于，每天都要空腹喝无味的亚麻籽油，而且是一天三次。（听着恶心吧，确实也很恶心，而且对我根本没用。）我试过生酮饮食、原始人饮食法、南海滩饮食法、阿特金斯饮食法、Whole30 饮食法（多次尝试）、OMAD（一日一餐）饮食法和间歇性断食（后来干脆成了长期断食）。我还试过无麸质饮食、植物性饮食，有段时间我只吃素。对于节食，我越来越有毅力，可减肥效果却越来越差。

2022 年 1 月，我在《纽约时报》上发表了一篇专栏文章，谈到了节食和长期饿肚子的道德危害，然后收到很多读者来信。[1] 大概有一半的读者对我文中的话表示感谢，还有人信誓旦旦地说要与节食文化决裂，也有人给我介绍了他们最近尝试的节食法，并建议，或者说执意要我也试试看。[2]

可亲爱的读者们，你们推荐的方法几乎每种我都试过。

和许多长期节食的人一样，我对那些在节食期也不用忌口，同时不会让自己觉得内疚的食物也很着迷：新鲜杏子配椰子膏（吃起来隐约有点像白巧克力）；红薯配牛油果（还算不错的搭配）；甜椒配奶油奶酪；还有奶酪，美味无比的奶酪（作为脂肪爱好者的我胃口可大着呢）。

为什么节食会让我们觉得自己很有道德，或者至少自我感觉更好？为什么食物和肥胖能让人产生如此强烈的负罪感？

没错，这部分是因为在人类历史的大部分时间里，食物经常短缺。一个人如果恣意侵占他人的食物份额，后果会很严重。但在今天，饥饿和食品安全之所以仍然是大问题，是猖獗的资本主义、新自由主义以及食物分配不公带来的结果，而非某些人吃太多，不给别人留充足的食物那么简单。[3]

我认为我们人类对快乐也是持怀疑态度。几大宗教基本上都利用了这一事实，通过严格的饮食规定——吃什么种类的食物、吃多少、什么时候吃，或者上述三条规定三管齐下——以激发信徒更多（而不是更少）的虔诚。人类天生就乐意恪守这些规定，就像对性的约束一样。通过抗拒自己、抗拒自己的食欲，我们让自己相信，在生灵的等级制度中，我们凌驾于非人类动物之上。令人欣喜的是，我们偶尔也会打破常规，让自己相信，尽管我们努力了，但我们依然是动物。

从另一方面来看，"eat crow"[*]或"eat humble pie"[†]并不完全是比喻。[4]我记得大概四五岁时，我犯了点小错，当时我很内疚，便决定逼自己吃一点建筑工修厨房外面露台时留下的油灰来弥补过错。我把这事告诉了父母，他们（我的父母温和、慈爱、开明、宽厚）很担心我，也不理解我为什么这么做。但和许多人一样，我内心深处有一种本能，想把吃进肚的东西与我的道德水准联系起来，这让我觉得，惩罚自己吃不好的东西就等同于忏悔。（所幸吃下去的油灰并未造成大碍。）

---

[*] 该俚语意为"承认错误"，字面意思是"吃乌鸦"。
[†] 该俚语意为"承认错误、低头谢罪"，"humble pie"的字面意思是用鹿内脏做的馅儿饼。

随着年龄的增长，许多人会继续惩罚自己，比如只吃"健康"的食物，或者压根儿不吃东西，或者吃到非常撑，有时暴饮暴食。这么做会导致健康食品痴迷症、厌食症和贪食症。我们觉得自己道德败坏，觉得焦虑，便选择不吃某些食物，或者只吃某些食物以让自己在道德方面感觉更好。我们的肥胖、我们的身体、我们的食欲都成了罪。

◆ ◆ ◆

难怪我们会感觉如此糟糕："肥胖是道德问题"的观念随处可见。我们可以通过新闻与关于"肥胖症流行病"的危言耸听的报道知悉这一观念；我们可以通过社交媒体与对肥胖儿童的道德恐慌中知悉这一观念[5]；我们可以从亲朋好友处知悉这一观念，对胖人，他们会表现出善意的担忧、虚假的关心，也会不遗余力地谴责。在上述及其他种种场合，肥胖被视作道德问题，胖人则是德行有亏。在这一过程中，人们认定我们不具备关键美德，我们懒惰、不洁、意志薄弱、贪婪、邋遢、自私。

研究数据证实了肥胖恐惧症的道德主义及其不公。同样的行为，人们会认为胖人比瘦人更有罪：一项研究发现，在假想的违纪案例中，与"正常体重"的人相比，被描述为"肥胖症"的人受到的处分更为严厉。[6]另一项更新的研究显示，类似的影响仅限于所谓的肥胖症女性：在假想的诉讼案中，如果被告是肥胖女性，那么她们被判有罪的可能性就会大大增加。[7]

胖人的证词让人们注意到这种道德主义强加给她们的重负。以前文提到过的患有脂肪性水肿的琳达·格哈特为例，她说：

> 人们的预期是……［身体］就是你美德的证据。所以，身材肥胖说明你一定做了不道德的事，才会到今日这步田地……这种观念深深地植根于我们的医疗体系，只要你走正道、做好事，吃对的食物，适度运动，你就该瘦，而瘦才是理想身材。这就是大多数人的预期，只要看到瘦子，就认为他做的都是好事。只要看到胖子，就会认为他做得不好、不正确，他们需要采取措施，纠正、改变自己的行为。[8]

依据当今世俗道德哲学的理论框架，你通常需要找到一个人确实伤害了**他人**的证据，才能证明其缺乏美德，或者几乎就是不道德。但胖人的批评者却很快提出这样一个论点：多数人认为，我们胖人是医疗系统的巨大负担，我们的肥胖是咎由自取——吃得太多或运动太少——所以我们在道德上是有罪的。是时候审视一下这种极为普遍，且对许多人而言很具迷惑力的思路了。

这个论点不仅不人道——或者说至少常常以不人道的方式表述出来（比如网上图片里常出现的"无头胖子"[9]），而且根本就站不住脚。不胖根本就不是道德义务。

◆　◆　◆

哲学家们经常援引康德的"应当蕴含能够"原则，即只有**能够**做某事，你才有道德义务去做这件事；也就是说，你**没有**义务去做你**没能力**做的事。对这个原则做一些合理的改动，那就是一个人如果几乎没能力做一件事，那么硬是要求他去做既不大可能实现，也不公平。所以，多数胖人无法通过节食和运动变瘦，也无法长期保持体重，这一事实具有深远的道德意义：我们不该因为没去做自己几乎做不到的事而横遭指责。

"应当蕴含能够"原则也许存在个别例外，在这种情况下，努力达到近乎无法企及的标准会让我们更接近目标，从而获得某种有价值或理想的结果。例如，勤奋好学的学生力争在考试中拿满分并不是个坏主意，尽管概率渺茫。可我们都知道，拿满分的动力并不适用于减重：节食往往会适得其反，日久天长，我们会变得比以前更胖，这部分是因为节食会让新陈代谢水平大幅降低。运动的减重效果可能更差（尽管运动毋庸置疑会让多数人更健康）。虽然还有其他一些更靠谱的减肥"疗法"——药物减肥和手术减肥——但这些疗法往往费用高昂，且有一定的风险和副作用。我们当然不能以道德的名义胁迫别人吃药或动刀子，因为这会大大降低他们的生活质量。

这样我们就看到了所谓的"不胖的义务"的第一个主要问题：我们不知道**有什么办法**能让胖人变瘦，当然前提是可靠、安全且不过于求成。我们也根本不知道如何防止变胖。一方面，遗传因素对肥胖的影响很大，据估计，肥胖的遗传率高达 0.7 以上，也就是说，人口的体重差异至少有 70% 可能是由遗传造成的。[10] 对比来看，身高的遗传率约为 0.79，只比肥胖的遗传率略高一点。[11] 研究表明，同卵双胞胎的体重总是与亲生父母的体重很相近。他们的身体质量指数与养父母，即抚养他们的人的身体质量指数毫无关联。[12] 此外，科学家们还发现，有许多不同的基因会使个体发胖，如果拥有某些基因，那么身体质量指数几乎会无可避免地达到"肥胖症"级别。[13]

而且，有证据表明，如果童年时期有过创伤，比如遭受过身体虐待、霸凌和性侵犯,那么成年后体重可能会更重。[14] 作家罗克珊·盖伊在书中讲述了她在十二岁那年被一群十一二岁的男孩轮奸的经历,读着令人痛彻心扉:"之前和之后,不同的人生。发胖之前。发胖之后。被强奸之前。被强奸之后。"[15] 被性侵后不久,她形容自己"很恶心,我居然允许别人对我做那么恶心的事……我不再是好女孩,我该死"。[16] 在耻辱和恐惧的驱使下,盖伊开始通过吃来寻求解脱,食物既是慰藉,又能让自己的身体成为"堡垒",坚不可摧地抵御她所经历的袭击。[17] 她写道:

> 之后的记忆是零落残缺的片段,但我清楚地记得,我总是吃个不停,吃啊吃啊吃啊,这样我才能忘却,这样我的身体才会变得庞大,再也不会被损毁。我记得,在孤独、悲伤甚至快乐时,吃给了我无声的慰藉。[18]

她还写道:

> 我感到孤独、害怕,而食物立刻就能让我满足。当我需要慰藉,却不知道如何让爱我的人慰藉我时,食物给了我慰藉。食物味道很好,让我感觉更好。对我来说,只有食物触手可及。[19]

有时,我们把嘴巴塞得满满的,是因为这样就不必说话;我们吞下了痛苦,一并吞下去的,还有想说的话。

盖伊的叙述固然震撼且重要,但我们绝对不能误以为每个胖人都经历过创伤,正如我们不能通过外表来推断一个人的健康状况。变胖的原因还有很多——许多常见的身体疾病和健康状况,某些残疾和心理问题，服用常见却又必需的药物（包括避孕药和抗抑郁药），怀孕、压力、新陈代谢和荷尔蒙变化（包括多囊卵巢综合征），还有一种可能就是毫无原因地发胖。[20] 有些人，比如我，就是很容易长胖。

以重达 350 磅的女性珍妮特·S. 为例，1975 年，她与其他 29 名患者同意接受为期三个月的研究，回报是免费的减肥手术。研究人员精确计算出珍妮特维持体重所需的热量，并且只允许她摄入那么多热量。但两周后，她的体重增加了近 12 磅，每天增加近 1 磅。而这完全在珍妮特意料之中，因为与她平时的饮食相比，研究人员给她的食物"非常之多"。[21]

有些人之所以变胖，部分取决于他们现在或童年时可获得的食物等资源。比如，有些儿童在贫困中长大，他们食不果腹，食物得不到保障，而且食物的选择非常有限。所以，无可厚非，这些孩子只要逮到机会，就会把食物一扫而空，他们对食物的偏好也会受到早期食物匮乏的影响。我们爱吃的基本都是儿时熟悉的食物。[22] 而那些能给将来的人生带来最大慰藉的食物往往绕不开童年的记忆。

当然，每个人都有权获得新鲜食物（及其他食物），获得适合自己锻炼的资源，这关乎社会公正。但这并不能改变一个事实，即在我们今天所熟悉的社会中，许多人的体重在一定程度上取决于他们所处的社会环境和"人工"（built）环境。在美国这样的国家尤为明显：所谓的食品荒漠\*比比皆是，在许多地方，想要通过

---

\* food deserts，指居民必须"跋涉"较远的路程才能买到新鲜的肉类、奶制品和蔬菜的区域。

步行等方式锻炼会遇到很多人为造成的困难。对这一环境**应该**怎样抱有理想主义幻想是一回事；在这种现实下，对个人的选择抱有理想主义幻想，进而用道德主义来要求，则是另一回事。

同样重要的是倡导接纳肥胖活动家、学者马基塞勒·梅塞德斯所提出的观点："食物荒漠"这个术语可能会掩盖一个事实，即食物荒漠并不是自然形成的环境特征，而是某些人群强加给其他人的。这正是占统治地位的白人对穷人、棕色人种和黑人**所做**的事，因为我们生活的世界充斥着剥削和压迫的社会关系。

对"食物荒漠"假惺惺的关注也可能成为更多人恐惧肥胖的幌子或借口。梅塞德斯写道：

> 公共卫生领域喜欢谈论"食物荒漠"的另一个主要原因……是他们普遍瞧不起胖人……长期以来，"食物荒漠"一直被认为与"肥胖症"的发病率有关，而肥胖症是公共卫生领域长期关注的问题。对那些致力于"预防肥胖症"的人来说，"食物荒漠"是将胖与坏联系在一起，将食物道德化的另一种方式。"食物荒漠"里"超加工"食品过多，新鲜的"健康"食品过少，它之所以糟糕，是因为**坏的食物**泛滥，**好的食物**匮乏。相应地，居住在"食物荒漠"里的人都很胖，而多数公共卫生专家认为，胖不好。所以，"食物荒漠"不好是因为它会让人发胖。[23]

但梅塞德斯继续论述道："在谈论食物的公平分配和具有掠夺性的食品工业时，我们完全可以不妖魔化肥胖，不道德化我们吃的东西，不把它们分出**好坏**。"要想倡导公平分配食物，我们有更好的理由。理由是，每个人都有权获得他想吃的几大种类的食物，对多数社群的多数人来说，这包括各种各样的新鲜食物与耐储藏的食物。我们不应将这些食物视作身体控制或道德优越感的根源，而应将其视作重要的人类资源——也是所有人群的权利。[24]

同理，说到美国的贫困人口、黑人和棕色人种群体面临的巨大的健康不平等（health injustice）这一毋庸置疑的事实，我们之所以应该关注这个问题，不是因为如果不关注，这些群体中的某些人就会发胖，**而是因为这些人正面临着巨大的健康不平等**。[25] 体重充其量只是健康问题的间接指标，我们可以而且应该直接关心的，是健康问题。然而，以食物和肥胖为靶子的道德主义往往掩盖了这一可能，结果是政府采取具有严重的误导性且屈尊俯就的干预措施，例如限制补充营养援助项目（SNAP）\*福利所能购买的食物种类。[26]

我记得读研时参加过一次倡导吃本地食材的活动，活动主持人大肆宣扬本地生产的食材的优点，却几乎闭口不提这些食材是多么稀罕，多么昂贵。有位厨师不容置疑地表示，穷人应该从头开始动手，自己烹饪豆类，不该吃麦当劳。这时我朋友拿过话筒，说她们家资助了一户贫困户。最近她给这家人汇了10美元，因为她想试试新的汇款方式好不好用。那家人对她感激不尽，还说当晚他们就能吃上热狗。正如我朋友所说，有时候，生活艰难拮据的人需要的是他们熟悉的、吃下去肚子舒坦的食物，而这些食物往往高盐、高糖、高淀粉、高脂肪。自己动手浸泡、烹饪的干豆

---

\* Supplemental Nutrition Assistance Program（简称SNAP）是美国政府帮助低收入人群获得食品和营养的福利项目。

子并不总是令人满意的替代食物，无论它多便宜，多有营养。而且，制作干豆要耗费很多资源，比如时间、知识、劳动力、烹饪设备、干净的自来水，在美国等国家，有许多人根本无法获得这些资源，这并不公平。

一心想吃热狗的时候，只有热狗能解馋。（这可是我的亲身感受。）

总而言之，鉴于减肥之难，把**发胖**、肥胖归咎为个人德行有失几乎是无稽之谈。绝大多数情况下，肥胖并不是自主的选择。

即便发胖、肥胖**是**我们自己的选择，全权由我们自己决定，到底为何要把它们上升到道德层面？为何认为别人的肥胖会妨碍到自己？

有人振振有词地说：如果胖人给医疗系统造成负担，进而给社会造成负担，而且有些人确确实实是自己选择变胖的，这当然**会**妨碍我们。这种论调虽然盛行，其根基却一触即溃、不足为信。首先，正如前文所言，肥胖与某些种类的健康问题之间并非因果关系。不过，确实有一项研究表明，胖人的寿命比正常体重者平均短几年（其实也就是 80 岁和 84 岁的区别）。看出来反转之处了吗？胖人对医疗系统的消耗也许会**更少**，因为就算我们活着的时候消耗得多，可人一**旦**死了，还怎么占用医疗资源呢？[27] 诚然，这项研究是在荷兰进行的，目前尚不清楚它是否适用于美国，众所周知，美国的医疗费用在不断上涨。上涨的医疗费用才是亟待解决的问题，我们不该不加批判地接受这个事实，不该把它用作反肥胖的依据。

刚刚我们讨论的是所谓的"不胖的义务"的第二个问题：即便在某种程度上，某些人**确实**可以控制自身的胖瘦，但实证数据并不能说明，胖人一定会给医疗系统造成负担。

而且，即便在某种程度上，某些人可以控制自身的胖瘦，而**且确实会**增加医疗系统的负担，但通过类比来看，这并不是真正的道德问题。为了让生活更多姿多彩，为了追求自己的热爱、奇思妙想和乐趣，人们常常要付出沉重的代价，比如潜在的严重健康问题、更高的死亡率，这就是有舍有得。经常玩高空跳伞的人面临受重伤和死亡的风险；攀登珠峰的人面临高原反应、坠崖和冻伤的风险；赛车手面临撞车和爆燃的风险；[28]再比如哲学家 A. W. 伊顿的例证，美黑的人面临罹患皮肤癌的风险。[29]但只要他们采取合理的预防措施，比如使用正确的装备，并且不危及他人，我们就不会谴责或羞辱他们。我们认为他们有权过自己的生活，意外发生时，他们也有权获得相应的、人道的医疗服务。我们甚至普遍认为，他们有权冒早早离世的风险。我们认为，这是他们应得的权利——这么想**很对**。

设想有那么一个人，他"活着就是为了吃"，而吃是为了猎奇、为了高兴、为了舒坦，甚至是为了大快朵颐，结果这个人比原先胖了许多。而且，颇有争议的是，这个人确实因为吃太多而面临某些健康风险。把他与上一段的冒险者做个类比，我们不禁心生疑窦：胖人有道德义务选择不同的生活方式吗？如果肥胖的批评者不反对上述冒险者和寻求刺激者的行为，那他们就有必要讲清楚，胖人和这些人究竟有什么不同。料想这些批评者往往说不出个子丑寅卯，只是**想当然**地以为那些冒险者都很精壮，所以，他们一定也很"健康"——在这里健康是指精瘦健壮、肌肉发达、没有残疾。

这就凸显出"不胖是一种道德义务"这一观点的第三个主要

问题：如果个体较瘦，我们往往能接受该个体面临与肥胖者同样水平甚至更高水平的风险。

对此，有些人会继续争辩说，任何人都没有照顾好自己、照顾好身体的道德义务。[30] 我并不想扯那么远，我认为，如果防护措施或治疗措施既简便又不费事，并且确定能防止非常糟糕的后果，我们**确实**有责任，甚至有道德责任去采取措施。系安全带、戴头盔就是最好的例子，也就是说，我的观点并不会让大家陷入可疑的自由主义的泥淖。[31] 大家一定都赞同，我们确实有道德义务采取一些简便的健康措施，从而保护整个社群，而不仅仅是我们自己，免受严重的不良影响。接种新冠疫苗，疫情期间在较为拥挤的室内要戴口罩，这些都是显而易见的例子。[32]

但不胖的道德义务与这些义务截然不同。如上文所述，它很不切实际。它对健康是否有益也存在争议，我在前文也论述过。肥胖并不会对其他人造成伤害（与一些公共卫生狂热分子认为"肥胖症流行病"具有"传染性"的观点[33]恰恰相反）。撇开这些观点不谈，为了猎奇、为了开心、为了舒坦而吃，而选择胖一点，依我看也是有理有据的选择，它是从古至今人们一直会做的取舍，而且随着生活更个性化、更多姿多彩、更纷繁复杂，他们有权做这种取舍。[34] 伊顿在论述有关肥胖的议题时是这么说的，"现代生活，尤其是现代都市生活，就是围绕着这种取舍建立起来的，多数情况下，这种取舍并没有受到去审美化、污名化、歧视或其他负面社会后果的影响"——与肥胖所受的待遇大不相同。[35]

我所批判的道德主义常常打着"健康主义"的幌子，健康主义是指在当代英美文化中，健康已上升为终极道德价值，而非众多价值的一种，它要求个体必须保持健康，这是每个人的道德义务。³⁶（也就是说，我们不必尽己所能保持健康，因为还有其他与之并驾齐驱的价值观，比如食用所谓的"不健康"食物会让人心情愉悦，让人找到归属感。）但值得反思的是，除了有关肥胖、吸毒和吸烟，也就是那些已经被严重道德化的身体状态和行为的讨论，这种思路很少会出现。由此看来，健康主义与其说是一种普遍的道德错误，倒不如说是意识形态的武器，被用来蓄意针对那些已被污名化、异化的人。

那又该如何**看待**吸烟呢？难道羞辱吸烟者没用吗？难道这不是为了他们好吗？诚然，自从公共卫生领域开始兴起反吸烟运动，吸烟率已经大大降低，这其中既有该干预措施的功劳，也有其他因素的影响。但一方面，我并不清楚我们是**应该**羞辱吸烟者，还是应该继续教育，以帮助他们认识到吸烟的风险，毕竟，让他们对尼古丁欲罢不能的是社会压力和生理、遗传因素。³⁷（与其他成瘾类似，比如酗酒，人们现在更多的是把它当作一种疾病来看待，并不认为成瘾是羞辱或道德化的合理基础。）另一方面，虽然戒烟很难，但它是一种不连续的行为，从某种程度来说，它可以戒断。可一个人不吃不喝的话根本没法活下去。（我敢这么说是因为十八九岁时我染上了严重的烟瘾，为了戒烟我费了好大劲；我减肥没成功过，但成功戒掉了烟瘾，因为我拥有的特权显而易见，比如我有钱买戒烟贴，烟瘾发作时就靠它来缓解。）学界也更肯定，吸烟对健康的危害远大于肥胖对健康的危害。最后，由于二手烟和三手烟，吸烟会给其他人带来真正的健康风险，同时也给易受干扰的年轻人树立了一种表面看着"很酷"的坏榜样。因此，从很多方面来看，肥胖和吸烟有着云泥之别。

总结一下我在这部分的论点：很大程度上，我们无法控制胖瘦，不胖的道德义务从根本上就站不住脚。即便假设我们**能**控制自己的体重，肥胖也未必会给医疗系统带来负担。就算确实会造成负担，那既然我们可以容忍人们选择去做一些明显会增加患病、受伤和死亡风险的事，为什么却从根本上把那些为了更享受烹饪、美食、与他人分享美食的巨大乐趣而选择稍微胖一点的人视为异类呢？我认为我们的答案并不理性，而是根植于人类心理的谬误。

◆ ◆ ◆

2005年，塔利亚·惠特利和乔纳森·海特进行了一项研究，他们对易受催眠后暗示（posthypnotic suggestion）影响的受试者进行催眠，让他们在读到某个随机的词，比如"often"（经常）或"take"（接受）时感到一阵恶心。[38] 然后，研究人员让受试者阅读一篇短文，文中的人物有道德失范行为。例如：

> 国会议员阿诺德·帕克斯顿经常发表演讲，谴责腐败，主张进行竞选资金改革。但他这么做只是在试图掩盖一个事实，即他本人［会**接受**/**经常**受］烟草游说集团和其他特殊利益集团的贿赂，实际上他在推动对这些集团有利的立法。[39]

那些阅读了与催眠后暗示相匹配的短文的受试者——在读文章时会感到一阵恶心——对失范行为的判决往往也更严厉。因此，人为地增加厌恶感会让我们在道德上更苛刻。[40]

不仅如此。在后续实验中，研究人员加了另一篇短文作为对照：一个名叫丹的学生会代表在会上"试图**提出**"（*take* up）或"**经常挑**"大家都感兴趣的话题进行讨论。这种行为显然是出于善意，甚至是值得称赞的。尽管如此，那些阅读了与催眠后暗示相匹配的短文并因而感到恶心的受试者，往往会谴责丹的行为，虽然他是无辜的。"他似乎有他的小算盘。"一位受试者说。有人觉得丹是个"一心想讨大家欢心的卑鄙小人"。还有人认为他的所作所为"非常古怪、恶心"。"闹不清［哪里不对劲］，反正就是不对劲。"他们斩钉截铁地说。[41]

产生的效果让研究人员大为吃惊（别忘了，他们还选了一些从道德角度来看无倾向性的短文作为对照）。但研究结果具有稳健性，而且其他几种措施也能产生同样的结果，比如让研究对象闻难闻的气味，让他们坐在令人作呕的办公桌前（桌上堆满破烂，桌旁垃圾桶里的垃圾都溢了出来），让他们回忆能让人感到生理不适的经历，让他们观看令人作呕的视频（污秽的马桶）。值得一提的是，诱发另一种负面情绪——悲伤——并不能产生如此效果，这表明，此种效果通常并不是由负面情绪驱动的。[42]

其中道理很明显：首先，人们经常会把自己的生理性厌恶反应误读为**道德**厌恶，从而对道德失范行为做出更严厉的判决，甚至认为不好不坏的行为在道德上有问题。其次，一旦出现此种情况，人们会寻找理由为自己的道德厌恶辩解，会在事后合理化已做出的道德判决。

研究表明，厌恶在很大程度上与对胖人的负面判断有关。2010年的一项研究以美国人与澳大利亚人为调查对象，结果表明，对肥胖身体的厌恶是对于个体做出恐惧肥胖的判断的最强预测因素。[43]胖人还是能引起最强烈的厌恶反应的社会群体之一：说到谁最招人厌，我们与政客和流浪汉不相上下，仅次于老烟鬼和瘾君子。[44]

如果胖人常令人感到生理性厌恶，那么我们的身体就会被道德化，哪怕我们没有任何过错。胖人不被视作正常人，胖人的身体也不被视作正常的身体，胖人被视为道德失范者（moral failure），胖人的身体被视为道德问题——亟待解决的问题，而解决方法是表面嘘寒问暖，实则残酷无情。人们对胖人给医疗系统增负产生道德恐慌，尽管瘦人也面临很多健康风险，人们对此却普遍漠不关心。那些批评胖人不老老实实在家待着，认为胖人在公共场合抛头露面就是在"赞美肥胖症"的人，他们之所以这么做，一定是因为他们需要给自己的生理性厌恶一个合理的解释，正所谓欲加之罪，何患无辞。

虽然出现了倡导接纳肥胖运动，但生理性厌恶及其所造成的苦恼与焦虑也许会一直存在，这有几个原因。首先，厌恶这种情绪很难摆脱，一旦对某个对象心生厌恶便很难消除。厌恶会沾染、扩散并渗入其对象。比方说，假使某人吃吐过某种食物，之后他就会对这种食物感到非常恶心，并很快把这种食物与厌恶联系起来，即使过了很久也会反感。（因此，厌恶是唯一一种容易受到"一次即中"条件反射〔one shot conditioning〕影响的情绪。[45]）其次，厌恶很容易习得，还会传染：如果一个人表现出对某个对象的厌恶，其他人看见了往往也会对其产生厌恶。[46]从进化的角度来看，这很有道理，因为这种社会传染曾帮助人们避开受污染的食物和病原体。

此外，厌恶会强烈地驱使我们避免与令人作呕的东西近距离接触，但有时又会吸引我们远观。厌恶会给某样东西平添魅力，

089

甚至令它光彩夺目，带有丝丝撩拨的魅惑。[47]总之，它能激发我们的好奇心。比如，要是脸书上有人问大家想不想看点恶心人的东西，比如皮开肉绽的伤口或是瘀斑，人们普遍都会表现出好奇。总有些人伸长脖子想探个究竟。像《沉重人生》(*My 600-Lb. Life*) 这种以肥胖为噱头、具有剥削性的真人秀节目能大受欢迎，部分是因为人类的这种心理机制。

最后，厌恶是一种社会排斥情绪。用社会学家奥兰多·帕特森的话来说，如果一个人被认定是无可救药地令人厌恶，他就会被打上"社会性死亡"的烙印——不仅是在基本的社会关系中，比如朋友关系、亲密关系中，也在公共话语与行业特权群体中。[48]因此，胖人不仅在医疗领域，还常常在教育、就业、婚恋与社交生活中遭受歧视和偏见，也就不足为奇了。

厌恶与社会排斥之间的联系也解释了为什么人们总是不惜一切代价以避免引起他人的厌恶。因此，尽管有证据表明，长期来看，节食减肥根本行不通，但我们还是继续拼命节食减肥。我们让自己的身体变小以适应环境，还想凭借这种艰苦不懈的努力来获得道德上的认可，无论是否能成功。我们想要成为"好胖子"。我们尽力避免被羞辱、被指责、被人避之不及。我们渴望社会的接纳，哪怕是微乎其微的认可。

第五章
# 被渴望的课题

我记得第一次有男生对我的身材评头论足是五年级时。那年我10岁。"小胖妞凯特琳",体育课上,一个叫杰克的男孩冷不丁地来了那么一句。[1]所有人都乐得咯咯笑,只有我面红耳赤地愣在原地。也许你怎么也想不到,我那时就是中等身材,根本算不上胖,当然,这也许并不重要。可杰克的话一出口,我的目光——之前一直关注着外界,盯着球、盯着同学,多半时候盯着远处的目光——猛地转向了自己。那一刻,我透过杰克不屑甚至厌恶的眼神看到了自己。我觉得自己是个庞然大物,在同学中显得很卑微。(请注意"小"这个与"胖"明显自相矛盾的字眼,还有指小词缀的使用——我的名字是"凯特")。

我成了大家的笑柄。随着年龄的增长,我的个头也越来越大,被人取笑也成了家常便饭。

还有一件事我至今记忆犹新。16岁那年,我进了一所本来只招收男生的学校就读,学校合并后录取了三名女生,但男生有数百人。(这样我就可以参加国际文凭考试,而不是澳大利亚高中生的毕业考。）我和一个叫基兰的男孩走得很近。他常常晚上给我打电话，不着边际地谈天说地，尽管白天大部分时间我们都在学校。有传言说他喜欢我，嗯，**那种**喜欢。这天晚上，同样是冷不丁地，他提议说要给我的魅力值打分，最低 1 分，满分 10 分。他给我打了 7 分，我觉得这分数有点高。"为什么是 7 分？"我问。"哈，"他得意地说，"你的眼睛、头发都很好看，但身材有待改善。"挂断电话，过了很久，这句话依然在我脑海中久久回响，刺痛如故。那天晚上脱衣洗澡时，我的耳畔响起了他的话。入睡时，我的耳畔响起了他的话。扭过头看着镜子里的自己，想要像他那样看着自己时，我的耳畔还是响起了他的话。

几个月后的一天晚上，在上辩论课之前，我和基兰还有朋友约翰坐在当地的一家比萨店里闲聊，他的口无遮拦再一次伤害了我。他俩照常点了些东西吃，而我什么也没点。"她吃得少。"约翰跟店员解释。我在心里默默地纠正他：我不是吃得少，我是**一点也不吃**。上学时我常常一整天都不吃东西，能不去食堂我就不去，能不让人看见我吃东西就不让，因为我是个略微"超重"的青少年，那样子太丢人。我在家里吃的食物统共只有几百卡的热量。爸妈很担心我，但我没让他们知道我节食那么狠：经常把晚餐丢进垃圾桶，或者喂狗狗，然后假装自己吃过了。

结果呢？我或多或少学会了如何靠很少的食物活下来。那时，我常常宁愿饿肚子也不愿长胖。我有时愿意通过饿肚子来感受减重带来的解脱。尽管持续的饥饿不会让我患上严重的进食障碍，但想要变苗条的代价仍然相当大。和许多人一样，我很惧怕因为肥胖而被自己喜欢的人拒绝，只要能变瘦，我几乎什么都愿意做。这就是"性肥胖恐惧症"（sexual fatphobia），它会造成巨大的伤害。

◆ ◆ ◆

我的身材"有待改善",这句看似不起眼的议论、调侃,多年来一直在我耳边回响。它同其他更可怕的事——有人在我的储物柜上瞎画了"肥婆"两个字,还泼了鱼油,目的是告诉大家我有体臭,让大家觉得我很恶心——让我缺乏安全感,又让我不时渴望得到男性正面的关注。高中毕业前的最后一次晨会上,照例给学生们颁发了好多看似是在恶搞的奖项,比如"最可能得手的白领犯罪分子""最可能未婚生子的家伙",等等。而凯特·曼恩获得的奖是——我心惊胆战地等着颁奖人抖包袱——"最可能招嫖的人"。这个包袱是在揶揄我的身体,揶揄我缺乏性魅力。全场哄堂大笑。

现在回头看,我发现,上高中时我所遭受的不友好的对待多半是多重复杂因素共同作用的结果。我在班上成绩名列前茅,心直口快;我对待两性关系比较严肃,有个很"帅气"的男朋友,他在另一所学校上学。("他肯定是看脸,不是看屁股。"我学校里的朋友这样评论道。)同学们对我既羡慕嫉妒恨,又对我很好奇,其中还掺杂着鄙视和厌恶。一天晚上,基兰从电话里得知我谈了新男友,他突然挂断电话,后来差不多再也没和我说过话。

大概 15 年后,有位心理医生对我说:"他们一定很怕你。"他本能地同情那些被我侵占了地盘的男生。他想告诉我,从某种意义上说,那些诋毁、骚扰和欺凌并不是我的错,而应该归咎于他们和他们的不安全感。他的安慰于事无补:我说过,假如人们攻击的是你的身体,你会和它一起化为灰烬。[2] 我的身体,并不完美的身体,是脆弱的重要源头。它给了厌女一个"切入点"。肥胖让我成了众矢之的,而成了众矢之的,他们就有办法靠近我。尽管我很想置之不理,但他们还是找到了我。

厌女就是如此运作的:利用等级制度——无论何种等级制度,来贬低女孩或女人。人类推崇智慧,于是说她愚蠢、懵懂、无知。人类推崇理性,于是说她疯癫、歇斯底里。人类推崇成熟,于是说她幼稚、没有责任心。人类推崇道德,于是说她不守妇道。人类推崇苗条,于是说她胖,或者明里暗里说她丑。人类推崇性魅力,于是说她无人问津。尽管事实上,胖人不仅有性魅力,而且喜欢肥胖是很**普遍**的性偏好,至少从色情产业的消费选择上我们可以看出这一点。[3] 这与我们之前看到的观点不谋而合,我们视胖人低人一等并不是因为我们天生不喜欢他们。我们不喜欢胖人,是因为反黑人的种族主义催生出歧视肥胖体形的审美标准,而这种审美标准使得胖人低人一等。[4]

各种"贬抑女性"的做法都可能影响到每一个女孩或女人。哪怕你不是特别地胖,甚至根本不胖,也会有人说你"胖",这是厌女者贬损女性的有力方式。在澳大利亚首位女总理——身材高挑、举止优雅的朱莉娅·吉拉德遭到厌女者粗鲁的污辱时,作家杰梅茵·格里尔不仅嘲笑她屁股太大,还无耻地同叫嚷着要把吉拉德轰下台的人一起摇旗呐喊。[5] 我原先并不知道格里尔排斥跨性别群体的主张,但即使那样,我也不能原谅她。[6] 说到姐妹情谊,有些所谓的女性主义者就是女性的叛徒。

但我们不能因此而忽视一个事实,即**肥胖者**,尤其是非常肥胖的人,会单纯因为体形和身材而受到骚扰。这种骚扰本身也是个问题,因为这会掠夺他们在公共场合出现的权利。

奥布里·戈登在她的首作《当我们在谈论肥胖时,我们没在谈论什么》(*What We Don't Talk About When We Talk About Fat*)中讲述了她在下班回家路上被陌生人尾随的经历。"嘿！"那人喊道，"我说，你还不够肥吗？"她上下打量着戈登，破口大骂，还鼓动别人和她一起骂，"看到这个婊子有多肥了吧？瞧瞧！"（幸运的是，路人纷纷婉拒了她；可没人替戈登说话，也没人出手相助。）"干吗吃那么肥？听见我说话没？我说你耳朵聋了！"

这件事当时让戈登深感压力与不安。（伴随言语骚扰的，很可能是肢体暴力的威胁。）其后也一直让她觉得惊扰：当晚她心神不宁、夜不能寐，第二天她不得不在家办公，而且在那之后很长一段时间里，每当她想专心做点什么时，脑海里总会浮现出当时的场景。"连着几个月，我都不能仔细去想那个女人说的话，我只能去感受。我一直记得她。我身体的每一个毛孔都塞满了羞耻，就像一个水球，看似饱满充盈，实则一戳即破。"[7]

如果有人明里暗里告诉你，你没有性魅力——不仅是某个人这么觉得，而是所有人都那么觉得——那你感到羞耻是很自然的反应。因为这种评价等于将你标记为损毁的物品：无人问津，让人"性趣"索然，甚至根本就不值得爱。作家林迪·韦斯特写道："否定个体的［性］价值是极其隐蔽的情感暴力，我们的文化肆无忌惮地使用这种暴力，使得边缘化群体始终沉默而渺小。"[8]

戈登还讲述了她另一次被骚扰的经历。那天深夜，她走在人行横道上，有个岁数大的男人跟在她后面。"怎么可能有人会爱上你啊，"他说，"瞧你这副长相。"为了强调，他又大声说了两遍，"怎么可能有人会爱上你啊。"他凑得更近了，龇牙咧嘴，面目狰狞。戈登赶紧跑开了。这一次，戈登不仅感到羞愧和耻辱。更要命的是，无缘无故被人这样恶毒地辱骂，她实在是吓坏了。[9]

◆ ◆ ◆

因为高中时的经历,起初我并不担心没人爱。有那么一段时间,多重因素在保护着我不受影响——我顶多算个"小胖子",在充满爱的家庭长大,男朋友不仅体贴,还很尊重我。但随着时间的流逝,加上后来我们分手,过去的经历开始明显影响到我。我害怕极了,害怕没男人要我。我觉得没人会爱上我。

所以大学有段时间,我非常渴望关注和情感支持,有时甚至不顾后果地滥交。为了缓解社交带来的焦虑,为了让自己不胡思乱想,我泡夜店、彻夜狂欢、抽烟。我故态复萌,可以连着几天不吃东西,体重骤减(很快又反弹回来)。为了节食,我还吸食派对药物,比如飙粉(speed)和迷幻药。我常常喝到不省人事。只要有帅哥过来套近乎,我就跟他上床。

虽然这些行为本身并不一定有问题,却让我觉得空虚、焦虑、沮丧,因为我天生就喜欢秩序、安稳。最糟糕的是,这些行为将我置于危险之中,容易被性掠夺。

这一点很微妙。自从 2017 年末塔拉娜·伯克发起的 #MeToo 运动开始风起云涌,我们便倾向于关注那些从道德层面看是非分明的案例,比如女性被男性性骚扰或性侵犯,性骚扰或性侵犯的判断依据是女性是否主动要求、是否同意、是否自愿参与——这倒也无可厚非。

如上文所说,关注此类案例无可厚非:我们总得有个入手点,而且,最简单的案例也最能赢得公众的支持。(更成问题的是,我们也倾向于关注富有的、享有特权的好莱坞白人女演员,这与伯克关注黑人和棕色人种女性的初衷背道而驰,要知道,这些女孩尤其容易受到伤害。)

但性掠夺有更复杂的形式，比如，在一些性掠夺案例中，主体确实会主动参与或者主动提出要发生行为，虽然她本不该这么做。记得有天晚上，我和一个叫尼克的男人一起回家，他比我大14岁——现在回想起来，他很可能比我大更多。那时我19岁。他说他33岁。我俩常去一家酒吧喝酒，那天他说我长得像天使一样美，然后猛地勾起我下巴，吻我。后来我才知道，他那句俗套的、叫人哭笑不得的搭讪下，藏着的是他对我身体某些部位的品评。他对朋友说，他觉得我长得"有点像《销魂天师》里性感的埃尔维拉"，但"更娇小玲珑""胸更大"（他看得并不准）。澳大利亚白人经常觉得我的犹太血统有些异国情调：认为我肯定有"西班牙血统"，认为我的犹太朋友诺亚和我是亲姐妹（但实际上，诺亚是个细高挑儿，而我刚好跟她相反）。

我们一起回到尼克家，他又夸我脸蛋俊俏。"你也喜欢我的身材？"我问道，心里巴望着他答是。他犹豫了片刻，"我喜欢你自信的样子"。我本就岌岌可危的自信瞬间荡然无存。我想过离开，但当时的我骑虎难下。我已经脱了上衣，那一刻，他的年龄、他志在必得的样子让我觉得害怕。找借口回家根本没戏，我绞尽脑汁也想不出借口，而且就算想出来也可能无济于事。他一定会想方设法不让我走。最后我多半还是会和他上床。我必须跟他上床，最后我也确实这么做了。[10]

在我们的文化中，这种不良的性行为——我指的是道德方面和享乐方面的"不良"，俯拾皆是。女孩和女人明明是在拒绝，或未明确表示同意，但她们的意愿常常被忽视。出于社会责任感和性义务感，我们在想说"不"时会说"好的"。而且，在这个羞辱女性、贬低女性身体的世界里,我们有时渴望得到男性肯定的关注。

有一点读者朋友们可千万别搞错:长久以来有一种错误观念,认为肥胖的女性不会受到性侵犯,因为我们巴不得得到男人的关注。这个谎言造成了巨大的伤害,我这么说有凭有据:2017年,加拿大一起性侵犯案的审判中,法官认为,17岁的受害者也许很享受49岁男人的性挑逗,因为他英俊潇洒,而她"身材略胖"。(虽然法官承认,她确实"面容姣好",这貌似是在恭维肥胖的女性,实为挖苦。)让-保罗·布朗法官由此想到,这大概是这个女孩第一次被人诱奸,她肯定多少"有些受宠若惊"。[11] 最近一项研究发现,当被男性性胁迫的女性被描绘成胖人而不是瘦人时,受试者会对罪犯表现出更多同情,认为他所造成的负面影响更小,并会想出更多理由为他的犯罪行为开脱。[12]

在现实生活中,肥胖女性不仅可能受到性侵犯,甚至有证据表明,与较瘦的女性相比,肥胖女性遭受性侵犯的概率更高。[13] 但对某些人群——比如肥胖者、跨性别者、有色人种、残障人士等——身体的系统性的贬低,使部分人更容易遭受不该遭受的伤害。比如,即使我们不愿意发生性关系或发展为恋人关系,我们仍然会同意,因为我们认为我们无权说不,或者认为有人喜欢已经很不错了。这就如同人入不敷出时会"饥不择食"地把收到的支票存入银行,无论开票方是否可疑,无论票面金额有多低。[14]

◆ ◆ ◆

我们往往不自觉地采用一种隐性的性模式:他想要,他说他想要;她要么同意,要么拒绝。在这样的场景中,他是追求者、发起者和欲望的主体。她是被动的、被渴望（desired）的客体，因此有性吸引力（desirable）。**男人想要女人；男人睡女人；女人被睡；他睡了她。**

哲学家奎尔·R.库克拉指出，这样的场景大错特错。它带有性别歧视，且以异性恋为正统（heteronormative）。它忽略了性协商的可能性，而富于建设性的性协商可以是有效的、持续的对话——我还想补充一句，对话双方不仅应出于自愿，还应抱有热情。[15]

它还忽略了一个事实，即女性并**不**总是被渴望的一方，而且，男性和整个社会的一贯做法就是贬损女性的性魅力。比如男性对女性的口头骚扰：最常见的方式就是冲着路过的女性吹口哨或者夸她"条顺盘靓"，这么做看似是夸奖，实则粗俗不堪，女性宁愿没人这么"夸"她。除此之外，这么做也是在**评判**、认可和赏赐。男性把自己定位为一个有资格主宰广大女性的性价值，从而也有资格主宰女性社会价值的人。女性的职责就是让自己有性魅力；取悦他，安抚他，为他服务。就算他的判决是肯定的，那也只是一时的决定。如果女性胆敢忽视他、拒绝他，他很可能会撤回或否定之前的判决，骂她是婊子、性冷淡，或者又肥又丑。

所以，男性口头骚扰女性是为了监管，而不是欣赏、肯定。它既可以是讥讽的拒绝，也可以是猥琐的夸赞，女性主义者在讨论性物化时，必须把该问题考虑进去才算得上全面。

奇怪的是，讨论物化的文献鲜有提及一个现象，即在大众看来，某些人不是光亮的物件，而是被玷污的物品，这些人乏善可陈、低人一等。[16]例如，哲学家玛莎·努斯鲍姆列出了物化一个人的七种方式，或者（用她的话说，就是）把一个人当作物品的七种方式。

物化可能有以下几种特征：

1. 将某人当作实现自己目的的**工具**；
2. 否定他们的**自主性**，认为他们缺乏自决权；
3. 否定他们的**主体性**，把他们当作不需要考虑感受（如果有的话）的物品；
4. 认为他们**无行动力**——缺乏能动性甚至活力；
5. 认为他们**可侵犯**——视为可以被破坏、分解或拆卸的东西；
6. 将他们视作**财产**——可以拥有、买卖等；
7. 认为他们**可替代**——可以用其他同类或不同类的物品替换。[17]

但努斯鲍姆的列表及其后的讨论显然忽略了物化的另一种方式，即将人与人**相互**比较，并将人分成三六九等。[18] 将人视为可替代的物品、可用同类替换的物品，这只是冰山一角，物化还包括过度评判、过度划分等级、过于细致地区分。而体重作为一个可变的、线性的和无限可分的量，使得这些轻率又有害的做法操作起来更便利。有人被赞美，有人被贬低，有人被践踏，被当成垃圾。

因此，有些直男不仅会把女性的长相单独拿出来评判，还会对比排序。这就得提到哲学家雷·兰顿在努斯鲍姆的基础上提出的另一种物化手段：将女性贬损为身体部位。[19] 我记得每天跟我一起上学的男孩曾经自以为是、漫不经心地说过，他心目中理想女孩的模样是把艾米的头与布鲁克的身子拼在一起。他十分肯定地告诉我们，那才是满分女孩。

许多直男总觉得自己的另一半就该"性感热辣"，觉得这是他们与生俱来的权利：对那些在他们的文化环境中，被普遍标准判定为有性吸引力的性伴侣有着强烈的应得感。简而言之，这样的男性不仅对**他**认为有吸引力的女性感兴趣，他还在意，或者说更在意**其他**男性会如何评价他所选择的伴侣，而评分的高低通常与女性的体重等因素成反比。无论分数高低，女孩和女人都深受社会分层之害——从拒绝女性的卑劣男人，到认为女性只要年老色衰、身形臃肿就一文不值的卑劣男人都在这么做。在扎迪·史密斯的小说《美》(*On Beauty*)中，白人艺术史教授霍华德在结婚20多年后出轨了，妻子琪琪是个黑人，他们争吵过无数次，有一回琪琪吼骂他的情人："那个小娼妇，塞我衣服兜里还差不多……那点分量还赶不上我两条**腿**重。你叫镇上人怎么**看**我？娶了个黑种女人，最后却跟小妖精跑了？"[20] 霍华德低声咕哝了一会儿，最后被逼急了，说道："叫我说……我那时娶的可是个苗条的黑种女人。""见鬼了。你是打算告我违约吗，霍华德？告我不打招呼就变肥婆是吧？"[21] 事实上，婚前协议中并非未出现过禁止妻子长胖的条款。这样丑陋的系统运作方式使得后期资本主义的一整个行业得以蓬勃发展，包括饮食瘦身、美容和健康产业。[22] 厌恶女性、年龄歧视和惧怕肥胖等有害因素共同强化了这一现象，而女性则主动地、恪职尽责地把这些有害因素内化，因为她们不想因失去美丽的容颜、失去男人、失去生命力而感到羞耻。

当然，达肖恩·L.哈里森令人信服地指出，肥胖的男孩、男人也会受到肥胖恐惧症的压迫，尤其是在处于边缘化的社会地位时，如肥胖的男性黑人、跨性别者、同性恋者、残障人士等。[23] 对肥胖男性身体的指责部分基于一个事实，即肥胖被视作女性化的标志，人们会觉得肥胖的男性不够阳刚。所以，他们做不了理想的恋爱对象。黑人歌剧演唱家利米·普利亚姆最近的经历就说明了这一点。作为一名出色的歌唱家，普利亚姆在二十出头时就因遭受身体羞辱而退出歌坛，十多年来，他再也没有一展歌喉，哪怕是在家或者在教堂。他当过保安，也帮人要过债。最近，47 岁的他在卡内基音乐厅首次登台演出。"长成这副模样的大概就我一个……我总觉得格格不入，觉得不合群，"他在一次令人动容的采访中说道，"业内有些人……很难接受黑人男性扮演爱情剧主角。"肥胖的黑人男性和其他男性面临的障碍尤为显著。普利亚姆说："人们觉得体形大的人可以随意取笑，觉得我们不配事业有成……'减掉 50 磅再来找我，到时再给你现场试演的机会。'"在他记忆中，不止一位歌剧导演对他说过这样的话。[24]

然而，女孩、女人以及边缘化性别者更有可能受到性肥胖恐惧症及相关暴力的伤害。2014 年，父母用谷歌搜索"我女儿是否超重"的概率大约是搜索"我儿子是否超重"的两倍，尽管男孩被划为超重的概率略高。（父母用谷歌搜索女儿是否长得丑的概率比儿子高出近三倍；至于谷歌是怎么给答案的，那就不得而知了。）[25] 以下事实也佐证了上述现象：在异性恋关系中，多达 90% 的所谓的肥胖症女性曾因体重而受到其男性伴侣的霸凌、贬低；至少从我的观察来看，相反的情况似乎并不常见。[26] 再比如，"老爸肚"\*被视作性感，而"老妈肚"则不性感。或者是"猎肥"（hogging），也就是"烤猪"（pig roast）这种有害的做法，它类似于年轻男子的"狩猎竞赛"：谁能睡到全场最胖或最重的女生谁就是赢家，最近康奈尔大学也有人那么做，这十年来我一直在该大

---

\* 原文为"dad bod"，即中年男性略壮实又微微有肚腩的身材。

学任教。[27]

　　"猎肥"游戏的出现也许是因为，有种粗鄙的看法认为，肥胖女性"很容易得手"，只要有男人注意到她，她都应该感激涕零；还有一个原因是许多直男对于肥胖女性表现出的矛盾心理。他们渴望与肥胖女性发生关系，却又认为我们的性价值微乎其微，甚至根本没价值，因而不愿意认真对待，更别提公开承认女朋友的身份。作家汉娜·布兰克说过一句令人难忘的话："别人想不想睡你，与别人认为你的身份地位是否配得上他们的自我形象是两码事。"[28] 我们肥胖女性也许只是廉价美味的零食，而不是正餐；相当于性关系中的"垃圾食品"。在睡完我们后，他们会扔掉包装纸，拂去残渣，心满意足，却又隐约有些恶心——对我们，也对他们自己。[29]

　　被别人这样对待一直让我感到羞耻，而且往往是年长的男人，高中的经历让我非常渴望得到他们的认可。后来我明白，我不必为性付出代价，事实上，情况恰恰相反，性于我而言是唾手可得。但我十七八岁时的性关系是危险且具有剥削性的，也不能带来心灵上的满足。直到二十出头瘦了很多后，我才觉得自己配得上更好的，幸运的是，我遇到了一个待我很好的男人，哪怕后来体重反弹，又变胖了一些，他待我一如既往。他叫丹尼尔，现在是我的丈夫。

◆　◆　◆

　　直男会不公正地对待他喜欢的肥胖女性，这并非无缘无故：如果让别人知道他被肥胖女性所吸引，或者别人以某种方式揭露了这一情况，他很可能会被其他人羞辱、蔑视和贬低，包括女性。正如前文所言，因恐惧肥胖而产生的厌恶感还会通过另一种方式影响男性，即厌恶不仅针对肥胖女性，甚至还针对肥胖女性**周遭的男人**。[30] 在埃莱娜·费兰特名闻遐迩的那不勒斯系列四部曲的最后一部《失踪的孩子》(The Story of the Lost Child) 中，叙述者埃莱娜（又叫莱农）几十年来一直单恋着聪明英俊却毫无责任心的男主角尼诺。他风流成性，和几个女人生了很多孩子却又对他们不闻不问；他心高气傲，自私自利，无可救药。但莱农还是疯狂地爱着尼诺，并为了他抛弃丈夫，还偷偷怀了尼诺的孩子伊玛，后来两人开始同居。纵然尼诺有很多明显的缺点，且多次对她不忠，但彻底颠覆尼诺在莱农心中形象的是他与家里其貌不扬、又胖又老的仆人西尔瓦娜发生关系的场景。莱农走进浴室，看到了下面这一幕：

> 尼诺身上只穿了一件背心，其他什么也没穿，他消瘦的长腿张开站着，脚上没穿袜子。西尔瓦娜身子向前弯着，两只手扶在洗手池上，宽大的内裤褪到了膝盖那里，深色上衣一直拉到腰上面。他的手臂揽着她的大肚子，抚摸着她的阴部，一只手抓着从文胸里露出的大胸脯，同时他平坦的肚子在撞击着她宽大的白屁股。*[31]

莱农抱着婴儿伊玛冲出了家，她"发现自己一滴眼泪也没有，我并不觉得痛苦，我只是被吓得不知所措"。她接着说道：

---

\* 译文参考陈英译《失踪的孩子》，人民文学出版社，2018年。下页引文同。

> 我看到尼诺把他的阴茎捣入了一个年龄很大的女人的身体，这个女人为我收拾屋子，为我买东西做饭，照顾我的女儿。她是一个经历了生活磨炼的女人，她身材走样，体形庞大，和尼诺平时带到家里的那些高雅、有文化的女士截然不同。我看到的这个尼诺，真是我年少时爱上的那个人吗？[32]

是的，她终于意识到，这就是他。但尼诺在莱农眼中一直完美无瑕，直到他把自己变得"丑陋"，变成"暴露身份的外星人"，而这并不是因为他朝三暮四，也不是因为他在性剥削女性，而是因为他看上的是一个肥胖且上了年纪的劳动妇女。[33] 厌恶感压倒了她，莱农感到"恶心，像看到两只蜥蜴交配一样恶心"。[34] "那个胖女人和瘦弱的尼诺的交媾场面"的荒诞给她带来极大的冲击。[35] 最终，莱农的厌恶和惊恐变成了愤怒和憎恨，"我对尼诺已经恨之入骨了，我从来没那么恨过一个人"。[36] 她甚至没意识到——即使意识到，她也无所谓——尼诺很可能在强奸西尔瓦娜。

◆ ◆ ◆

作为胖女孩、胖女人，我们得应对那些对我们评头论足、觉得我们不够格的男孩与男人。就因为达不到他们的标准，所以我们"有所欠缺"。但莱农的叙述暗示了一个事实，我认为这个事实同样令人心痛：性肥胖恐惧症之所以能不断赓续，女孩和女人也起到了关键作用。她们不仅将其内化，还蓄意将其武器化，以管制其他女孩和女人，并凌驾于她们之上。

从我的经历来看，伤害肥胖者的既有男性，也有女性。小学时比我高一届的学姐对我说,她听说别的学校有个叫马克的男生喜欢我。我表示不相信,这个学姐便冷笑说,马克喜欢"胖一点"的女生。后来,我知道这事根本就是她编出来的,最后她满不在乎地承认她撒谎,而且语气很不耐烦。马克不但不喜欢我,还查无此人。

她为什么要捏造事实?只是为了捉弄我,顺带给她的男性朋友找点笑料。居然有男孩会喜欢我**这样的**人,这显然非常可笑。

有尼克这样叫我"小埃尔维拉"的男人,也有当着全家人的面说我"胸大无脑高冷脸"的姨妈。看到我脸色变得铁青,她得意地笑着说:"别见怪,我也这样。"还有几次,她建议我应该通过极端节食来减肥,还说不仅胸,其他地方也会跟着瘦。我当时差点没气疯,也许我不该那么生气,可现在想起来仍然恼火。

有基兰这样的男性,也有坎迪丝这样的女性——坎迪丝和我一起上男校,她警告她那一群男性朋友,(千万)不能喜欢我,因为我有点胖。她甚至连掩饰都不掩饰一下。开学前一天晚上,她邀请我去她家过夜,我知道这是在向我抛橄榄枝,但我们最后没做成朋友。她的一个朋友给她家座机打电话(别忘了,那是20世纪90年代),她告诉对方,她和我在一起。"凯特什么样啊?"我猜对方这么问了,因为坎迪丝说我是她见过的最聪明的人,说我满肚子都是墨水。(我难堪到脸红,这时我反应过来,她这样讲我根本不是为了我好。)"而且她……你知道的,"坎迪丝鬼鬼祟祟地斜睨了我一眼,继续说道,"跟马德琳·戴维斯肯定不是一个吨位,不过嘛……嗯,对。"马德琳·戴维斯是我们原来上的那所学校最胖的女生。我猛地一颤,觉得很丢脸。我没为马德琳·戴维斯争辩,也没为自己争辩,对此我感到无地自容——最近我才想到这一点。

女孩和女人学会如此密切地关注男孩和男人对我们的要求，这并不奇怪。取悦他们也许能赋予我们少许权力。厌女症会把"好女人""乖女孩"挑出来，并惩罚余下的女性。（当然，被厌女的标准判断为"好"或"乖"是有害的认可。）于是，让所有女性团结起来便成了一个难题。正如我在上文所言，厌女症找到了肥胖恐惧症这个强大而得力的盟友：它在女孩与女人中构建了一个现成的等级制度，该制度以体重这一无限可分的指标为基础，并在体形、乳房大小、腰臀比以及各种特权标志的作用下更加复杂。

一些倡导接纳肥胖活动家认为，肥胖恐惧症旨在把胖人"赶尽杀绝"：对胖人的普遍态度本质上就相当于种族灭绝。我并不否认他们的观点，但我不相信情况一直如此。如果没了胖人，那么让瘦人感到高高在上的人就会大大减少。

后来，坎迪丝告诉我，她那已步入中年的父亲曾议论过我的身材。"她**很**性感。"他大概是这么说的。坎迪丝模仿她父亲的猥琐样。"我觉得这很不对劲，"她说，"我觉得他想要你，凯特，这太恶心了。"

坎迪丝的贪心不足的父亲并不是少女时期的我唯一要提防的长辈，还有比他更下流的。人们在了解我的高中经历后常会问我，为什么我不离开？为什么遭遇如此悲惨，还硬是在男校挨上整整两年？答案就在这里。我当然可以告诉疼爱我、关心我的父母我的高中生活是怎样的，他们也一定会做些什么。只要我说了，他们肯定会采取行动。我为什么没说呢？简而言之就是我太固执了。但还有个原因，就是我畏惧原来学校的音乐老师的那双手，在我身上不安分地游走的肥腻的手。我不想回到那儿，我做不到。我没勇气跟父母聊一聊我为什么不想回去，虽然那很必要。那个老师后来突然离职了，也许有其他同学告发他了，反正我没有。但他的气味依然无处不在，弥漫在整个校园。每当想起他，我就会闻到他的气息，像是鼻子产生了幻觉。在拐角处、走廊里、楼梯间，我依然能闻到他须后水的气味。

我向一位值得信赖的男老师倾诉了所发生的一切，我跟他说，我不能把这事告诉别人。我恳求他不要向校方报告这件事。"没人会相信我，"我木然地说，"我又不漂亮。谁会对我有什么想法？没有。"我没好意思说自己"丑""胖"。但实际上我确实是这么想的。[37]

那时还是个女孩的我，因为想要一个安全的校园，而进入了一个更糟糕的校园。14岁那年，社会已经让我领悟到了一个重要的道理：身为胖女孩，别人会觉得我不仅挑不起"性"趣，而且不可信。

第六章

# 不足为奇[*]

  大一那年，18岁的我深深地坠入了爱河。我爱上了哲学，而大家都知道，哲学始于惊奇。（柏拉图笔下的苏格拉底曾说过："惊奇是哲人的感受，哲学始于惊奇。"[1]）尽管我热爱并将一直热爱我的学科，它却并不总是爱我，甚至不乐意承认我是哲学专业人士。在哲学会议上发言或者在哲学系出入时，我经常被误认为秘书、管理人员，或是年近四十的学生。"你看着不像搞哲学的。"我第一次参加专业研讨会时，一位哲学界的资深男性上下打量着我说。还有一回我要在毕业典礼上发言，上台前我和一位教师随便聊了几句，得知我是致辞人后他非常惊讶，他意识到自己表现得如此错愕十分不妥，还跟我道歉来着。更糟的是，那时我已怀孕七个月，比平时还胖——这是我人生中少有的几次，为了我的孩子，我觉得自己不仅有资格，而且有责任吃到饱。

---

[*] 原文为"Small Wonder"，意为"不足为奇"，此处是一语双关。"small"意为"小的、渺小的"，暗指哲学界对"瘦小"的崇尚，也暗示作者因哲学界对肥胖的歧视而感觉"渺小"的处境；"wonder"意为"惊奇"，呼应本章开头的"哲学始于惊奇"。

我微笑着走上台，心里面战战兢兢。我不仅觉得难为情，还觉得自己像个冒牌货。这也是"冒充者综合征"（imposter syndrome）这个术语的问题所在：当你真的被当作冒充者，有问题的不再是你的心理，而是社会现实，你只是准确地反映了社会现实。

哲学界的现状，嗯，并不乐观。我们并不多元。[2] 从目前的数据看，哲学是人文学科中白人男性主导性最强的学科（历史学排第二，但远没我们严重）。[3] 近年来，美国大学全职哲学教师中女性占比仅为17%。[4] 我们与"纯"数学、物理学等最缺乏多样性的STEM学科相比可谓半斤八两。[5] 哲学界存在严重的性骚扰和种族主义问题。[6] 依我所见，哲学界人士越来越仇视跨性别者，同时也存在阶级歧视和残障歧视。[7] 同样成问题的，还有严重的、系统性的肥胖恐惧症。

撰写本书时，我常忍不住思考：我是从哪儿学会厌恶自己肥胖的身体的？当然是从我们的文化中：书本、电影、电视等无数渠道。从嘲笑我的男孩子到跟我上床的男人，他们或直接或隐晦地告诉我，我的身体不合格。还有那些通过审视、管制和贬低我、她们自己以及其他人的肥胖，而使这种系统得以赓续的女孩和女人。从医生到路人，再到充斥着敌意的互联网，我们亲眼看到，肥胖恐惧症无处不在。

但对我和许多人来说，问题没那么简单。作为一名哲学家，我逐渐意识到，我们学科领域的肥胖恐惧症深深影响了我。它同样或直接或隐晦地传达出这样的信息：肥胖的身体不仅在道德方面、性方面有问题，也是**智识欠缺**（intellectual failure）的明证。该信息的影响远远超出了哲学界和整个学术界。哲学家既反映了更广泛的智识文化，同时也对其产生影响。无论好坏，无论公平与否，哲学都被视为最重要的人文学科与智识权威的源泉。因此，我们可以把对哲学领域的肥胖恐惧症的审视作为一个透镜，实际上是一个放大镜，用来观察更大的问题：我们普遍认为肥胖者的头脑不够好，甚至愚钝。

◆　◆　◆

哲学的特点是强调理性与逻辑，它默认这两个特质是主宰我们这个学科的瘦高、富有的白人的专利。不止一位作者说过，学术界的胖人普遍偏少。[8]我们会夸赞议论文紧凑有力，却批评散文"臃肿拖沓"、花里胡哨（隐含着对女性的性别歧视），这也不足为奇。[9]说到形而上学，即一切现象的原因与本源，我们倾向于通过严谨、简洁的方式去解释并引以为傲，也就是20世纪的哲学家奎因所说的"沙漠景观"（desert landscapes）。[10]而在大众的想象中，肥胖的身体除了代表过剩、浪费、冗余之外，还有什么呢？[11]

奎因在1948年的著述中指出，哲学在确定量化（或被算作不同的实体）的对象时应尽可能将数量减到最少。他首先反驳了一种观点，即在实际存在的对象之外，还存在可能的对象——这叫"潜存"（subsist）。他明显蔑视这种形而上学的理论，"[这样一个]超载的宇宙方方面面都讨人嫌。它冒犯了我们这些喜欢沙漠景观的人的审美，但这还不是最糟的。[这个]存在着可能的对象的棚户区杂乱无章，为混乱无序的元素提供了温床"。在这个"棚户区"里，我们该如何计算那些仅仅是可能的元素呢？"比如说，门口那个可能的胖子；再比如说，门口那个可能的秃子。他们是同一个可能的男人，还是两个可能的男人？如何判定呢？门口有多少可能的男人？可能的瘦子比可能的胖子多吗？"[12]（女人似乎不在奎因的讨论范围之内。）

为了达到诙谐效果，奎因采用了阶级歧视和肥胖恐惧那一套老掉牙的论调——胖男人是否比瘦男人占据更多空间，哪怕只是假设性的？显然，他是有意为之。[13]这也是奎因能成为哲学领域的大师级作家与潮流引领者的一个原因。他不仅反对"膨胀的宇宙"（bloated universe）的一切"极度繁荣"（rank luxuriance）。[14]他还请求读者和他一起蔑视，而这种蔑视有时比理性的论证更有效。正如我们所见，厌恶很容易传播。在所有的道德情感中，它最易传播；它渗透、玷污并紧紧抓住目标，无论对方是否罪有应得。

所以，作为一名肥胖的哲学家，长期以来我一直难以使我的身体形象与我的身体所扮演的角色——我的头脑和心灵的使者——相吻合。我戏称其为"身心不合一"（body-mind）问题。[15]我在序言中说过，我有时没法容忍用我"柔软野性"的身体——引用已故诗人玛丽·奥利弗的诗句——去代表一门以犀利、清晰和精确为荣的学科。我对自己软塌、臃肿的身材非常失望。

这种错误的二元对立部分存在于我自己的头脑中，没错，也存在于其他人的头脑中。最近，我在一本哲学入门教材上看到了18世纪著名哲学家大卫·休谟肖像旁配的文字："他头脑的轻盈敏捷，完全被他笨拙的外表所遮蔽。"[16]这等于在警告其他肥胖的哲学家，我们的智慧同样会被我们的身体所遮蔽。而且，我们常常不被视作对话的一方，而是被视作谈论的对象，滑稽可笑、可有可无、很成问题。怪不得有那么多肥胖的男性只能在哲学的大门口打转，根本就无法靠近，更不用说女性和非二元性别者。[17]

◆ ◆ ◆

在哲学领域，肥胖男性的命运和遭受的侮辱还有比这更悲惨的。在伦理学中，肥胖男性是一个搞笑滑稽的形象，也是暴力伤害的对象，这得感谢那道出名的电车难题。电车难题是由20世纪的哲学家菲莉帕·富特所设计的极富想象力的思想实验：一辆失控的电车眼看就要撞死五个不幸被绑在铁轨上的人，至于为什么他们会被绑在那儿，没人知道。而你刚好站在拉杆旁，拉动拉杆，电车就会开到另一条轨道，只撞死一个同样被绑在铁轨上的倒霉蛋（同样，原因不明）。这六个人具有同等的道德价值，都是良善无辜、诚实可靠的公民，既不是杀人犯，也没有对人类社会做出巨大贡献。那么，你应该拉动杠杆吗？[18]这通常是伦理学导论课上老师提的第一个问题。

多数学生会说，你应该这样做（不过也有很多人不敢做选择）。接下来的问题是：假设你不是站在随时都能让电车转向的拉杆前，而是和一个很胖的男人并排站在一座桥上，俯瞰着电车往那五个人开去。你意识到，如果把胖男人从桥上推下去，他笨重的身体一定会让电车停下来，而你很瘦弱，即使跳下去也无济于事。但你这么干会要了他的命（总之，你很清楚后果如何）。你该不该把胖男人推下去，拦住电车，好救绑在铁轨上的那五个人呢？[19]或者，借用一本讨论该问题的书的书名，我不妨问得更直截了当一点："你会杀死那个胖男人吗？"[20]

尽管这两个问题本质上是相同的——为了救那五个人，你愿意杀那一个吗？[21]但在第二种情况下，学生更可能选择不作为。接下来的问题是，以"近距离、面对面"的方式造成伤害，即直接把胖男人推下桥，是否比在远处造成伤害，即只拉动拉杆让那个人被车碾死更糟糕？第二种做法比第一种让我们良心上更不安吗？

无论人们如何看待这种道德上的权衡，很显然，对胖男人的描述以及可能落在他头上的厄运会让人们哑然失笑，而不会让人们觉得严肃庄重，更不用提悲悯。在哲学中，这样的思想实验并非个例，把某些人的身体视作可有可无，甚至任由他人支配，他们是用来说明道理的例子，随时都可以牺牲。比如类似的思想实验，想象一个胖男人被困在洞口，洞里的水在迅速上涨，如果不用炸药把他炸飞，洞里的人都会溺毙。他们该这么做吗？[22]

且不论人们如何回答这些问题，我们该这样思考吗？我们该教学生把人的身体，尤其是肥胖的身体，看成是为了获得喜剧效果的道具，为了发现道德真谛而被反复钻探的孔洞？我热爱哲学理性的客观、客观的理性，可它们有时会让我感到深深的、持久的不安。

但我还是留了下来，因为我相信哲学的力量，它是人类的武器，帮助我们打赢重要的战争，包括社会正义之战。哲学是一门很难达成共识的学科，因而会从睿智且富有成效的争论中汲取营养，作为这个学科的一分子，我们可以以身作则，共同努力，教给学生一些宝贵的道理。无论你属于哪个阶层，你都有权提出问题，有权提出与更高阶层不同的意见；如果你能深思、慎思、思想开放，你也可能在辩论中占上风。你甚至有权提出与古希腊哲学家柏拉图和亚里士多德这样受人尊敬的哲学巨擘不同的意见。下面我们就要质疑他们对人类食欲\*本质的看法。

---

\* 英文单词"appetite"既可以指"贪欲"，也可以指"食欲"。

◆ ◆ ◆

柏拉图认为，贪食者（glutton）不可能成为哲学家。在中世纪之前最广为流传且最具影响力的柏拉图对话录《蒂迈欧篇》中，柏拉图在宇宙的生成这一大的理论框架下，讨论了人体及人体的功能。这使得他对食欲的本质以及食欲与我们的理性或逻辑能力之间的关系产生了兴趣。他认为人有可朽灵魂和不朽灵魂。后者蕴含智慧和理性，而前者"蕴含那些可怕但必要的干扰"，如痛苦、快感以及激情与情绪。这些乃人类生存所需，但也很危险，因为它们会"玷污"不朽、神圣的灵魂。[23] 历史学家苏珊·E. 希尔是这么写的："正义取决于理性的控制力，不会屈服于情绪和感官。"[24]

柏拉图认为，不朽的灵魂，也就是我们的理性部分，位于我们的头脑中，可朽的灵魂位于躯干的各个部位，两者就像一户人家里"划分开的女人与男人的居室"。可朽灵魂中具有男子气概的部分，尤其是心脏与肺，位于膈的上方。蒂迈欧以为：

> 诸神把可朽灵魂的勇气和竞胜精神部分置于靠近头部的部位，即在脖子和膈膜之间，这样它就会听到理性的声音，并当欲望不愿意服从要塞而来的命令时，就与之一起来强制欲望。[*25]

与此同时，可朽灵魂的下半部分，即消化系统，被认为是"身体营养的食槽"。诸神把消化系统放在膈和肚脐一带之间，是为了

---

\* 译文参考谢文郁译《蒂迈欧篇》，上海人民出版社，2005 年。

让它尽可能远离我们的大脑,即"决策者的居所",这样我们的胃,也就是"未驯野兽"所引起的"骚动和喧闹"就不会干扰大脑的思考。[26] 肝脏的任务是接收从大脑发出的"图像和幻影",以威慑食欲,使其服从理性。[27] 另外,肠子的作用是减缓食物经由身体的速度,使我们有饱腹感。蒂迈欧认为,"造人者知道,我们在吃喝上是嗜食的、无节制的。他们知道,嗜食会导致我们摄入的食物远超所需"。多亏了肠子,无餍的胃才不需要不断进食。要是需要,"人类就会嗜于吃喝而不去追求哲学和文化,无法倾听我们本性中最神圣部分的指令"。[28] 因此,希尔写道:"在《蒂迈欧篇》中,嗜食是所有欲望中对哲学的最大威胁。"[29]

由此我们看到,在人体**内部**划分等级的理论——头部统治胃部——很容易成为区别对待胖瘦**各异**的身体的理论基础,其依据是所谓的理性的自我控制能力或对食欲的控制能力的差异。结果是肥胖的身体成了个问题,因为正如我们所看到的,经年累月,人们开始怀疑肥胖者缺乏自我约束力。[30]

虽然柏拉图在《蒂迈欧篇》中主要关注的是男性身体的创造,但他也有一套关于女性身体从何而来的理论。那些生而为男人却拒绝理性的人,例如嗜食的男人,"来生都会转化为女人"。[31] 希尔认为,在柏拉图看来,女性特质牢牢植根于欲望,与人类的恣意任性,甚至败德辱行相关。[32]

如前文所言,柏拉图的本意似乎并不是要批判肥胖。诚然,他在意人的比例,但他担心的是人头脑伟大但身体瘦小,或者头脑渺小但身体庞大。希尔写道:

> 柏拉图对比例的关注意味着,如果庞大的躯体拥有与之

匹配的伟大灵魂，就有可能实现平衡。译者唐纳德·泽尔也认为，柏拉图所说的庞大（**巨大**）的躯体可能包括，但不一定是指肥胖的身体，当然也可能包括庞大而匀称的身体。从这个角度看，肥胖的身体并不一定比例失调，只有当身体支配头脑时才会比例失调。因此，在柏拉图看来，肥胖者可以成为哲学家，但嗜食的人不能；仅仅看到肥胖的**外表**无法做出道德判断。[33]

由此可得出结论，柏拉图反对的是嗜食，而不是肥胖本身。头脑伟大、身材肥胖或魁梧也可以和谐一致，这未尝不可。

◆　◆　◆

柏拉图的弟子亚里士多德并不排斥快乐（pleasure），但对贪食者的态度并不乐观。我们都知道，亚里士多德在他的《尼各马可伦理学》中提出了"中庸之道"，他构建的理论是人类的德性在于两个极端或放肆行为之间的中庸之处。[34] 例如，勇气是介于懦弱和鲁莽两个极端之间的中庸。[35] 然而，值得注意的是，在人类生活的某些方面，一个极端会比另一个极端更叫人难以抗拒或更普遍。[36] 贪欲就是其中之一，"不节制"（intemperance）的恶习——包括纵欲过度与嗜食[37]，对我们造成的困扰要远远大于"无动于衷"（unimpressionability），有时我们也称其为对快乐"反应迟钝"（insensitivity）。[38]（"享受快乐的能力有所欠缺的人较为罕见，因此还没有固定的名称，我们姑且称他们为'无动于衷者'，亚里士多德如此提议。[39]）总之，人类的贪欲（食欲）不仅被视为节制这种美德的潜在阻碍，而且最终也会成为幸福（eudaimonia）的阻碍，而幸福的实现离不开节制。归根结底，我们的幸福取决于我们是否有能力渴求对我们有益的东西，而不是屈服于毫无节制的食欲。[40]

因此，当哲学家兼翻译家 C. D. C. 里夫向当代读者解释亚里士多德的美德行为理论时，食物成为他的关注点也许就不足为奇了：

> 试想我们面前摆着一份菜单。我们希望得到美好或幸福。我们会考虑，在这种情况下，哪种行为最能促进幸福。我们应该点鱼……还是奶酪千层面？[41]

理想的做法是认识到哪个才是健康之选，鱼比奶酪千层面好，我们应该想吃鱼并点鱼：这体现了前面提到的节制的美德。其次是自我控制（有时也称为"克制"）：认识到鱼更健康，所以尽管想吃奶酪千层面，还是坚定地点了鱼。然后是"意志薄弱"（akrasia）：尽管理性上认识到鱼更健康，但还是想吃奶酪千层面并点了它。最糟糕的情况是：世界观大错特错，看到千层面如获至宝。所以，里夫想象，这个人不仅要求千层面**多加奶酪**，又点了一大份冰激凌圣代，而且心里还美滋滋的，因为自己对脂肪、盐和糖的贪欲得到了满足，真是厚颜无耻。[42]

这种人身上所谓的邪恶，也就是恶习，应该归咎于谁呢？他们对于（所谓的）好的食物的误判，又该归咎于谁呢？根据亚里士多德的理论，里夫指出，坏习惯，尤其是早年养成的坏习惯，是罪魁祸首：

如果养成了"良好的饮食习惯",我们就会对什么是好的饮食有不同的理解。我们会想吃鱼和沙拉,也喜欢吃,根本不会眼馋奶酪千层面和冰激凌。就算没养成好习惯,就算意志薄弱或自制力差,起码我们不会渴望吃这些东西。[43]

在我看来,这种思路根本就是自说自话。结果是,亚里士多德理论居然和成天就爱操心儿童胖不胖的喷子混为一谈。

我对节制和自我控制等理念没有异议,嗯,但前提是要适度。在生活中的方方面面,我们都需要这些品质才能全力以赴、坚持到底,才能在各种诱惑出现时照顾好周边的人。可一旦面对的是食物,节制与自我控制反而会让我们对食物更执着。限制饮食会导致进食障碍等身心健康问题。这一点在著名的明尼苏达饥饿实验中体现得淋漓尽致,这个极不合伦理的实验于20世纪40年代开展,志愿者们在"半饥饿"的状态下生活了数月。多数人成天只想着吃,有些人会很仔细地翻阅烹饪书籍,有气无力地舔舐食物的图片。他们梦想、憧憬着食物,每天的两顿饭让他们回味无穷。[44]许多人变得抑郁、易怒、焦虑、骨瘦如柴。尽管之后的"再投喂"过程帮助他们恢复了体重,节食对心理健康的影响往往依然存在。值得一提的是,他们每天摄入的热量大约1500大卡,比现在许多节食APP或医生建议的热量要多。

还有大量证据表明,即使在不那么极端的情况下,"限制性饮食"(restrained eating)也会带来问题。花大量精力限制食物种类或进食量的人,一旦被迫打破饮食习惯,往往会暴饮暴食。[45]

此外,实证研究和医生的临床专业知识表明,最有益的办法实际上是引导孩子喜欢吃各种各样的食物并了解它们的营养价值。

早前就有研究证实了这一点。克拉拉·戴维斯在20世纪二三十年代所做的研究表明，让孩子自己从琳琅满目的食物中挑选想吃的食物，孩子会本能地倾向于选择既能满足自己的饮食需求，又合口味的食物。[46] 2006年的一项研究表明，如果强迫孩子把蔬菜汤喝完，他们反而会喝得更少，对蔬菜汤的评价也更负面。[47] 事实证明，孩子们自有他们的"营养智慧"，最好的办法是信任、不干涉。[48] 非要给食物区分出"好坏"不仅有害、没有必要，还会适得其反。

但里夫以亚里士多德的著述为依据，将某些食物妖魔化，甚至将偶尔沉迷于这些食物视为非理性的典范，而且，持同样观点的人还有很多。在当代哲学中，意志薄弱的典型例证依然是吃了一块蛋糕或一块曲奇。例如，托马斯·纳格尔在论文《自由意志》的开篇写道：

> 假设你在食堂排队取餐，你走到甜点区，在桃子和裱了奶油的大块巧克力蛋糕之间犹豫不决。蛋糕看着分外诱人，但你知道吃了会发胖。尽管如此，你还是拿了一块，津津有味地吃起来。第二天，你照镜子（称体重）时想："要是昨天没吃那块蛋糕就好了。本可以拿个桃子的。"[49]

敢于选择不吃桃子，而是享受巧克力蛋糕的美味，是小小叛逆的开端，也是典型的叛逆行为，会让我们认识到自己是自由的，同时也很愚蠢。[50]

认知心理学家史蒂芬·平克在哀叹理性不再被视为"phat"（意为"极棒的"）时，也流露出相似的态度，虽然他并不是哲学家。[51] 平克接着批评那些非理性的傻瓜，这些人宁愿要眼前的

"小快乐",宁愿吃千层面,不吃蒸蔬菜,也不愿长久地享受"苗条身材带来的大快乐"。他们"屈从于""短视折现"（myopic discounting）——这是对短线思维的歧视性说法,而平克为了说明什么是短线思维,用了一个带有肥胖恐惧症色彩的例子。[52]

为什么瘦削的白人男性学者会对千层面如此不满？这是个长期困扰我们的问题,或者说是困扰研究会议晚餐菜单的民族志学者的难题。

◆　◆　◆

哲学界对放纵的非难,以及人们普遍认为胖人比瘦人吃得更多、更不健康的看法,这两者的影响已波及学术界对待肥胖者的方式。肥胖的女性尤为悲惨。学者们常常怀疑肥胖女性意志薄弱。有位哲学界的朋友回忆说,一位同事故意在她跟前说:"如果连自己吃什么都管不好,她怎么能管好自己的思想呢？"心理学教授杰弗里·米勒在推特上也说过类似的话:"肥胖的博士生申请者们:如果你没毅力戒掉碳水,你就没毅力完成论文 #实话实说。"米勒所供职的大学申斥了这一行为,但他仍在那里任教。[53] 他的行径虽然令人发指,但并不罕见:一项研究表明,如果申请心理学研究生的肥胖者参加面试,被录取的概率会大大降低。而按性别分列的数据表明,这一结果只适用于女性。[54]

有时,学术界的肥胖恐惧症会表现为佯装操心新进学者的职业前景。另一位朋友悄悄告诉我,在攻读英国文学研究生期间,总有人跟她说,她这样身材的人找不到工作,"因为大家觉得女人瘦才聪明"。后来,她和另外几位同专业（她还说这个专业"让人很温暖、很舒心，但就这一点不好"）的研究生聊了聊，结果发现，那几位教授也是这么教导他们的："减肥，你得让自己看着更聪明。"显然，他们都认为这条信息很重要，而且把它灌输给了学生，无论高矮胖瘦，无论男女。但学术界的女性似乎再怎么瘦也不算瘦，再怎么聪明也不算聪明。[55]

这些压迫性的身体规范与另一种常见的歧视——孕期歧视有着千丝万缕的关系。有位教授记得她孕期教逻辑学时，"学生们会公开嘲笑我，我一背过身他们就模仿我的动作，惹得班上同学哄堂大笑，他们把侮辱人的字条贴在我桌子上，学期结束时，还串通一气给我打低分，学生给我的课程评价从没那么差。他们公开说我是个怪胎，是个小丑，说我没资格在他们大学教书"。后来，她发现，这种欺凌至少部分是基于对身体的偏见：这位教授后来在其他场合碰到了班上一名学生，该学生得知她怀孕后非常过意不去。他觉得自己应当给她道歉。"对不起，"他说，"我们都以为你的身材就那样。"如果她的身材真是那样呢？[56]

肥胖和女性身份仍然是重负。回忆起读研时最先认识的一位朋友，我至今还会噩梦连连，他讥讽一位才华出众但身材臃肿的女哲学家化的妆太浓（"就是为了弥补身材的缺陷。"他说），还故意把减肥奶昔放到她办公室。若干年后，在一次会议晚宴上，组织者一本正经地提议大家投票表决这位才华出众的女性是否是个学术骗子。对她身材的评判是否与此有关？很难说。但可以肯定的是，从中作梗的并不是一件事，而是很多件事，它们积少成多、共同作用，造成了可预见的损害。

当时我也很胖。第二年，我又参加了这个会议，在节食和减肥药的"帮助"下，我瘦了大概 50 磅。在此期间，我评上了哲学教授，虽然没人明确说什么，但我感受到了势不可当的压力，在成为智识权威之前我必须瘦下来。要么变瘦，要么被人瞧不起，我已内化了这条信息。

◆ ◆ ◆

知识分子对胖人的偏见远远超出了哲学界甚至学术界。正如我们所看到的，它们不仅在教育界泛滥成灾，还蔓延至所谓的思想界的各个角落。而且，大众文化中对于胖人的偏见也十分明显。从荷马·辛普森[*]、彼得·格里芬[†]、猪猪小姐[‡]、胖艾美[§]到杰瑞·格吉奇[¶]，再到《蜜月期》(*The Honeymooners*)中的拉尔夫·克拉姆登，胖人愚蠢健忘、软弱无能的刻板印象随处可见。[57]

很多时候，胖人被刻画得如此白痴，以至于我们甚至都闹不清自己是什么样。我是看《辛普森一家》长大的，其中有一个著名场景是玛吉犯愁要是不多加管教儿子巴特，他长大后会堕落成什么样。她想象儿子会变成"双枪巴特"，一个在乌烟瘴气的夜总会工作的猥琐脱衣舞男，嘴里叼着根香烟，手里挥舞着两把道具枪。他还长了个肥肚腩，赘肉都垂到了枪套上。一位客人抱怨说，"你太胖了"，尽管她自己块头也不小。"小宝贝，爱我更多一些。"巴特目光呆滞、毫无意识地说。女客人们开始喝倒彩,往台上扔东西，

---

[*] Homer Simpson，美国电视动画《辛普森一家》(*The Simpsons Season*)中的角色。
[†] Peter Griffin，美国电视动画《恶搞之家》(*Family Guy*)中的角色。
[‡] Miss Piggy，美国电视节目《布偶秀》(*The Muppet Show*)中的角色。
[§] Fat Amy，美国电影《完美音调》(*Pitch Perfect*)中的角色。
[¶] Garry Gergich，美国电视剧《公园与游憩》(*Parks and Recreation*)中的角色。

最后把他打倒在地。"可怜的孩子!"玛吉惊呼着,从白日噩梦中惊醒。她想不出比这更糟的未来,或者说,她想不出比这更合理、更应得的惩罚。[58]

在最近备受好评的 HBO 喜剧《绝望写手》(*Hacks*)中,我们也看到了类似的行为。凯拉是好莱坞经纪人吉米的助理。凯拉很胖,所以她主动勾搭吉米时看着既可笑又可悲。吉米(理直气壮地)说她性骚扰,而她却说他们闹矛盾是因为两人互生情愫。笑料当然是她。纤瘦英俊的白男上司觉得她很性感,这个念头本身就够可笑了,凯拉**甚至意识不到自己有多胖**,更是让我们笑到肚痛。

在《超大号美人》(*I Feel Pretty*)中,艾米·舒默饰演的是个接近肥胖的人,影片里的她多数时候都很自信。原因?她头部受过的重击导致大脑受损,所以她对自己身体的缺陷浑然不觉。[59]

而在最近的影片《鲸》(*The Whale*)中,布兰登·弗雷泽饰演的查理则很清楚自己有多胖。为了扮演这个体重达 600 磅的男人,弗雷泽只能穿上肥大的假体服。影片把查理刻画成了一个可怜的悲剧人物,他想早早地把自己吃到没命,因为他也许无法忍受在这样的躯体中活着。即使血压飙升到危及性命的水平,他也不肯去医院,反正他本来也不想活。他被肥胖所禁锢,弗雷泽明确地把肥大的假体服比作"紧身衣(束缚)",限制他的不是充满敌意的社会,更不是极其恐惧肥胖的医疗系统。在长达两小时的影片中,肥胖恐惧症这件真正的"紧身衣"从头至尾都没被提及。制片人达伦·阿罗诺夫斯基和本片的剧本、同名舞台剧的创作者塞缪尔·亨特似乎都没想到,查理的生活中也许有美好的一面。

在《鲸》中,我们可以多次看到对肥胖的恐惧。电影名已十分不敬。那身假体服把肥胖变成了一种装扮。查理的饮食习惯会让人情不自禁地做道德评判,甚至感到厌恶。电影怂恿我们目不转睛地盯着他,盯着他做挪动身体这样简单的动作——开头他一边看同性色情片,一边自慰的场景特别猥琐,让人感到不适。但也许最糟糕的是,这部电影的设定是,一个如此肥胖的人竟然拥有敏捷、细腻的头脑,居然是一所网络大学的说明文写作教授,这实在叫人吃惊,甚至堪称奇迹。(他在讲课时一直关着摄像头,这样就没人看得到他,而这也加强了偷窥所带来的幽闭恐惧感。)

"查理是个成天坐着不动的大块头,你也许以为他的性格也像大块头那样沉闷,"影评人欧文·格莱伯曼不假思索地接受了带有肥胖恐惧色彩的设定,如此写道,"但弗雷泽并没有把他演得沉重、阴郁、悲观。他在电影中温文尔雅、活泼开朗,你甚至可以说他身上有一种轻盈的气质,所以从一开始,我们看到的就是一个被肥胖埋葬的男人。"[60] 真了不起啊。在导演阿罗诺夫斯基这场假惺惺表同情的拙劣模仿秀中,我们应该被这个肥胖躯体所遮蔽的聪明头脑所折服,并庆幸自己发现了它。

但最聪明的头脑并不总存在于纤瘦男性的身体中。以肥胖自居、当今最有才华的女作家卡门·玛丽亚·马查多[*]让我们看到,我们可以使用不同的词来打比方。我们可以赞美一个人的心灵丰沛、宽广、深邃、广博、丰富、充满思想,也可以赞美一个人的心灵很**肥胖**,前提是我们得认为肥胖是好的。马查多讲述了她童年时对《小美人鱼》中章鱼海巫这个角色的崇拜之情,她无礼且

---

[*] Carmen Maria Machado,美国小说家、散文家和评论家,著有《派对恐惧症》(*Her Body and Other Parties*)等。

自负，是个作恶多端的大坏蛋，也是个不折不扣的大胖子。"尽管她拥有变瘦的力量，确切来说是魔力，也就是减肥行业不惜出卖灵魂也要得到的那种力量，但她肥胖的心灵选择了她肥胖的身体。"[61] 章鱼海巫的心灵令人羡慕，宽广、强大，有着永不言退的征服欲。[62] 她知道，她的身体，借用索尼娅·蕾妮·泰勒[*]的话，无须道歉，也无须修正。[63]

◆ ◆ ◆

是什么原因让人们觉得有必要拍一部像《鲸》这样，由两个瘦白男创作、导演的电影？[64] 又是什么原因让观众觉得，要深入了解这一主题，必须从这部电影入手？阿什·尼舒克指出，肥胖的创作者能给出更多关于肥胖者人生本质的启示。"这么多肥胖的人在写作、创作，讲述真实的遭遇，"她在 2018 年接受采访时说，"我们需要的是倾听。"[65] 我们没有被倾听是证词非正义（testimonial injustice）的结果，该概念是由哲学家米兰达·弗里克提出的。[66] 通常情况下，当肥胖者发言并证明他们的生活经验时，他们的证词的可信度会大打折扣，因为如前文所述，我们抱有社会刻板印象，认为他们愚钝无能。哲学家克里斯蒂·多森率先提出"证词消音"（testimonial quieting）这一概念，正如她所言，有时我们根本听不到肥胖者的声音。[67]

尼舒克创建了播客《厚嘴唇》，她说这是一档由胖人制作、关

---

[*] Sonya Renee Taylor，《纽约时报》畅销书作家、活动家，代表作有《身体无须道歉》（*The Body Is Not an Apology*）。

心胖人、服务胖人的播客，目的就是要纠正这种不公。[68] 在播客中，她解释说，让她的生活变得更糟的罪魁祸首并不是她非常肥胖的身体，而是对她这样的身体的贬低、抹杀和系统性剥削。她大体算是一个快乐幸福的人。"在这个狂野的星球上，我的生活充满快乐和友善，有爱我的人和狗狗，我可以游泳，和朋友们尽情欢笑，尽情享受……"[69] 她如此形容她的生活，尽管她不得不应对恐惧肥胖的世界。是的，她有时需要助行器才能走远路，比如在机场穿梭；但这并不是人们评判、恐惧或怜悯她的依据，正如残障人士权利倡导者长期以来提倡的那样。是的，在日常生活中，她有时更愿意坐着而不是站着，比如冲澡时、准备饭菜时[70]；幸运的是，还有她的座位。[71] 没错，她确实需要大号的座位；但有问题的是公共设施，而不是她的存在；有问题的是这个世界，而不是她的身体。[72]

尼舒克记得，一位选角助理在 Instagram 的"巨胖"话题分类里看到她的照片后，主动给她写邮件，问她是否有兴趣参加 TLC 的真人秀节目《沉重人生》，在这档节目中，极度肥胖的身体被当作奇观展示，目的是娱乐观众，并让观众相信自己至少没**那么胖**。（爱挖苦的人会说，《鲸》不就是翻版的《沉重人生》吗？只不过它的受众道德要求更高，想表现得自由开放。）参与这档节目的演员大多做了减肥手术，这等于给这个蓬勃发展、利润丰厚的行业打了活广告。阿什令人动容地写道：

> 这档节目的制作者会别有用心地让你展示最令观众作呕的身体部分。他们希望你看起来怪诞、丑陋。让观众觉得你活着不仅令人厌恶，还异常悲惨，这一点非常重要……
> 
> 但你必须忍受这一切，忍受自己被打造成令人毛骨悚然

的奇观和警世故事，你才能**活**下去。

悲天悯人的英雄会救你**一命**，代价"微乎其微"，那就是你真正的人的尊严。[73]

但人的尊严和身体的尊严没有，或者说不应当有任何附加条件。这是你与生俱来的权利。这种尊严的关键部分就是摒弃一种思路，即只要朝你那儿大概扫一眼，就**认定**你不快乐、不健康或很可怜。同样需要摒弃的还有认为肥胖者心智一定愚钝的思路。[74]

◆ ◆ ◆

证词非正义与证词消音的另一面，就是我所说的**认知权利**（epistemic entitlement）：社会中占主导地位的群体认为他们有权自以为是地大发议论，居高临下地给我们**讲道理**。作者丽贝卡·索尔尼特指出，男人对女人经常如此，这也是男性说教（mansplaining）这个词的由来。[75]白人对有色人种经常如此，即"白人说教"（whitesplaining）。瘦人也经常这么对胖人，不妨贴切地称之为"瘦人说教"（thinsplaining）。（"你试过节食和锻炼吗？""没，像我这种一辈子从没走出过荒山野岭的火星胖子哪知道这么高端的玩法。"）

在一些生物伦理学家的著作中，这种瘦人说教最为明显，这些道德哲学家的任务就是回答一个问题：相较于其他人，我们胖人有哪些权利与责任。澳大利亚哲学家彼得·辛格在他的文章《越重，机票应该越贵》（"Weight More, Pay More"）中指出，肥胖者乘飞机应支付更高的费用。辛格是在机场写的这篇文章，他环顾四周，似乎对触目可及的身体感到厌恶。文章开头写道："墨尔本——人类越来越胖。在澳大利亚、美国等许多国家，人胖到只能蹒跚而行的现象已司空见惯。"辛格注意到，一位"纤瘦的亚洲女人"（尽管种族完全无关紧要，但他还是提及了）托运了大概90磅重的行李并支付了费用。可为什么排在她后面的男子（辛格目测他的体重至少比那位亚洲女人重90磅）就不能为自己"超重"的分量买单呢？"无论多出来的重量是行李还是脂肪，飞机都要多耗油。"辛格写道。胖人被明确定性为一种负担，对地球、对医疗系统、对其他人的负担。"肥胖症是伦理问题，因为体重增加会让其他人多花钱。"值得一提的是，辛格针对的只是胖人，而不是大体重的人，比如身材高大、肌肉发达的人。尽管他公开否认过如下观点，即胖人就该受到惩罚，因为我们有罪，我们是咎由自取。"无论多出来的重量是行李还是身体，对其征收额外费用的意义都不在于惩恶。既然飞机把你运到了目的地，航空公司就有理由从你这儿收回运输成本，而不是把成本强加给航班的其他乘客。"[76]

事实上，这些成本微乎其微。如我们所见，许多肥胖者已支付了更高的费用，他们不得不买两张票，因为两个座位才能容下他们的身体。还有些人只能多花钱坐头等舱，虽然那也谈不上有多舒服。有位飞行员仔细计算过 A320 飞机的成本，与不坐人相比，乘客每小时每千克的运输成本只多约 1 美分。从墨尔本飞到达尔文的航程为 5 个钟头，如果只按体重计算，与辛格提到"纤瘦"女人相比，胖男人只让航空公司多花了 2 美元。[77] 航空公司对超重行李收取高额费用（90 磅行李的费用高达数百美元）不是因为他们必须这么做，而仅仅是因为他们可以这么做。航空公司的定价模式是尽可能压低票价，然后对乘客需要的"额外"服务，比如餐食、无线网络或更宽敞的腿部空间，收取高昂到令人发指的附加费。

至于肥胖者应该为他们强加给他人的一切"负担"买单的观点，同样不成立。回顾之前的讨论，我们也许会问：如果知险犯险的登山者最终需要搜救，是否应该向他们收费？是否应该向那些因工作繁重、压力过大而症状加重的慢性病患者征税？我们不该以这种方式来管控人民。而且，很多时候我们并未这样做，这表明，对胖人"特别关照"的做法很能反映出问题，而且有歧视性。

如果辛格问一问肥胖者的意见，也许他能意识到，之所以胖人不该被收取更多费用，最明显也是最重要的原因是这么做涉嫌污名化。但他可能意识不到，因为他在文中写道，在他酝酿"中肯的"建议时，确实有朋友提出这一反对意见。但辛格只用一句话就否定了这一可能，理由是乘飞机与医疗保健不同，不是一项人权。虽然乘飞机不是基本权利，但认为肥胖者无权探亲或出差的观点实在令人瞠目结舌，毕竟探亲和出差通常都要乘坐飞机。胖人还跟其他人一样，有权搬家或偶尔出门度假。

辛格的论点令人震惊是因为它既不人道，也不高明。它提出了明显错误的假设；使用了糟糕的类比；忽略了明显的反对意见；看到了重要的反对意见却置之不理。辛格是世界上最有名望的（有时也是最有争议的）伦理学家之一，但他对胖人的偏见使他变得缺乏理性，或者说，他的说理令人失望。[78]

◆　◆　◆

辛格对胖人喋喋不休，无视我们证词的重要性，另一些哲学家则觉得应该与我们正面对峙。生物伦理学家丹尼尔·卡拉汉在《肥胖症：理解这种难以捉摸的流行病》("Obesity: Chasing an Elusive Epidemic")一文中指出，需要用一种"更强硬"的策略来应对肥胖问题：羞辱（他的措辞是"轻污名化"〔stigmatization lite〕）。我们需要"找到方法，对个人施加社会压力，而不仅仅是温和的教育和克制的劝诫。首先，必须说服［胖人］，他们应该健康饮食，积极锻炼，为自己，也为邻里；其次，让超重和过度肥胖不被社会所接受"。[79]（社会什么时候接受过？是我孤陋寡闻？）胖人现在对肥胖沾沾自喜，卡拉汉表示，我们让他们"幡然醒悟"。[80]他还说，"肥胖症在很大程度上反映了我们的文化，这种文化对人们如何照顾自己的身体持放任态度，而且欣然接受我们社会中会导致肥胖的很多（如果不是大多数）因素"。[81]卡拉汉指出，这些因素包括汽车、电梯、自动扶梯等现代便利设施，还有电动开罐器。[82]

我多少可以肯定，电动开罐器与所谓的肥胖症流行病无关。[83]对于这个所谓的问题，卡拉汉做出如此不合情理的诊断，给出如此残酷的解决方案，这本就够糟了。可当他从对胖人**评头论足**转而直接与我们对话，并建议我们回答下列问题时，情况变得更糟了：

如果超重或肥胖，您会满意自己的外表吗？

增加的体重使很多日常行动变得困难，比如爬较长的楼梯，对此您会感到高兴吗？

您是否希望降低患心脏病和糖尿病的风险？

您是否意识到，一旦体重大幅增加，减重并保持体重的可能性微乎其微？

您肥胖的孩子在学校被人叫作"大胖子"，被同学嘲笑，对此您会感到高兴吗？

不管公平与否，您是否知道，很多人都看不起体重超标或肥胖的人，事实上，经常歧视他们，取笑他们，说他们懒惰、缺乏自制力？[84]

最叫人反感的瘦人说教莫过于此。这种做法有时很多余，有时大错特错。

因为，作为肥胖者，我们当然知道，我们因体重而被人瞧不起，而且，污名化非但不会让我们变瘦，还会让体重继续上涨。

我们当然知道，虽然在肥胖的身体里生活很艰难，但对我们造成伤害的主要是对肥胖的恐惧，而不是肥胖本身。

我们当然知道，肥胖并不等同于被判了死刑，持续按饮食法限制饮食也不是微不足道的事。

我们当然知道，胖人并非不自律，而且一般都非常自律；终身节食让一些人拥有了**钢铁般的意志**。

我们当然知道，在这个憎恨你、逼迫你变瘦的世界里，单凭一己之力无法改善我们的处境，钢铁般的意志同样无法改善。

我们当然洞悉某些方面的人类境况。人们以为身体是**理性的**，我们可以帮助他们消除幻想，告诉他们身体无法通过理性控制，无法通过"掌控"迫使身体屈服。

因为身体**不受**理性支配。它们会弯曲、下垂、断裂。它们会变胖。它们会变老。它们会生病。它们会丧失能力。最终，它们会死去，我们也会随之死去。这当然可怕。（借用玛丽·奥利弗的诗句："万物不都终有一死吗，而且是早早地死去？"）

但如同女性主义口号所呼吁的，我们的身体就是我们自己。

身体不会独立于我们存在，也不像柏拉图所说的那样，分为可朽灵魂中好的和坏的部分。说到欲望，人类最终都有野性的一面。因此，我们必须学会与肉身和睦共存，学会栖居于肉身——它脆弱又执拗，既美好又让人气急败坏。身体对减肥的抗拒仅仅是了解自我的起点。

第七章
# 煤气灯下的晚餐

现在你已明白,节食根本没什么作用。最开始,绝大多数节食者的体重都会减轻,但在其后的几年,体重会反弹。很多人会比减肥前还重。节食、减重、反弹的过程确实伤害到我们身体的诸多系统。因此,从长远来看,节食不太可能让我们更健康。而且科学也已证实,节食往往并不会让我们更瘦。[1]

但美国人仍在节食。据估计,每年有 4500 万美国人通过节食减肥;[2] 每年我们花在减肥产品、瘦身纤体项目上的钱超过 500 亿美元。[3] 在这个过程中,我们不仅让自己饥肠辘辘,变得虚弱、易怒,而且往往更易生病、更胖。为什么?我们明知道如此,或者说本该知道如此,为什么还总这样对待自己?

我的答案是:我们被煤气灯操纵了。

◆ ◆ ◆

在帕特里克·汉密尔顿于 1938 年创作的剧本《煤气灯下》(*Gas*

Light）中，年轻的妻子贝拉·曼宁厄姆发现，卧室里的煤气灯每晚都忽明忽暗。她清楚发生了什么，也清楚这意味着什么：屋里肯定还有一处也开了煤气灯，是那盏灯让卧室里的煤气气压变低。她怀疑是丈夫捣的鬼（虽然说不清为什么），她发现，每天晚上丈夫离家之后煤气灯就会变暗，阁楼上也会传来脚步声。更让她起疑的是，每晚丈夫回来前——他看似是从外面回来，煤气灯又恢复了明亮，这说明阁楼的煤气灯肯定被谁关掉了。（有趣的是，曼宁厄姆先生似乎从未想过，阁楼上的灯会影响到妻子卧室里的灯，他邪恶的目的会因此而暴露。）

请注意，这里剧本的情节设置比电影中更加微妙，在电影中，丈夫直接否认了妻子的直觉，他说煤气灯并没有忽明忽暗。剧中的妻子知道自己看到了什么，也知道这意味着什么，至少在更深层次或直观层面上如此。她还疑心有人在幕后使坏。这个区别非常重要。最近，《周六夜现场》(Saturday Night Live)的幽默短剧模仿了该电影的桥段：丈夫格雷戈里邀请妻子宝拉\*共用牛排，但实际上给了她一个菠萝。宝拉恼火地说："老兄，我才不在乎什么疯不疯的，你爱怎么说就怎么说。要我看，这就是个菠萝。""不，夫人，跟先生盘子里的一样，这是块肋眼牛排，"和格雷戈里串通好的仆人回答说，"**赶紧吃吧！**""哼，我瞧你多半是**想把我逼疯**。"凯特·麦克金农饰演的宝拉回答。最后她翻出来一本书，书名是《如何煤气灯操纵你的妻子》，作者正是格雷戈里。[4]

这个幽默短剧想要表达的是，煤气灯操纵者的说辞再怎么牵强附会，也得有个严格的度，至少一开始必须如此；如果一开始

---

\* 即剧本中的贝拉，电影版和剧版的人物名略有不同。

的说辞就让人明显觉得荒唐可笑，那他多半没法操纵目标。目标只会怀疑他，而不会怀疑**自己**有妄想症等精神问题。但在剧版的《煤气灯下》中，丈夫固然手段专横，却更为巧妙，有效地摧毁了贝拉的信念。丈夫让她越来越困惑不安，甚至感到彻头彻尾的恐惧，这让她无法说出内心的怀疑，甚至无法对自己诉说。她担心自己是每况愈下的夫妻关系的罪魁祸首，因为丈夫指责她整日胡思乱想，指责她没有打起精神、"努力振作"、"变得更好"。[5]（实际上，他有很多操纵行为，比如把贝拉从她姨母那儿继承的大笔财产藏在家中，财产不翼而飞后就把罪责推到她头上，最终目的就是要把她逼进疯人院。）

最后，多亏了一位不请自来的侦探，贝拉才发现了丈夫的秘密：原来丈夫的真实身份是劣迹斑斑的悉尼·鲍尔，15年前，为了偷走房子前主人爱丽丝·巴洛的红宝石，他割断了她的喉咙。但鲍尔一直没找到红宝石，所以他说服贝拉买下这栋房子，这样，每天晚上他就可以继续在阁楼上找他的宝贝了。下面的对话清楚地表明，在某种程度上，贝拉知道她丈夫一直以来在做什么，虽然不清楚原因：

> 贝拉·曼宁厄姆：听起来叫人难以置信［但］……晚上我一个人时，我总觉得有人在上面走来走去［仰头看］。就在上面，晚上丈夫不在家时，我在卧室里能听到动静，可我不敢上去……
>
> 拉夫侦探：你把这事告诉你丈夫了吗？
>
> 贝拉·曼宁厄姆：没，我不敢说。他会冲我发火。他说我总爱想些没有的事……

拉夫侦探：你从来也没想过，也许是你丈夫在上面走来走去，对吗？

贝拉·曼宁厄姆：不，我就是这么想的，可我觉得我一定是疯了。说说看，你是怎么知道的？

拉夫侦探：为什么不先告诉我你是怎么知道的，曼宁厄姆夫人？

贝拉·曼宁厄姆：那就是真的了！真的。我就说嘛。我就说嘛！[6]

但正如我在《应得的权利》一书中所写，从心理上，贝拉不敢"上去"，尽管她有正当的理由怀疑，尽管她意识到了，尽管她**知道**。她疲于改正自己所谓的缺点和罪过，疲于被丈夫牢牢控制，以至于她从未质疑过丈夫的行为，更别提他的动机。[7]她把怀疑一直藏在心里，直到她几近崩溃，这些怀疑才因一位勇敢仗义的侦探的介入而得以真相大白。

因为丈夫明着暗着告诉贝拉，她不能相信自己的判断，她的头脑在欺骗她。丈夫还明着暗着告诉她，她意志薄弱、缺乏理智、软弱无能。他说她生病了，得吃药，要是继续这样消沉下去，她只能多看几个医生。他说她面色惨白、毫无魅力，有一回还把她和家里"活泼俊俏"的年轻女仆比较了一番，让她十分丢脸。最让她痛苦的是，他说她的品行很成问题，说她招惹是非，甚至心术不正，而且软弱无能、不负责任（他怀疑她偷窃并藏匿了他们的部分财物，还弄丢了一部分）。他指责她故意伤害别人，而这是对她的自我形象的致命一击。他声称她故意伤害他们的宠物犬，也是贝拉的爱犬。小狗爪子受伤全是她的责任。[8]如果她不承认自己的种种过失和罪恶，就会被关进疯人院，最后孤独终老，让后人引以为戒。

煤气灯操纵有用，是因为它会让受害者手忙脚乱地寻找立足之地。操纵者或多或少地都会贬损受害者的理性、智慧、健康、美貌、美德等人类渴望拥有的价值。因此，被操纵者可能缺乏足够的手段和自信来质疑压倒性的说辞，或挑战权威人物，即便他们知道那些说辞和权威人物都不正确。他们迷失了方向，无所适从。他们常常感到沮丧、焦虑。他们并没有妄想症，也不是"神经病"，抑或说起初并非如此。[9]他们被系统性地剥夺了能让他们坚定自己认知的资源，尽管他们内心深处确实知道那就是事实。但他们很难根据自己的认知采取行动，也很难有效抵御所面临的邪恶势力。

对我们来说，重要的是要认识到，煤气灯操纵并不一定要把我们说成疯子，也不一定要把我们逼疯。我认为，我们应该把煤气灯操纵理解为一个系统化的过程，它通过某种方式让我们觉得自己的信仰、思想、情感、欲望、嗜好等**有缺陷**，但实际上，有缺陷是每个人的基本权利。[10]我们会因为自己的心智状态有缺陷而感到内疚、罪恶、羞耻、不理性、过度敏感或偏执，有时甚至会彻底丧失理智。煤气灯操纵会攻击一个人的精神自由与独立思考的能力。一旦煤气灯操纵得逞，受害者就会在精神上被殖民。

还要注意的是，虽然煤气灯操纵会对目标或受害者产生诸多影响，但它并不要求施害者必须是出于恶意，操纵者也并不一定是一个独立的个体。[11]有几位作者指出，煤气灯操纵既包括纯粹的**结构性**或集体性案例，也包括更隐蔽的人际案例。[12]想要煤气灯操纵，屋里并不一定得有曼宁厄姆先生，甚至屋外也可以没有。煤气灯操纵可以通过普遍存在的文化力量、习俗、制度和处于社会主导地位的群体来摧折一个人的心智。强奸文化是很好的例证。强奸的受害者通常被认为歇斯底里、反复无常、头脑不清，因此，就她们所遭受的罪行而言，她们是不可靠证人。她们因外表而受到攻击：如果别人觉得她们长得热辣性感，那她们就是自寻其辱；如果不够热辣性感，那说明强奸根本没发生。反正，这都是她们咎由自取。她们发出了模棱两可的讯号；她们在错误的时间出现在错误的地点；她们没尖叫；她们没挣扎；她们喝得酩酊大醉。还有，她们穿的什么衣服？

节食文化同样在煤气灯操纵我们。它明里暗里地告诉我们，我们不能相信自己的身体，食欲在误导我们。（"你不饿，你只是渴。""你真的不想吃［不健康的食物］。""你是情绪性暴食。"）它明里暗里地告诉我们，**这种**节食法会奏效，这次的效果肯定好。要是没效果，它就说我们意志薄弱、不够理性、软弱无能，被食欲牵着鼻子走。它告诉我们，胖不可能健康，我们必须振作，加倍努力地减肥，否则后果不堪设想。它告诉我们，我们是五短身材、毫无魅力，永远不会有人爱。它说我们道德松懈。它说这都是我们咎由自取。它说我们在伤害我们的孩子，给社会造成负担。它说我们的下场就是成为后人的前车之鉴。

这绝大多数是既得资本主义利益集团的所作所为，是零敲碎打的牟利，而不是各方面沆瀣一气的宏大阴谋。但这并不能说明它是无辜的。就像人和人之间的煤气灯操纵一样，节食文化的受害者也经历了信任的割裂，而这种信任本应将她的自主行为与她的思想、情感、欲望，以及其他更广泛的心智状态，比如对身体价值和幸福的感觉联系起来。我们越来越明白，节食或瘦身不好。但煤气灯操纵让我们感到内疚、不配得、不健康、丑陋，是的，因为拒绝节食,所以肥胖在他人嘴中就成了贬义词,而不是中性词。我们不只要听别人指手画脚。我们也不仅仅是同谋。我们被他们招入麾下,成为自己压迫性的生活方式的施动者。

节食文化也会以更不易察觉的方式操纵我们。这个干米糕多健康啊。这种油腻的食物很好吃,但很不健康,甚至叫人恶心。再好吃也不及瘦下来的感觉好(实际上,瘦不仅难以实现,而且感觉虚无缥缈)。我们只需要这种新出的营养补充剂,这种营养套餐,这件价格不菲的健身器材。别人减肥成功了,为什么我没有(效果因人而异)?关键不是节食,而是这种生活理念,清肠、排毒的理念。(言外之意是,如果放任身体不管,那它一定会污秽不堪。)关键不是节食,而是**健康**。关键不是变瘦,而是**强壮**,说白了,就是瘦到能让人看到自己新练出来的一束束肌肉。这关系到你的健康,包括你的心理健康。这关系到自我保健,这都是为了**你**好。

叫我说这都是一派胡言。

尽管我们心知肚明,但至少在某种程度上,我们往往还是俯首听命于这些信息——这无可厚非。因为它们无时无刻不在,无处不在。而且,发出或支持这些信息的人往往是有影响力的权威人士,比如医疗行业的权威人士。如前文所述,身体抱恙的胖人因为或大或小的问题去看医生时,医生会说,只要减肥就行(有时结果很惨,因为真正的疾病并未诊断出来)。健康的胖人去看医生时,医生会说,从各种指标来看,你只是看上去很健康。他们以为,胖人统统都久坐不动,哪怕是好动的胖人,要是你胆敢说自己好动,他们就认定你在撒谎。(另一方面,他们以为,瘦人统统都身体健康、积极锻炼、精神抖擞,哪怕是久坐不动的瘦人。)体重莫名骤减的胖人会得到表扬和祝贺,被判定为"好胖子",即

141

使这可能是患重病的征兆。体重莫名骤增的胖人则被认定暴饮暴食、缺乏锻炼,即使我们能证明,我们的生活习惯没有变化。

事实上,人们极不信任胖人。英国和新西兰奥塔哥大学的一些野心勃勃的科学家最近设计了一种装置,该装置用定制磁铁强行锁住我们的嘴巴。它只留了一个很小的开口,大概只有2毫米宽,方便喝水、吃流质食物、呼吸和说话。可怕的是,他们给它起名叫"口腔瘦身(DentalSlim)节食器"。他们认为,既然胖人无法控制食物的摄入,那就用这种21世纪的新刑具来维持流质饮食。[13]

这些信息在我们的教育体系中进一步得到强化,而且在许多家庭中,这些信息早在接受者成熟到足以提出质疑之前,就已在他们耳畔回荡。父母和老师多多少少都会明确地告诉孩子,他们需要节食减肥,哪怕身体还远未发育成熟。最近陷入财务困境并想要重整旗鼓的慧优体(Weight Watchers)向8到17岁的儿童推销一款名叫"库尔博"(Kurbo\*)的减肥应用程序,这名字听着就居心叵测。[14] 心理学家莉萨·迪布勒伊指出,教导年轻女孩控制食物摄入,不要相信自己的饥饿感,这么做实在阴险。她与弗吉尼亚·索莱-史密斯对话时说道:

> 我们的节食文化训导孩子不要相信自己的肠胃,这向孩子,尤其是对女孩传递的是非常不好的信息——不要相信你的直觉,不要倾听身体的诉求。结果是她们在生活的其他方面同样不相信自己的直觉。[15]

---

\* 意为"曲线"。

诚然，一些针对儿童体重所采取的措施表面看起来比较友善，也确实是为了孩子好，比如米歇尔·奥巴马所倡导的鼓励学生健康饮食与锻炼的运动。但有些做法就是蓄意羞辱孩子。很多肥胖者都有过被体育老师虐待的可怕经历，从被刻薄地挖苦到被迫跑圈直到吐，再到被剥光衣服、戳来捅去、量这量那。

2020年2月，高中篮球教练阿龙·托马斯被宣布为罗得岛州"年度最佳学校教练"。可一年后，他的职业生涯便走向了尽头，因为他被爆出十年来一直用游标卡尺对他的球员进行"肥胖检测"。一对一检测时，他会紧贴着赤身裸体的男孩们。"检测是私下进行的，只有我和他。他会测量长度、身高，然后是体脂，他会跪下来［量］股四头肌，问'你舒服吗……你没不好意思吧，把平角内裤脱下来'。我只能把私处挪开，因为他贴得太近了。"一位前学生运动员最近这样告诉《波士顿环球报》(Boston Global)。[16] 尽管"肥胖检测"只是明目张胆的性侵犯的借口，可由于我们儿童肥胖恐惧症的文化，这个借口还是让他得逞了。

达肖恩·L. 哈里森无比痛心地描述了吉娜·斯科尔的悲惨遭遇，这个14岁的小女孩因入店行窃而被判有罪，1999年，她被送往南达科他州的一个青少年犯改造营。工作人员强迫体重226磅的斯科尔跑2.7英里\*，还没跑完她就中暑倒地。工作人员都认为她是装的，于是斯科尔在太阳下被晒了整整三个钟头，无人过问。他们一边喝苏打水，一边取笑她。与此同时，斯科尔癫痫发作，小便失禁，最终死于器官衰竭。她的死应该归咎于令人发指的儿童虐待和疏忽，而许多胖孩子在某种程度上都面临着这些问题。[17]

---

\* 英美制长度单位，1英里等于5280英尺，相当于1.6093千米。

哈里森写道:

> [斯科尔]被人疏忽,至少部分是因为她的肥胖。教员勒令她跑将近三英里的路程,以为她不想锻炼所以才装死,即便看到她晕倒在大太阳底下仍然不管不问,悠闲地喝着苏打水——一直以来,人们总爱耻笑胖人爱喝热量高的苏打水——这些都是针对她的肥胖做出的反应。这害死了她。她被我们打着"健康"的幌子、实则在惩罚胖人的文化所谋杀。[18]

随后,哈里森说到小时候自己很胖,母亲拼命想让其减肥,便强迫哈里森裹着垃圾袋在家附近跑圈。哈里森患有哮喘,经常喘不上气。[19]但哈里森不怪母亲,因为母亲也只是遵从医嘱。她害怕如果不这样严厉干预,她的胖孩子就会死掉。[20]

不过,有些父母**还是**太残忍。一位女士回忆说,十岁那年,母亲让她坐好后挖苦地问她:"知道你的屁股比我的还大吗?"接着又说教了一番,让她控制体重。强调一下,当时这位女士才十岁。讽刺的是,母亲一边说教一边给她零食——一大包薯片,可刚刚她才说过,要想控制必须少吃薯片。对于这位妈妈的所作所为,我只能想到一个词:不可理喻。[21]

◆ ◆ ◆

我们已被煤气灯操纵,无法告诉自己我们知道什么,无法对自己的欲望做出反应,甚至无力追求自己渴望的事物。我们不仅仅是被其他人和整个社会以这种方式操纵。有时,我们也会煤气灯操纵**自己**,认为自己的心智状态有缺陷,即我们的信念、欲望、意图和感受不符合白人至上主义、残障歧视、肥胖恐惧症等父权制衍生物的标准。我们觉得自己一败涂地,因为我们不再相信,换一种节食法我们就会变瘦。我们觉得自己是人生输家,因为我们真的不**想**再减肥了。只是因为我们有和正常人一样的食欲,就觉得自己是贪得无厌的肥胖饕餮(贬义)。

一直以来,我也是如此操纵自己的。我听不到,也拒绝倾听自己对身体的感觉、身体的需求和渴望。在一次又一次的节食过程中,我听不到,也拒绝倾听自己饥饿的声音。我甚至用减肥药来扼制我的饥饿感。

大概是从25岁到35岁,我服用了很多我自个儿偷偷从健安喜(GNC)买来的非处方"膳食补充剂",这些补充剂的名字都很难听,比如Hydroxycut[*],而且闻着有股碘或硫黄的味儿。我还从亚马逊上可疑的第三方卖家那里买过自称是苦橙做的减肥药,据说能抑制食欲。在哈佛做博士后期间,我特别爱护阁楼上我那间小办公室的壁橱,壁橱里塞满了空药瓶。这些减肥药基本都没效果。再后来,我开始使用处方兴奋剂阿德拉(Adderall)。

起因是我去看哈佛的精神科医生,在这之前我已经服用了一段时间的抗抑郁药,医生想知道效果如何。我说我不确定抗抑郁药是否有用;我觉得自己很容易分心,无法集中注意力,还有很多其他症状。她问了我一连串问题,我吃惊地发现,她怀疑我患有注意缺陷多动障碍(ADHD)。尽管我半信半疑,但还是接受了

---

[*] "hydroxy"意为"氢氧根的","cut"意为"缩减",用"cut"命名是想说明该补充剂有很好的减肥效果。

这个诊断。就这样，没过多久，我拿到了一张处方，处方上开出的是一种很快我就产生依赖的亮粉色小圆药片。

我听说阿德拉是一种强效食欲抑制剂，但我没料到它对我的作用有那么大。我可以几天不吃东西，昼夜都不需要休息，体重骤减。我感觉自己像在腾云驾雾。

然后，不出所料，神药原来并没有那么神奇。我的下背部肌肉一直紧绷着，所以又酸又僵，预约的按摩师说她从没碰到过我这样严重的情况；我胸廓下方疼得厉害，疼到她几乎碰不得。那年夏天，我难得有一天没吃药，结果整个人昏昏沉沉。我越来越暴躁，甚至一反常态，动不动就发火。我的工作陷入困顿和停滞。我的婚姻也受到影响。我必须停止服药。

可我却加大了药量。

而且越来越大，越来越大。我搬到伊萨卡后换了医生，他们从未质疑过先前的诊断，我要求加大剂量，他们便痛痛快快地答应了。尽管我很小心，避免在任何可能引发社交焦虑的场合服药，比如上课时、做讲座时、开会时等，但一个人时，我多半还是离不了它。那些时光由此变得更加黑暗：我在办公室里通宵达旦地奋笔疾书，写下成千上万毫无条理的文字，这些文字从未见过天日。有一回，我原本只想写篇大概一千字的博客，给部分工作做个总结——放到现在，顶多一个钟头我就能搞定。但阿德拉让我如此焦虑、狂躁和愤怒，总之，我做不到。几个钟头过去了，我一直在原地打转，陷入了疯狂的思维怪圈。我怎么也找不到状态好时的那种动力，虽然那确实很难得。

我断断续续地服用了五年的阿德拉，希望能重新找回当初它让我如此高效的魔力，说实话，还有减重的魔力。但减肥效果并不持久，最后我甚至比之前还胖。我累到无法形容，也许是患上了一种叫"肾上腺疲劳"的病。有机会我就睡觉，常常一睡就是16个小时。我极度抑郁，像是在追逐一个不可企及的幻象。

需要说明的是，对需要的人来说，适当剂量的阿德拉或类似药物可以救命。但对像我这样有焦虑症等问题且未得到妥善治疗的人来说，它可能是毁灭性的。我早该意识到这一点。我本该放弃我不切实际的幻想——无与伦比的高效、前所未有的纤瘦。然而，不知何故，我却煤气灯操纵了自己，相信问题不在于阿德拉，而在于我的头脑，更在于我的身体。

◆ ◆ ◆

煤气灯操纵不仅用大棒，还用胡萝卜。在《煤气灯下》的开头，曼宁厄姆先生称赞贝拉"最近很好"，并提议带她去剧院散散心，"让她走出自我的世界"。想到能出去玩，贝拉欣喜若狂；她几乎与世隔绝，部分是因为丈夫故意不让她和亲戚朋友接触。听到丈夫的提议，她兴奋不已，"哦，杰克，我会变得更好的，我真的可以变得更好……只要我能多**走出**自我的世界一点"。[22] 听闻此话，丈夫立刻满腹狐疑，觉得她没把她的"病"当回事。贝拉慌忙解释时（"我**已经**好多了，上个星期就好多了……因为你一直待在家，而且对我很温柔"），他佯装不信，说她精神状态有所好转是因为服了药，而那些讨厌的药都是他逼她吃的。[23] 不过，最后他还是问她，是看喜剧还是悲剧。（她是想笑还是想哭？"能出门就很开心，这无所谓！"贝拉激动地说。）[24]

然后她失去了一切，确切地说是被夺走了一切。曼宁厄姆先生盯着他们身后的墙壁。他波澜不惊却暗藏威胁地说:"刚刚我发现有件事很不对劲。我不在时,请你马上把它恢复原样,我可以当它没发生过。"[25] 原先挂在墙上的那幅画不见了,曼宁厄姆先生说是贝拉拿的。接下来发生了可怕的一幕,他把仆人们一一喊过来,要他们亲吻《圣经》发誓说他们没动那幅画,还引导贝拉猜测画在楼梯后面(那幅画之前失踪过两次,贝拉最后都是在楼梯后面找到的)。随后他以此为证,说画就是贝拉拿的。贝拉情绪异常激动,这时丈夫说干脆别去看戏了,贝拉更激动了。他怒气冲冲地说:"你该控制好自己,否则吃不了兜着走……敢跟我对着干,信不信你后面不会有好日子过。"[26](当然,这一切都是圈套:是贝拉的丈夫取下并把画藏了起来,让她茫然不知所措。)

从这令人心碎的一幕中,我们看到的是一种常见的虐待方式:让受害者短暂地自我感觉良好,并许诺情感和物质奖励,再将她彻底击溃。让受害者自责,并告诉她必须学会控制自己任性放纵的行为。

节食也能产生类似的作用,唯一的不同是没有具体的、意图伤害我们的虐待者。但凡瘦了一点,我们就会满心自豪,感觉更好,也更乐观。我们满心希望自己能穿上"铅笔裤";别人会夸赞我们,包括那些通过监管女性身体、推动节食文化,从而造成了难以估量的伤害的女性。"直到看到你们脸上的表情,我才意识到自己有多胖。"在 2008 年上映的电影《欲望都市》(*Sex and the City: The Movie*)中,萨曼莎对她的三个好友说。年近五十的她差不多胖了十磅。"怎么可能——我是关心你才这么问——你怎么可能意识不到呢?"凯莉不敢相信地问萨曼莎。[27]

接着,还没等我们回过神,自以为取得的一点进步就化为乌有：体重反弹后，他们会说，我们是自食其果，减肥失败是因为我们没毅力。我们得控制自己，得学会控制食欲。我们还会从自己的内心听到这些信息，常常夹杂着羞愧与自责。

◆ ◆ ◆

就这样，节食把许多人变成了滚轮上的仓鼠。我们时不时掉下来，但我们会一而再，再而三地爬上去。虽然从长远看，节食不会让我们变瘦，但我们希望自己是例外。

这种想法本身并不一定不合理。没错，节食减肥的失败率那么高，我们对瘦身本不该抱太多希望。但有些事即使成功率很低，我们也可以尝试，比如攀登珠穆朗玛峰、写一本畅销书、获得哲学系的终身教职。

但差异在于，这些事虽然成功率很低，却能让我们的生活更美好，尽管不会带来终极的满足感。登山能让你体格健壮、驾轻就熟，欣赏到美不胜收的风景。提起笔你至少可以创作一部小说，甚至出版，即使没打进畅销书排行榜，也终归会影响到一些人。有抱负的哲学家如果拿到了受资助的博士项目，那么就算不能以哲学为业，也能从事自己喜欢的研究，加深对哲学的热爱。如果这些算不上宏大的目标也实现不了，或者在追求的过程中感受不到快乐，那我们就应该仔细审视目标，甚至放弃。

长期来看，节食对绝大多数人来说并没有作用，但我们能否从中受益呢？答案是否定的。节食会让我们感到饥饿、烦躁，让我们时刻垂涎那些无法享用或至少必须严格限制的食物。节食会让许多人的心理出现问题，如焦虑、抑郁，以及非常麻烦的进食障碍。[28] 它对健康很不利，而这些坏的影响与肥胖本身并无关联，而是与体重反复波动有关。节食并不能让我们离目标更近，事实上，从长远来看，节食往往会让我们更胖。节食还会占用宝贵的思维带宽，而这些带宽本可以用来做其他事，比如需要创造性的事、利他的事。节食会让社交变得更加困难，因为我们会刻意避开某些社交场合，或者在社交时一心只想着不能吃东西。老实说，节食会让我们变得无趣。（也许没人愿意听我们念叨自己新的"饮食计划"，讲解糖醇的危害，除非对方也在节食。）

即使是极少数减了肥，基本没反弹，并且按照瘦身行业的标准算得上成功的人，要想保持身材，往往也得费尽千辛万苦。一位女士在过去 11 年的时间里，体重一直保持在 55 磅，她每天要消耗 1800 大卡，严格限制碳水的摄入，每天还要佩戴重达 25 磅到 30 磅的负重背心和负重脚环进行锻炼。即使在负重的情况下，50 分钟的视频教程她也只要 25 分钟就能做完。（原先她每天跑步一个钟头，因为脚伤她只能放弃。）她说她老是会有"不该有的念头，总记挂着吃"。她还说，保持体重不是一种生活方式，而是一项工作。听起来这项工作不仅没让她感到愉悦，还让她筋疲力尽。[29]

为了保持体重而长期斗争的例子屡见不鲜，这些故事向人们灌输的理念是，胖人得一丝不苟地监督自己，一丝不苟到连曼宁厄姆先生都望尘莫及。许多胖人或原来胖过的人每天都会尽职尽责地称体重，他们会根据体重确定自己在等级体系中的位置，而体重的增减决定了他们感觉更好还是更糟。一位减肥医生讲起一个减肥成功案例，说某病人不仅坚持称体重，还坚持称他吃下的每一丁点食物的重量，在餐厅用餐也是如此（通常餐厅的员工会很乐意代劳）。[30] 还有个女病人参加《超级减肥王》节目并减掉了

100多磅体重,她现在是美国退伍军人事务部的肥胖症医学专家。体重出现部分反弹后,她对自己的饮食采取了她所说的"铁腕"措施,每天自己带饭,用应用程序计算卡路里,就连怀孕期间都不允许自己体重增加太多。她不允许家里出现巧克力或甜点。"我对自己吃的每一样东西都超级上心,"她说,"这是一种有意识的努力。"她十天有九天都在卖力地锻炼。可她的体重仍在波动,每当她放松警惕,体重就会反弹。她对记者说,这可不是件容易事。[31]

"为什么有些人用了某种节食法就能成功减肥,起码暂时减下来,而有些人却屡屡失败呢?"另一位减肥医生遇到了这样的问题。"这可难倒我了!"医生爽快地回答。显然,这个问题切中要害。[32]

不给出这个问题的答案,符合瘦身产业,也就是所谓的健康产业中一些重量级人物的利益。2007年的一项研究表明,慧优体减重最成功的"终身"会员中也只有16%的人在五年内保持了目标体重。(值得一提的是,这项研究是由慧优体赞助的,因此很可能对该项目有过多溢美之词。)理查德·桑伯是慧优体的前财务总监,他认为这个结果对公司很有利。他是这么评价公司的:"它之所以成功,是因为另外84%的人必须再参加一次减肥项目,而生意就是这么来的。"[33]

并非所有慧优体的员工都赞同桑伯关于公司轻松牟取暴利的说法。公司当时的首席科学家卡伦·米勒-科瓦奇试图从更积极的角度来解读研究数据。"我们不靠失败维持业务。我们之所以能50年屹立不倒……是因为客户会反复来找我们,要我们帮助他们应对慢性疾病、控制体重。"从这个角度看问题真是"别出心裁":节食和减肥不需要可持续性,而应该无限期地持续下去。对于该研究的结果,米勒-科瓦奇争辩道:"难道我们想要这样的结果吗?

不。可难道我们有其他办法吗？其他办法就是继续胖，什么也不做。"他说得没错。[34]

与此同时，牛津大学循证医学中心主任卡尔·赫尼根博士严厉抨击了该研究的结果："基本上，挑选出来的受试者都是最有毅力的人，比如终身会员，但实际上即使是他们也很难保持体重，大多数人都无法达到减重的长期目标。40年过去了……什么时候人们才能醒悟过来，意识到这根本不是办法？"[35]

没人知道是什么时候。煤气灯操纵让我们丧失理智，让我们根本停不下来，哪怕我们起伏不定的体重，就像忽明忽暗的煤气灯，暗示着我们的处境存在严重问题。

在《煤气灯下》的最后一幕，曼宁厄姆先生对妻子说："贝拉，你知道你穿过房间时让我想起了什么吗？梦游的人，贝拉。你见过梦游的人吗？[你看着]古怪、呆滞、茫然、浑浑噩噩，像一具没有灵魂指引的躯壳。"[36]

但与曼宁厄姆先生的观点相反，被操纵者的问题并不是身体失去控制，也不是理智抛弃了我们，而是对头脑过于严密的控制阻止了身体去争取自由，比如，让身体不再忍饥挨饿。

第八章
# 饥饿的权威

女儿 20 个月大时迷上了她的肚脐。逮到机会，她就会掀起 T 恤，兴高采烈地把肚脐指给别人看。没过多久，她就猜出来爸爸妈妈也有肚脐，跟着就开始研究起我们的肚脐。每当女儿掀我衣服时，我都会本能地吸肚子。我觉得羞耻，并为自己的羞耻感到羞耻。我突然醒悟到：为了女儿，我必须厘清自己对身体的看法。[1]

在这之前不久，我开始节食，那大概是我迄今为止最极端的节食。难过的是，女儿是我那次节食的见证人。新冠疫情暴发后不久，我又恢复了低碳水饮食，可六个月下来体重一磅也没掉。我没怎么考虑，索性停止了进食。那之后的一个月，我只是偶尔会吃点东西。

尽管我较为认同女性主义与倡导接纳肥胖运动，但内心隐约残存的义务感还是会影响到我，我觉得我该做女人生完孩子后都会做的事：恢复身材。在怀孕前，我的体重就已达到身体质量指数标准的"严重肥胖"级别。备孕前彻底戒掉阿德拉后，我的体重出现反弹。虽然整个孕期我的体重并没增加多少，但生产后我整个人都软塌塌的：像个庞然大物，又松又没型。我想再次"做个好胖子"，让人一眼就看出我很听话。我梦想能拥有肌肉发达、轮廓分明、苗条紧致的身材。

我不仅憎恨我的身体，也憎恨我的饥饿感和食欲。

像我这样的人到处都是。在这个恐惧肥胖的社会里，我们总能学会把饥饿视作宿敌。我们有义务节食，甚至要忍饥挨饿，有这种想法的人比比皆是。"间歇性断食"基本就是当今节食文化的标语。2021年，福克斯公司翻拍了20世纪70年代的电视剧《梦幻岛》(*Fantasy Island*)，在第一集中，晨间新闻主播克里斯蒂娜为了住进能让她梦想成真的小岛不惜花重金。她的梦想是能吃东西，"一刻不停地吃、吃、吃"还不长胖。她说从入行后到现在，她一直都在挨饿。（第一集标题的前半部分"饥不择食的克里斯蒂娜"，说的就是她。）这一集让观众看到的是一个暂时放飞自我的普通女人，她把严苛的饮食限制抛诸脑后，想吃就吃、想喝就喝，逍遥自在，最终甚至尝试了人肉的滋味。[2]

我们可以，也应当质疑人得学会忍饥挨饿这一被广为接受的观点。减肥不是义务，原因在上文已阐述清楚，而且节食文化的硬性规定也有极不道德之处，它提出要求并把虚假的义务强加于我们头上。它让我们永远饥肠辘辘，让我们感到各种生理不适，有时甚至感到痛苦和折磨。我们应当挣脱摆布，因为它达不到任何效果。

◆　◆　◆

在我的伦理学导论课程的第一讲中，我会先提出一个简单的观点：痛苦和苦难不好，我们出于道德的考虑，应尽力阻止、终止它们。快乐和喜悦是好的，我们应在不伤害他人的前提下，尽力培养、促进它们。

该观点固然简单，却为最早的、系统的伦理学理论——功利主义提供了基础。根据边沁和约翰·穆勒提出的这一理论，在评估任何可能的行为时，我们都应考虑该行为会给世界上每个人带来多少痛苦和苦难、多少快乐和喜悦。任何行动方案都可以用"净效用"这一标准来衡量，从预期快乐中减去预期痛苦就可以得到净效用值。根据功利主义，我们的行为应当使道德社群中的每一个成员的净效用的总和最大化，无论成员是人类还是非人类。换言之，我们应当使快乐最大化，痛苦最小化，把每一个人的快乐和痛苦都考虑在内，包括我们自己的。

现在很少有哲学家认为，功利主义代表的是伦理学的全部真谛。众所周知，如果用功利主义去解答"电车难题"及其衍生版本，我们会觉得答案不仅有悖常理，甚至相当残忍，因为它要求我们牺牲一个人以拯救更多人，这未免过于冷酷无情。[3] 然而，功利主义想要探究清楚却未能如愿的一些基本思想，仍然具有无可否认的吸引力。彼得·辛格，那位我们曾在前文中见识过他最缺乏说服力和最不人道的一面的哲学家，也曾在论文《饥荒、富裕与道德》("Famine, Affluence, and Morality")中阐述过那些基本思想，而这篇论文可能是当今最著名、传授最为广泛的伦理学论文。他在论文中提出了阻止苦难原则（suffering prevention principle），根据这一原则，如果我们在不牺牲任何具有道德价值的东西的前提下，有能力阻止苦难、折磨和饥饿等严重后果的发生，那么从道德上来说，我们就应当这么做。[4] 辛格以此原则为基础论证说，假定我们是富裕人口,那我们就有义务纾解世界各地贫困人口的饥饿,应当捐比普通人的捐款多得多的钱给慈善机构。辛格还认为,类似的思路为素食主义提供了强有力的道德基础。因为,吃肉会给所有非人类动物带来苦难和折磨,人类不仅食用动物、宰杀动物,而且在这一过程中——比如工厂化养殖中——还经常严重虐待动物。[5]

无论对上述论点持什么看法,我们都很难否认,如果某种常规做法会带来极大的痛苦和折磨,而且没有明显的好处,那它在道德上就是有问题的。但奇怪的是,很少有人会注意到,这与另一种普遍的常规做法——节食也有关联。

◆ ◆ ◆

节食真的会让人痛苦吗?我以我的亲身经历向你保证,节食让人很痛苦。人们天真乐观地以为,要想减肥,只需少吃甜食,不暴饮暴食即可,但事实并非如此,比如我就是那种想要掉一丁点体重就差不多得不吃不喝的人。[6]

所以我有时就什么都不吃。最开始我能扛一整天,不过会浑身发冷,脑袋有点蒙。当然,我也饿,也一心想着吃。但总体而言,第一天头脑还算清醒。等到第二天或第三天,情况就会有所改变——头脑呆滞,已无法决定要不要恢复进食。撑到第四天或第五天时,头脑已根本转不动。整个人死气沉沉。

从某种意义上说,这段时间里我还能维持运转:完成必须完成的工作,照顾女儿,回复紧急邮件。但我会越来越冷,工作效率也越来越低,口干舌燥,像是刚喝了浓烈的单宁酸。胃里翻江倒海，空空如也，疼痛难忍。唯一喘息的机会就是睡着时，可我常常饿到无法入眠。饥饿决绝又无情地啃噬着我。饥饿的感觉不是空虚，而是不由分说的命令，让我愈加虚弱。身体请求我吃点东西。我却粗暴地无视它的请求。再后来，我彻底丧失了倾听的能力。

就这样，永远看不到头。我越来越无法用理智说服自己走出我堕入的混沌。第三天降下的脑雾给我周围的一切、我视线里的每一个人都罩上了尘烟。最后，我感觉自己和年幼的女儿被彻底隔开，虽然她需要我，甚至与丈夫也断了关联，他反复问我有没有事，口气愈发急切。

当然有事。但我没告诉别人我禁食到什么程度，包括他。我没法控制自己。没法向其他人求助。真的没办法，我实在没力气。

状况最糟时，我突然看清了自己的处境，而这得感谢一位"见死不救"的医生。我去找他复诊，诊室里又热又闷，我戴了两层口罩（当时新冠正猖獗）。我已禁食六天，而且没打算中断禁食。这六天我只喝了既没热量又没味道的淡气泡水。我从没断食这么久过。太冷了，我根本不知道害怕。

我坐在检查床上，身体有气无力、无可避免地贴着一次性床纸，我感觉视线边缘开始模糊，先是变成褐色，接着变成黑色。我意识到自己快要晕过去了。我很难为情，觉得自己应该趁着还没晕倒及时提醒医生。他以为我不舒服是因为我戴了两层口罩。"别担心，"他高兴地说，"反正一会儿就好。"他漫不经心地挥了挥手，然后就丢下我不管了。

在此之前他夸过我，说我的体重掉得很快。

那天，是愤怒唤醒了我。他本可以，也应该问我是否还好。

一个好的医生不应该询问我一日三餐有没有正常吃，吃得够不够吗？吃的东西够维持生命吗？具体是怎么减肥的？饿吗？这都是些基本的问题，问一下很难吗？可我得到的却是默认与满不在乎。

于是，那天回到家后，我强忍住心头难能可贵又分外清醒的愤怒吃了饭。简单的餐食却如美味珍馐，让我心如刀绞、泪流满面。糖分涌入我的血液，我顿时痛苦地醒悟过来：不能再这样下去，不能无视我的饥饿。

◆ ◆ ◆

一些哲学家认为，疼痛不是一种感觉，而是一种命令：从内心深处发出的"快停下来"的命令。[7]根据这一理论，疼痛会在我们耳畔低语或大喊："别碰那个地方！你受伤了！"同理，饥饿也会要求我们进食，以缓解饥饿带来的啃噬感。"吃点什么吧！吃吧！"它坚定地敦促。

长期以来，我一直把这种疼痛、饥饿和需求视为**身体律令**（bodily imperative），例如，困了它会叫我睡觉，渴了它会叫我喝水，缺氧时它会叫我大口喘气，被烫到时它会叫我把手从火上挪开。它基本上就是在对我说话。

在我看来，身体律令是最重要的**道德**律令。它告诉我们，作为主体，我们需要为其他人、生物以及我们自己做些什么。[8]

那么，身体律令有范围吗？我当然不认为，人类的每一个欲望都属于身体律令范畴。身体律令应具备以下几个主要特点。首先，律令应普遍存在，或者说几乎如此：差不多每个人都会有饥饿的感受，少数人暂时感觉不到饥饿，通常是因为身体出了问题，比如重病或哀恸会让我们丧失食欲。[9]其次，在特定的情况下，身体律令有着更**深刻**的意义：虽然想要一部新苹果手机的渴望会很强烈，但如果被困荒岛，你最想要的一定不是新手机。正如马斯洛著名的需求层次理论想要表达的思想一样，身体的基本需求，如对氧气、食物、水、睡眠、温暖的渴望，以及，我还想补充一点，对周围环境的少许控制，再加上在社会环境中适度的尊严，为我们生存所不可或缺的要素提供了保障。因此，施刑者非常清楚，如何利用这些东西来对付受害者：身体受罪，人就会被击垮。[10]

最后，身体的律令并不是由我们决定的。虽然我们可以想办法减少对新手机的渴望，或者根本就不让自己产生此种消费主义冲动，但我们无法直接控制饥饿感，甚至无法长时间压制对食物的渴望。当然，我们可以无视它，我们确实也经常这么做，可我们还是会不由自主地感到饥饿。[11]

身体律令就是道德律令这一观点具有伦理学意义，这入情入理。以呼吸困难的人为例，他喘不过气，他的身体亟需空气。这种状态对我们提出的要求是，我们每个人都应设法帮助这个人，并从一开始就阻止身体发出律令，阻止恐慌的出现。这种抽象的道德律令反过来又催生出许多更具体的伦理义务和禁令。[12]它能解释为什么让别人窒息而死是非常严重的道德过失，蓄意切断他人的氧气供给是极为罪恶的伤害行为，因为这不仅危及对方生命，置他人性命于自己股掌，同时也是折磨。[13]这种律令还迫使我们尽己所能地阻止新冠等有可能发展为呼吸危重症的流行病的传播，比如戴口罩、接种疫苗。这就使得那些不顾自身安危救治病患的医务人员显得更加英勇。他们不仅挽救了生命，防止长期健康问题的出现，还帮助缓解了呼吸困难所带来极端痛苦。[14]

长期忍饥挨饿本身就是种折磨，许多人强加给自己的折磨，尽管是迫于强大的社会力量的影响。因为，正如本书反复阐述的那样，肥胖恐惧症的压迫性力量强制人们产生一种不得不进行极端节食的伪义务感。这就是节食文化的本质。如果身体律令具有道德意义这一看法正确，那么这些伪义务实际上在道德上是有害的：它要我们无视自己本能的需求，从而让我们受苦受难。

也许你仍然半信半疑。那不妨设想一下，有种做法是让大家尽量别**睡觉**。（如今的奋斗文化〔grind culture〕本质上与其极为相似。[15]）别惦记着打盹儿了。也别惦记着每晚能睡上七八个，甚至九个钟头了，尽管你的身体需要。最理想的情况是，虽然困极了，人们却可以连着几天几夜不睡觉。我们不妨给这种思想意识起个高大上的名字，比如"间歇性断眠"。我们可以谎称这种生活方式对人大有裨益，能让人头脑清醒、皮肤透亮、寿命更长、身材更迷人，尽管有大量实证研究表明，间歇性断眠只会让人们越来越疲惫，越来越想休息。身体叫他们睡觉。我们却叫他们不要理会。

现在再补充一些事实。该做法对某些人群，尤其是女性和有色人种更苛刻。（奋斗文化很可能亦如此，"午睡部"〔Nap Ministry〕的创始人特里西娅·赫西的研究一针见血地指出了该问题。[16]）这也会耗费大量金钱，因为我们会采取越来越极端的手段，比如通过药物和手术让自己醒着。

你对这种制度的道德性有何看法？如果你对此持反对意见，那么请扪心自问，与之相比，节食文化有何不同？

◆ ◆ ◆

我为什么要把我极端节食的经历讲出来？仅仅是为了炫耀？在动手写这一章时，在经历那段苦痛之后，我无可奈何地得出结论：是的，我是在炫耀。我似乎是想偷偷摸摸地把自己塑造成一个好胖子——是的，她也许很胖，但她和别人一样，为了变瘦竭尽全力、尽心尽责。

于是我停笔了。

最近，我又试着把它捡起来。因为我得告诉你们，我错得有多离谱。我与节食文化沆瀣一气，虽然我口口声声、大言不惭地说要反抗父权制。

但归根结底，我忏悔的与其说是我自己的罪过，不如说这是我所生活的社会的必然产物。我需要的不是忏悔，而是自我关怀和尖锐的社会批判。

然后我开始写故事：你们一直在读的故事。我希望这个故事能警示其他人，被节食文化煤气灯操纵是多么容易，而最终的结果又是多么可悲、可怕、危险。现在我明白了，依靠节食减肥成功既不能说明我坚强，也不能说明我软弱。我只是被阴险的社会影响力玩弄于股掌，而它伤害了许多人，尤其是脆弱的人。有时，它甚至会要我们的命。

很多节食的人最终会患上进食障碍：一项具有重大意义的荟萃分析表明，超过三分之一被归类为"正常节食者"的人在随后的两年内发展成了"病态节食者"，这说明，限制性饮食显然很不健康。此外，有大约四分之一的"病态节食者"在随后的两年内发展为部分综合征或全综合征进食障碍。[17]我们应谨慎对待该研究的结果,不能把相关性等同于因果关系,节食也许是进食障碍的早期预警信号或症状,而不是导致进食障碍的原因,但这些发现仍然具有启发性。研究表明,相当一部分人很难,或者说无法把正常、"健康"的节食与进食障碍,甚至是全综合征进食障碍完全区分开。对很多人来说,节食自始至终都很危险,或者说最终会很危险。我们不应忘记,在所有精神疾病中,某些种类的进食障碍的死亡风险最高,如神经性厌食症。[18]当然,看名字你也知道,进食障碍还会给人们带来极大痛苦。

现在我确信,我差点就患上了一种叫"非典型厌食症"的疾病,这个名字很有误导性,因为患这种病的人比患"典型"厌食症的人还多。而且,在最易患进食障碍的人群中,非典型厌食症患者多到令人揪心,一项有代表性的研究表明,近3%的青春期少女和年轻女性患有这种疾病。[19]非典型厌食症的症状与神经性厌食症相同,包括过度关注体重、对身材的错误认知、对体重增加的强烈恐惧、长期拒绝进食、难以清晰思考和集中注意力,但重大区别在于,非典型厌食症患者的体重并不是过轻。也就是说,尽管她们的身心遭受巨大折磨,但往往没人能发现,能察觉到她们在苦苦挣扎。她们皮肤萎黄;出现腹痛和胃肠道症状,比如呕吐带血;免疫系统功能减退;有气无力。她们可能无法站立,或者坐下后再站起来容易晕倒,这是受直立性低血压的影响。[20]三分之一的患者出现闭经(月经周期异常停止);四分之一的患者心动过缓(心率缓慢);至少40%的患者需要住院治疗。[21]

无比欣慰的是,我逃过了这些厄运。但我知道,我并未脱离险境。

医生根本不会问我们胖人是否有这些症状,是否出现预警信号。如果一个人在一个月内体重骤降,在诊室几乎晕倒,医生却连相关问题都不问一个,那想想看,你得费多大劲,才能确诊自己得了这种病呢?

你不必回答我。专门研究进食障碍的科学家埃琳·哈罗普的发现为回答该问题提供了关键线索。其研究表明,医生通常会拒绝诊治非典型厌食症患者,理由是她们太胖了,不可能患有进食障碍,即使她们表现出上述所有症状,心理上也极为痛苦。非典型厌食症从发病到确诊平均要十年多的时间,这期间患者要忍受诸多痛楚。[22]

◆ ◆ ◆

我采取过极端的节食方式,让自己长期处于饥饿状态。那么,较为温和的节食,比如为了减肥而不吃或少量食用某些种类的食物,又会如何呢?

这个话题我们不能一概而论。因为许多人(如果不是大多数人)可选择的食物种类非常有限。我并不是说,只要不能随心所欲地吃,就一定是受了节食文化的不良影响。有些人也许会患上这样那样的疾病,对食物过敏、对食物不耐受;有些人也许有特殊的营养需求,这样今后就不会患病遭罪;有些人也许是经济条件有限;有些人也许没时间或精力准备餐食。有些人也许有道德或宗教的顾忌,因此不能食用某些食物,无论是单独吃还是混杂着吃。[23]有些人也许生活在所谓的食品荒漠中。有些人也许囊中空空,或者只能买到不安全的食物。有些人也许无暇顾及餐食,他们吃只是为了活着,而不是反过来。基于上述种种原因,许多人根本没办法无所顾忌地大快朵颐。

不过话说回来，不因减肥而限制食物的摄入这一做法其实很有道理。很多人，包括我自己，在实践"直觉饮食法"的过程中都发现**反**节食文化有很多可取之处，它鼓励我们从吃中获取快乐、慰藉和喜悦。[24]食物能给我们带来极强的幸福感。涂满黄油的吐司、撒了适量盐、吃起来满口爆汁的西瓜，盖了辣酱的热腾腾的米饭，它们带来的快乐抚慰人心。可以说，慰藉与快乐同样重要，许多人在新冠疫情期间发现，几乎没有什么能像美食一样抚慰成年人的心灵。而且，食物并不一定要多贵、多精致，这个道理许多烹饪书作者和美食作家都说过。

人们通常以为，只要一日三餐能满足基本营养需求，那它能给我们带来多少慰藉，能给味蕾带来多少愉悦感并不重要。对有些人来说确实如此，对有些人来说则不然。还记得史蒂芬·平克随口说过的那些话吧？喜欢吃奶酪千层面、不喜欢吃蒸蔬菜很不理性，因为现在吃大餐的"小快乐"比不上今后拥有苗条身材的大快乐。[25]我其实很好奇，他是不是不知道，每天吃低脂食物有多无趣？总吃蒸蔬菜有多腻味？为了变瘦，为了保持身材，人们做了多少这样最终"致郁"的选择？我们有多爱吃千层面？

个人主义，也可以说是大男子主义的观念在饮食文化中也在起作用，它淡化了食物对**共享的**快乐的重要性，无论是在平常日子还是在特殊节日。在亲人的陪伴下享用一日三餐，吃饱喝足，让我们与自己的身体、这个世界和彼此相联系，这极为可贵。这既是在反抗节食文化造成的身体异化，也是在保护我们免受这种异化。[26]大家一起享用盛宴同样可贵，特别是具有特殊的家庭、文化或宗教意义，不单单只考虑营养的餐食。而节食文化禁止，或者说至少阻挠了这一切。

最后，就算节食不会给我们带来痛苦，而只是隐约的匮乏感，它也会置其他人于危险境地：首当其冲的就是孩子。在美国，近一半 3 到 6 岁的女孩担心自己会变胖[27]，约 80% 的 10 岁女孩已开始节食。[28] 最近有一项全世界范围的荟萃分析表明，超过 20% 的儿童表现出进食障碍，同样，女孩受到的影响尤为严重。[29] 此外，对于 6 到 8 岁的女孩对自己身体的不满的一个关键预测因素是，她们认为母亲对自己的身体不满意，实际上，母亲节食往往就是明证。[30] 父亲的影响也不能忽视，另一项研究表明，父亲对身体的不满与"追求瘦削"——这又与节食行为密切相关——同样令人忧心：它是青春期前的女孩出现进食障碍早期预警信号的关键风险因素。[31]

人们难免会问：可吃太多不是不好吗？这取决于你如何定义"吃太多"。如果你的定义是为了充饥而摄入对身体来说过多的热量，那我会有些异议。吃就是**吃**，没好坏之分。吃太多也许会让人发胖，胖到不被社会所接受，但我们应接受肥胖，因为它是人类多样性的一个自然组成部分，且非常重要。但如果你所说的"吃太多"是指吃太饱，饱到不舒服甚至恶心，那我同意你的意见，因为它会让身体痛苦，而且会让人养成吃太多的习惯（这与逢年过节为了品尝美味佳肴而吃太多是两回事）。尽管我在前文提到了吃能让人快乐，但依据此定义，我不会支持"吃太多"，因为它带来的痛苦多过快乐。在此我不会深入讨论这个意义上的"吃太多"，因为它超出了本章的范畴。[32] 但我想补充一点：有些人的身体长期以来一直被排斥、被忽视，所以，身体不仅会发出请求，还会咆哮、嘶吼，即使吃饱也不会觉得满足——这情有可原。如果匮乏持续不断地威胁身体，身体就会非常惧怕匮乏。

◆ ◆ ◆

无论你有着怎样的减肥目标，节食通常都没法让你变瘦，本书已充分证明了这一点。节食，虽然表面上健康无害，却会让人们的快乐减少，痛苦增加，而且不会带来真正的回报；因此，它是不人道（morally bankrupt）的。那你也许会问，那些明显有效或可能有效的减肥方法又如何呢？我想到了两种方法，这两种方法以不同的方式操纵我们的饥饿信号与通过进食感到饱腹的能力：减肥手术和食欲抑制剂。

减肥手术之所以有效，部分是因为手术后人不能吃太多东西，也感觉不到痛苦和折磨，这实际上是在对身体发出命令：单次进食绝不能超量。如果不遵从命令，他们可能会胃痛、痉挛、腹胀、恶心、呕吐、腹泻，出现倾倒综合征（即刚摄入的食物在未经消化的情况下，经由胃部直接进入十二指肠而引发的病症，它不仅会导致上述症状，有时还会造成头晕、头重脚轻和心率加快等症状）。减肥手术能缓解饥饿感，并在短期内改变新陈代谢水平和激素水平，但究竟是怎么改变的，目前尚不明确。根据美国代谢与减肥手术协会（American Society for Metabolic and Bariatric Surgery）的数据，在这些因素的共同作用下，体重会迅速减轻，普通患者最终能减掉大概一半的所谓的"多余体重"。[33] 这比节食的效果要明显得多。

不过，减肥手术也有很多缺点。较极端的手段是，即使患者胃功能正常，也会切除大部分（最多达80%）胃。[34] 鉴于减肥手术近年来才兴起，其长期影响尚不明确，也就是说，现在减肥手术是在拿人做试验品，试验规模日益增大。从2011年到2020年，美国每年进行的减肥手术数量增加了50%以上。[35]这大概与美国的减肥手术利润可观等因素有关。

手术本身风险较大。据估计，在做过最常见的减肥手术——胃旁路手术后[36]，每200名患者中就有一人因腹腔出血、感染和血栓栓塞等并发症而死亡。[37]虽然业内人士会说，该死亡率与胆囊手术等的死亡率相比并不算高，但胃旁路手术毕竟是非紧急手术，这个风险其实很高。[38]

除了风险、疼痛、费用（有时但并不总是在医保覆盖范围内）之外，许多患者在术后还会出现严重问题。常见的有阿片类药物成瘾。[39]进食或享用食物都可能带来严重后果。于是，许多人会患营养不良（包括贫血和坏血症）、胆结石[40]、疝气、肠漏[41]、肠梗阻[42]、严重的骨质疏松[43]。许多人——约三分之一——体重会大幅度反弹。[44]因此，就连有些减肥医生也承认，想要减肥，"把胃切掉一半并不是理想办法"。[45]

减肥手术还需要后续干预，比如还要做其他手术、住院治疗，而且相当频繁，大约三分之一的患者在初次手术后的五年内需要再做其他手术。[46]

最让人不安的是，研究表明，做过减肥手术的人自杀的概率至少是未做过的人的两倍。[47]诚然，相关性并不能等同于因果关系，我们不能贸然做出因果判断。但这些数据仍然令人忧心，在决定做此类手术之前应充分了解相关数据。心理学家凯茜·古德帕斯特说："对很多人来说，做减肥手术就是'背水一战'，如果手术没能像预期的那样改善生活质量，他们会万念俱灰。"[48]

需要说明的是，我非常同情那些通过减肥手术以帮助自己的身体更好地适应这个世界的人，就像我非常同情长期节食的人。我在前文提到的一个论点很可能会给大家这样的暗示，即个体有权承担这些方法所带来的健康风险，就像他们有权选择继续变胖。但对于我在本书中主要想批评的一些做法，我们有足够的理由感到担忧。整个减肥手术产业正在侵害弱势群体，让他们觉得自己不仅有权利而且**有义务**接受这些危险的手术，却拿不出令人信服的诊断依据。他们当然没有义务。而且，正如倡导接纳肥胖活动家、作家拉根·查斯顿所言，有充分的理由认为，如果这个世界不那么恐惧肥胖，许多肥胖者根本就**不**想做手术：

> 胖人的消化系统应该被切除，胖人就算死也得瘦——公众对于该观点的认可让我们清晰地看到一些问题，[比如]我们文化中的肥胖污名是多么可怕。我不知道瘦人能否想象，自己被如此恶劣地对待是何种感受，被偏执的人，还有这个本就不打算容纳他们（并将责任归咎于他们）的世界恶劣地对待——恶劣到他们甘愿切除健康的重要脏器，而这样做最好的结果是改善生活质量，最坏的结果则是一命呜呼。我们得清醒地认识到，在当今社会，针对肥胖的成见如此触目惊心，以至于医生都建议手术干预。想一想吧，我们不仅把来之不易的血汗钱，还把健康的胃交给了那些欺凌者们。[49]

我和查斯顿一样，对日益盛行的减肥手术感到担忧，因为它不仅会加剧对肥胖的污名，还会让许多身体并没问题的人多了一个选择，一个诱人的选择。我憧憬一个每个人都有安身之地的世界，我们必须要求这样的世界,出于道德和政治的考虑,在这个世界里,没人会无缘无故地挨饿,为了减肥而挨饿。

◆　◆　◆

有些人无视自己的饥饿感,有些人则压制自己的饥饿感。他们会服用减肥药,尤其是抑制食欲的药物。在上一章我提到,我自己也这么干过,想要服用的意愿之强、频率之高,让我无地自容。

在药店买到的减肥药大多是狗皮膏药。还有一些减肥药对部分人有效,但风险极大,最后只能退市。处方药芬芬(芬氟拉明加上芬特明)和 Redux(右芬氟拉明,常与芬特明一起使用)会导致心脏瓣膜严重受损,从目前的研究结果看,其伤害不可逆转。[50]因为它们,成千上万的人患上原发性肺动脉高压,肺部毛细血管壁越来越厚,呼吸越来越困难,最终心力衰竭而死。[51]根据记者艾丽西亚·芒迪的描述,最严重的病例会"缓慢窒息而死"。[52]

芬特明是一种兴奋剂,目前仍可单独使用。服用后通常能减掉少许体重,但代价可不小,常见的副作用有高血压、心悸、气短、胸痛和失眠等。[53]

阿德拉等兴奋剂也能减重。很难找到其减重效果的可靠数据,因为它很少被用来减重,但从我的亲身经历看,它确实有效。

它还会让我焦虑、躁狂、失眠,甚至一度想自杀。用阿德拉来减肥是个坏主意,这么说太低估了它的破坏力。更何况,体重还会无可避免地反弹。

我的做法也许让你大为震惊,但其实这非常普遍。研究表明,近5%的大学生报告说,他们服用非法获得的处方兴奋剂药物,比如利他林和阿德拉,目的很明确,就是为了减肥。[54]（这个数据还没把有处方的学生算在内,就算没有可信的注意缺陷多动障碍诊断书,他们也能毫不费力地从无良医生那儿拿到处方。）另一项研究表明,超过15%的服用药物的女大学生报告说,她们服用非法药物是为了减肥,主要是可卡因、苯丙胺、甲基苯丙胺和摇头丸等兴奋剂。"有着更极端减肥行为的女性,出于体重的原因,很可能会服用且长期服用非法兴奋剂。"研究人员补充道。[55]

这类药物的副作用很大,会引起精神健康方面的问题,比如焦虑、恐慌、偏执和极度紧张。抑郁症也较为多发,尤其是在停药后。它们还会导致口干、恶心、胃痛和呕吐。有些人在服药后言行会变得非常浮夸,表现得不可一世,这不仅令人讨厌,在某些情况下还会给自己和他人造成危险。这类药物还会让人入睡困难、睡眠紊乱、头痛、打战。它们还可能与中风和心脏病发作等心血管问题有关。滥用兴奋剂有时会致命。[56]

我们一而再,再而三地看到,变瘦的代价是违背基本的身体律令,比如忍饥挨饿、严重缺氧、睡眠不足,再比如总是紧张焦虑、烦躁不安。

而再简单不过的事实是,无论是否感到饥饿,我们的身体都需要营养。（最新消息:要想活下去,我们必须吃东西。哈,这下你是不是觉得这本书物有所值。）结合多方面因素来看,抑制食欲的药物很容易就能把我们推入险境。

因此,即使那些与我的观点相悖,认为减肥有一定好处的人也认为,减肥手术与减肥药这两种节食减肥的主要替代方法,并不值得那么多被相关行业剥削、掠夺的人冒如此大的风险,尽管我们能理解,他们为何"铤而走险"。这样做的后果十分严重。目前,还没有一定能让胖人变瘦且合乎道德的方法。即使你——再次声明,你和我不同——担心别人太胖,也不必急着给建议,因为根本就没有合乎伦理的减肥方法。

◆ ◆ ◆

来做个思想实验,设想有个简单的办法能让胖人变瘦,而且没有痛苦、没有副作用,那会如何呢？一些人吹捧称,新一代减肥药——其中最具代表性的是索马鲁肽（商品名为Wegovy和Ozempic,每周注射一次）,起码已很接近这一目标。但生产商也许过度夸大了其减肥效果,至于无副作用的说法则很具有误导性。（包装说明书的黑框里警告说,该类药可能会导致甲状腺癌[57];许多人服用后会出现恶心、呕吐、消化不良的症状;而且价格高昂,如果医保不报销,月花费远超1000美元,在我撰写本书时,索马鲁肽基本还是医保外用药。[58]）但假如有一种更好的药物,可以免费发放给所有需要的人,那又会怎样呢？我们该如何看待这一做法呢？

我能预料到,很多读者这时会犹豫不决。那我们不妨做个类比:涂抹美白霜能让肤色较黑的人变白;鼻成形术,俗称"鼻整形",能让所谓的犹太鼻（声明一下,我就是犹太鼻）不那么明显;注射肉毒杆菌能抚平细纹和皱纹（我脸上的皱纹就越来越多）。即使这些干预措施百分百安全、零成本且没有痛苦——实际上目前远非如此——从社会层面分析,我仍然认为它们不可取。因为通过消除身体的多样性,它们抹杀了人类的差异,而我认为我们应尊重差异。而且,这些做法并非随机抹平差异,而是以白人至上主义、

171

反犹主义、厌女和年龄歧视的审美标准为导向。[59] 因此，如果它们成了惯例，那可真是不幸。总而言之，我认为这些做法令人惶恐。[60]

我认为，肥胖也是宝贵的人类身体多样性的一部分。我认为，社会不仅应该尊重胖人，还应该把他们当作有尊严的个体，给予他们相应的医疗资源，等等。我认为，我们的**肥胖**给社会贡献了一些有意义的东西。我们的体形、身材，甚至单纯的存在都为这个世界增添了价值。正如罗克珊·盖伊所写，"我在这里……占据了空间。让某些人感到害怕"。[61]

肥胖也一样美，但我认为这并不是最重要的。肥胖可以引人注目、咄咄逼人、给人以慰藉与保护，也可以极度反文化。肥胖是巨大的空白画布，为有趣的艺术和创造提供种种可能；为精彩绝伦的滑稽表演、大胆醒目的时尚设计提供种种可能。[62] "身上的脂肪可以随意捏、提、拉、拽，可以塑造出意想不到的形状，挤出别具一格的轮廓，因为它多到用不完。"推特用户 @isocrime 最近发推文说。[63]

肥胖有助于妊娠、母乳喂养和孩子的成长。肥胖是婴儿肥嘟嘟的手腕（有时也叫"胖手镯"）和圆滚滚的小肚子。肥胖是歌剧演员便便大腹动人心弦的一起一伏，是身穿比基尼的妮可·拜耳摆出的明媚姿态。肥胖是丰硕的、流动的、柔软的、不可抗拒的。它能激起爱、敬畏和崇敬。它能让我们有团结感、共同的脆弱感、共同的命运感，尽管我们的身体胖瘦不一、体形各异。肥胖也会激起恐惧，赶走不该靠近的人，把那些无法容忍肥胖的人拒之门外。林迪·韦斯特写道，女人的肥胖尤其会"让那些渺小又心怀怨愤，竟以为女性的存在是为了满足他们欲求的男人望而却步"，从而"暴露出他们的懦弱，因为女性真正的身体是她身份的关键，可他们却畏缩不前"。[64]

换言之，肥胖值得**尊重**。如果所有或者多数胖人都服用了想象出来的神奇减肥药，那我们就会失去一些重要的东西。再次引用 @isocrime 的话，我们将失去"柔软和丰腴的舒适感受、占据空间的自由"，无法"打破人们的期望，无法被肉体的重力和存在所包裹"。[65] 如果肥胖消失殆尽，或者变得少有，那么作为一个群体，我们的力量会被削弱。

但即使认识到神奇减肥药的社会危害，一个格格不入的胖人依然会想：**我该吃它吗**？

与之前一样，我们应该区分两件事：你是否**有权**服用，和你是否**有义务**服用。我认为，多数情况下，一个人有权对自己的身体做想做的事，前提是不能拿自己的生命当儿戏（比如骑摩托车不戴头盔，服用安非他明减肥），不会直接伤害到他人（比如在室内吸烟，而且孩子就在附近）。归根结底，那是你的身体。如果你想让身体变瘦，让皮肤变白，让鼻子变挺，让抬头纹不那么明显，我认为你有权这样做。活着本就不易，只要你身上有可被污名化之处，种族主义、肤色歧视、反犹主义、性别歧视、厌女症、年龄歧视和肥胖恐惧症等许多形式的偏见，都会让你的生活难上加难。我不认为你应该受到责备、羞辱或批评，就因为你选了一条更容易的路，做了你需要做的事，你只是想活下去，想让生活不那么不堪。

但我希望你知道，那不是你的义务。你尤其不必为了讨好他人、讨好社会而减肥，甚至不必为了满足你内心对自己身材的期待而减肥。神药也许能让你变瘦，不用花一分钱，也没有健康风险，如此一来，减肥的弊端会少很多。但这并不能给你带来确凿的好处，甚至都不一定有好处。

事实上，我还想说，虽然你有权服用想象出来的神药，但**拒绝**它也有积极意义——你理智、果敢、令人钦佩。[66]（我同样欣赏那些顶住社会压力，拒绝整形，拒绝用肉毒杆菌除皱的人。[67]）你以"身"试险，部分是为了保证肥胖形象的呈现与更广泛的身体多样性。你抵制狭隘的——坦白地说是法西斯主义的身体规范、理想和价值观，以真实的模样示人。你和那些因肥胖而被边缘化、被视为异类的人站在一起。你和年轻时被欺凌的我站在一起。你和被骚扰的奥布里·戈登站在一起。你和因患有哮喘而被迫裹着垃圾袋跑圈，上气不接下气的胖孩子达肖恩·L.哈里森站在一起。

此外，你与无数缄默不语，还没来得及讲述自己的故事的人站在一起，站在这个恐惧肥胖，但只要我们齐心协力，就能变得更美好的世界里。

上述种种并非你的义务。但尽力去做，会对你有益，对我们所有人都有益。

当然，也许你无法拒绝神药，也无法像我说的那样，与大家一起齐心协力抵抗肥胖恐惧症；然而这种药目前还没发明出来，也许永远也发明不了。但你**可以**拒绝节食，拒绝服用Ozempic。像我们这些拥有特权，有财力、情绪资源和社会资源的人，可以选择尊重饥饿，甚至是更具体的渴望，赋予它们和身体一定的权威。这样，我们就能抵制剥削我们、煤气灯操纵我们、如梦魇般的资本主义节食文化。这样，我们就可以减少因这副身体产生的被孤立感——虽然我们的身体与**多数**美国人的身体大同小异，却往往是内疚、羞耻和自我憎恨的根源。这样，我们就可以抵制肥胖恐惧症，它与厌女症、种族主义（尤其是反黑人种族主义）、阶级歧视、跨性别恐惧症、同性恋恐惧症、年龄歧视、残障歧视沆瀣一气，伤害极大。这样，我们就能在更多方面**不退缩**（*unshrinking*）：理直气壮、无所畏惧、大大方方地夺回本属于自己的空间。

所以，现在多数时候我都能痛快地让节食文化"有多远就滚多远"。姑奶奶我饿了就吃。高兴吃什么就吃什么。有时也吃好吃得要死的千层面，经常吃。和女儿一起吃。我知道她在看我，把一切都看在眼里。

结语
# 不好意思

2022年5月16日,《体育画报》(Sports Illustrated)发布了年度泳装特刊封面。封面人物是大码模特由美·努,她身着前胸有大块镂空设计的黑色吊带连体泳衣。值得一提的是,努各方面都符合传统审美标准,但有两点除外。首先,她不是白人(她是亚裔美国人);其次,她不瘦,虽然只是算得上"微胖"。

保守的加拿大心理学家乔丹·B. 彼得森觉得有必要发推文表达他对该封面的看法。"不好意思。一点儿也不美。即使使用威权逼迫人们接受,也改变不了这个事实。"他写道。[1]尽管这条推文引来尖锐批评,但仍有很多人表示赞成,结果是彼得森被迫"退网"。嗯,大概也就退了"三分钟"。

一个月后,彼得森转发了另一张图片:《纽约邮报》(New York Post)刊载的位居Maxim杂志全球百大火辣女性榜首的佩奇·斯皮拉纳克\*。在这幅三联图中,身材纤瘦、皮肤白皙、金发

---

\* Paige Spiranac,美国模特、前职业高尔夫球手、社交媒体名人。

碧眼的斯皮拉纳克脚踩高跟鞋，身着比基尼和敞开的衬衫，乳沟尽显。"哇，这才叫美:)"，彼得森垂涎欲滴地发推文说。[2]（几个月后，斯皮拉纳克因为稍稍长胖了那么一丁点而被 Instagram 用户肥胖羞辱，这事还上了花边小报的头版头条，但这次他什么也没说。[3]）

这种态度和由此产生的做法令人痛心，却极为普遍。彼得森表达这些态度的方式也在无形中暴露出一些问题。他嘴上说"不好意思"，但他根本没觉得不好意思。他骄矜专横的口气似乎是在宣告，这是一个男人拒绝了别人专门献给他的东西。他拒绝，不是因为这样东西不是为他而存在的。这东西是**为他**而存在的，但达不到他苛刻的、权威的标准。他就是美丑的仲裁者，他的快乐就是美丑的尺度。不幸的是，世人往往认可并赋予享有特权的男性这种虚假的权威。

◆　◆　◆

在本书的最后，你也许很好奇我现在对自己身体的感觉如何。但等待你的恐怕不是个圆满的结局。一是因为我的故事仍在书写之中，二是因为我能找到自由，并不是因为我很爱自己的身体，而是因为转变了视角。

这一路走来，对我帮助最大的思路是：**我的身体是为我自己而存在的**。你的身体为你而存在。我的身体不是装饰。你的身体也不是。[4] 我们的身体就是我们的家，就像口号里说的那样。

不言而喻，对于我的身体，你肯定有你的反应。你的反应可能是积极的、消极的、中性的，也可能是好的、坏的、令人不适的、令人愉悦的。与彼得森之流想要说服你相信的相反，承认自己在评判别人的身体时言行粗鲁，甚至是令人讨厌，这并不是威权专制。你有权发表自己的观点，我也有权因你所发表的观点而断定你是个**浑蛋**，更有权因你不请自邀地表达自己的观点而断定你是个浑蛋。

当然，这很复杂。我通过身体表达自我的方式，难免会受到我身处的文化的影响，也会受到世界上盘互交错的行为规范的影响，而它们决定了别人如何看待我、对待我。我也许想与其他身体做一些事，想对其他身体做一些事，而对方也许会同意，甚至很乐意这么做。尽管如此，我的身体仍是为我而存在。你的身体为你而存在。

我把这个概念叫作"身体反身性"（body reflexivity），它和身体自爱（body positivity）和身体中立（body neutrality）不同。[5] 它并不会规定你必须用哪一种方式评判你的身体。你可以觉得自己很美、很性感，也可以有完全相反的感受，这完全取决于你。它允许你最少程度地关注你的外表。身体反身性要求我们彻底重新评估，我们的身体存在于这个世界上是**为了谁**：为了我们自己，而不是他人。我们没义务取悦他人。

顺理成章地，你对我的身体做何反应，这并不重要，也不是我该操心的事，更不是对我的救赎。我的身体不是供你矫正、掌控或消费的。如果我的身体不能吸引你，或者你觉得它不够好，那我只能说句"不好意思"，当然，嘴上说说那种。

◆ ◆ ◆

彼得森可能觉得发那两条关于他的性偏好的推文还不够过瘾

179

（他喜欢什么样的身材完全是意料之中的事）。2022年6月20日，在"骄傲月"活动如火如荼时，彼得森又发了第三条推文。他转发了一段视频，对近日在达拉斯举行的变装皇后活动表示不满。"不好意思。一点也不美。极端病态。"[6] 彼得森一本正经地说道，言辞老套\*，表达的观点也十分有害。

原视频的配文这样说道："如果带婴幼儿去脱衣舞夜总会将被当场逮捕，孩子也会被儿童保护中心会带走。儿童不该看过于色情的演出。"[7] 视频里能看到一位身着白色紧身衣的变装皇后做劈叉动作，还有几个肥胖的女人在公共场合跳略有挑逗意味的舞蹈，仅此而已。画面里只有两个孩子，其中还有一个是连自己鼻子在哪儿都闹不清的婴儿。这两个孩子是否要去参加"骄傲"活动，应全权由他们的父母决定。

与道德恐慌一样，身体恐慌往往也会首先瞄准孩子。如果儿童的身体可以被用来引发道德恐慌，那"最好不过"。美国的现状是，跨性别儿童和他们的父母一起成了众矢之的。在得克萨斯州，接受性别肯定护理（gender-affirming care）的儿童的父母会受到州政府的调查，并可能被指控虐待儿童。在撰写本书时，有九项调查正在进行中，而调查会让孩子与支持、关爱他们的家庭被迫分开。[8]

对肥胖儿童以及他们的看护者的恐慌和担忧，是事态发展至此的重要前提。多年来，我们看到胖人的身体一直被管控，无法享受到辅助生殖技术的好处，比如冷冻卵子[9]、试管婴儿。[10] 不孕不育患者常常被告知要减肥。最近一项对近400名所谓的肥胖症

---

\* "damnably pathological"（极端病态）这种表达在日常生活中并不常用。

女性的研究表明，减肥对她们最终是否能怀孕并不会产生任何影响。[11]而儿童保护机构或社会服务机构会对肥胖孩子的父母采取行动，在某些情况下，孩子甚至会被带离家庭。[12]

美国儿科学会目前的建议是，应为跨性别儿童提供性别肯定护理。[13]该学会还（另外）建议年龄低至13岁的"严重肥胖"的儿童做减肥手术。[14]性别肯定护理能帮助跨性别儿童茁壮成长，做他们自己，身体上的自己。而且，它能明显降低儿童患抑郁症甚至自杀的风险。[15]而减肥手术的结果却是，如上一章所述，肥胖儿童基本的营养需求终身得不到满足，也没法痛痛快快、高高兴兴地吃饱肚子。如果对成年肥胖者的研究结果对孩子同样有意义，那么减肥手术似乎还可能增加儿童的自杀风险。然而，多数公众只对跨性别儿童接受性别肯定护理感到强烈不满。显然，说到给儿童实施不可逆转的手术（性别肯定护理可能但并不一定包含此类手术），公众的担忧极具选择性，而且带有偏见。我们的社会既恐惧跨性别又恐惧肥胖，而人们的做法完全是本末倒置。

整个社会群体还未接受一个事实，即身体多种多样，儿童的身体也不例外。但令人灰心的是，很多人依然无法接受肥胖也是多样性的一种，尽管直觉饮食法、反对节食的理念在某些育儿圈已颇为盛行。事实上，这些理念旨在反对恐惧肥胖的思维方式，可结果却往往无形中肯定、强化了这种思维。它们不断暗示你，只要你不过度限制孩子的饮食，不过分强调"好食物"与"坏食物"的区别，孩子就不会发胖。与之形成鲜明对比的是一种更激进、更有益的观点，即有些人，包括儿童，就**连喝水都会长胖**——这话一点没错。[16]

弗吉尼亚·索莱-史密斯说过，在Instagram的"#直觉饮食法""#反节食文化""#身体多样性"话题版块发赏心悦目的便当的图片——便当里有鹰嘴豆泥、胡萝卜条、草莓和三颗"孤零零"的 M 豆——并不能去除我们的文化对儿童肥胖的恐惧。[17]同理,在商品上印再多醒目的彩虹标志也无法帮助到跨性别儿童,而他们的身体和身份需要保护,才不会受到不断高涨的法西斯主义的伤害。

我们需要的是彻底的政治清算及它带来的道德认可:胖与跨性别一样,是正当且确实有价值的生存方式。我们应欣然接受人类胖瘦、身材、体形的多样性。身体的多样性不应被用作把人划分为三六九等的依据,这么做很不公平;也不应是要求肥胖者惩罚自己、忍饥挨饿、减肥瘦身的依据。我们就是我们。我们没什么可羞愧的。我们的身体被不公对待,但并非错误。*

所以,即使是在疫情肆虐、活动受限时,在全家因为我丈夫免疫力低下而几乎无法与他人碰面的情况下,我依然会给女儿看各种各样的身体。我会拿出手机,点开 Instagram,给她看胖人的身体、黑人的身体、棕色人种的身体、跨性别者的身体、残障者的身体,有着不一样的皮肤、肢体、面容的身体。我给她看我仰慕的肥胖的作家的照片,他们给了本书很多启发。我告诉她如何不带评判地看这些身体,甚至是不带肤浅的肯定,而是带着尊重与善意,带着感激与欣喜,庆幸他们来到这个世界,与我们一起。我告诉她,并不是只有长相相似的人才能居住在这个星球。我还告诉她,这些有着千差万别的身体的所有者有一个共同的名字,

---

\* 原文为"We are wronged bodies, not wrong ones"。"wrong"做动词意为"不公正地对待",做形容词意为"错误的"。

那就是**人**（*person*）（她一开始读作"per"）。

有人说我女儿长得很好看，很像我。有时我自己也这么觉得，虽然内心隐隐感到不安。

◆　◆　◆

一个人的身体是为自己，而不是为别人而存在，这话是什么意思呢？首先，我认为自己是身体唯一的受益人。而这是由谁决定的呢？由作为一个集体的我们，如果我们的思想和行为公正恰当。

"……是**为了谁而存在**"的观念也会产生重要的政治影响。例如，LGBTQIA+ 活动**本就**不是为了儿童而存在的。没错，儿童可以从这些活动中获得宝贵而有趣的体验，而对于骄傲活动上有特殊性癖好的人的担忧，通常不过是保守人士的瞎操心。我本人并不赞同他们的态度，我很乐意马上就带孩子去看变装皇后欢快地跳舞。但许多白人、顺性别者、异性恋者、中产阶级父母误以为，骄傲运动的**意义**在于它是一个教育孩子的好机会。这种认为骄傲运动就应该以他们为中心，应该剔除有争议的内容的思路，与商家用彩虹色营销如出一辙，唯利是图的商家只不过是想借着骄傲运动卖货。这些人和商家都犯了个错，那就是没有把骄傲运动的创造者和受益者——LGBTQIA+ 群体摆在中心位置。

骄傲运动的初衷本是为 LGBTQIA+ 群体提供一剂解药，消除主流社会力量强加给他们的耻辱感，尤其是在艾滋病最为猖獗时，那时对同性恋者的污名甚至比今天还严重。（不过，佛罗里达州通过了"不要说同性恋"〔Don't Say Gay〕法案，该法案禁止在幼儿园至小学三年级的课堂上讨论任何有关性或性别认同的话题，这似乎是个不祥的征兆，说明我们的时代正在倒退，真是可悲。[18]）骄傲运动传递的信息是，尽管遭到如此对待，但我们没理由感到羞耻。我们可以昂首挺胸。一言以蔽之，骄傲运动想说的是："恨我们的人，都去死吧。"特殊的性癖好是骄傲运动不可或缺的一部分，因为对特殊性癖好的污名在压迫酷儿的过程中起到了推波助澜的作用，而且这种情况仍在持续。[19]这也能说明为什么"白人骄傲"（white pride）之类的运动如此有害和错误；尽管保守派大肆叫嚣，可问题是白人并没有因为自己的身份而遭到羞辱。哲学家伊丽莎白·巴恩斯写道：

> 在社会边缘化的背景下，骄傲运动并不是要求我们承认，被边缘化的群体在某种程度上生来就高人一等或与众不同。它更应被视为一种我们赞美自己身份的方式。在生活中，我们经常赞美一些东西，但我们并不觉得这些东西会让我们高人一等、出类拔萃；我们可以为自己拥有一头红发，为自己超级会玩《卡坦岛》，为自己收藏了无数本漫画书，为自己十公里跑出了不错的成绩等而感到骄傲。这些固然值得赞美，但我们并不能因此而断定自己比那些不具备这些特征的人更优秀。因此，在社会边缘化的背景下，骄傲运动就是一种主张，主张社会允许我们通过这种方式赞美自己的边缘化特征。占主导地位的社会规范告诉我们，我们应为某些特征，比如种族、性取向、残疾等而感到羞耻或愧疚，但事实上，我们应该赞美它们。[20]

肥胖骄傲运动、残疾骄傲运动、同性恋骄傲运动、跨性别骄傲运动、黑人骄傲运动等都是如此。这些运动各具特色，不应被简单地等同于身体自爱运动，也不应被肤浅地理解为只倡导包容的温和运动。肥胖骄傲运动就是为肥胖者，而不是为纤瘦的白人女性存在的，众所周知，纤瘦的白人女性一直在挪用发轫于黑人女性主义的身体自爱运动。[21] 肥胖骄傲运动是为那些因肥胖而被推向社会边缘的人服务的，她们需要从边缘走出来并大声说："我肥胖的身体是为我自己存在的。我要理直气壮地赞美它。"

◆　◆　◆

身体反身性并不是要求我们对自己或他人的身体保持一成不变的态度。我觉得，要一个人能始终积极地看待自己的身体并不现实。比如，跨性别者肯定就做不到，有些跨性别者需要大幅改变自己的身体，在这个过程中，我们应给予他们支持和赞美。长期患病者与残障者同样做不到，至少在某些时候，他们会觉得身体背叛了自己，因为身体带来了痛苦，或者不具备某些对有些人来说极为重要的功能。他们可以自我怀疑，也可以感到恐惧和沮丧。我们不该管控别人的思想，正如我们不该管控别人的身体，也不该限制谁可以获得身体自由这项资源。

最近的研究与上述观点不谋而合。研究人员想要弄清楚，如果身体的积极信息具有**有毒的**积极性时，它是否会起到反作用。研究人员写道：

> 最近，大众心理学发明了"有毒的积极性"（toxic

positivity）一词，意即如果你期望一个人去感受积极情绪（如满意、感激、知足、快乐），排斥消极情绪（如紧张、怀疑、沮丧），那么这个人就有可能忽视或弱化真正的痛苦感受……我们认为，许多女性不仅受到过一般的"有毒的积极性"的伤害，也受到过"有毒的身体积极性"的伤害，即她们被期望、被逼迫去表现出对身体的自信和接纳，如果未能做到则被视为软弱。[22]

为此，研究人员精心设计了一些信息，并将信息分为身体积极加自主支持型（"你是你幸福的缔造者。要做怎样的**你**，由**你**自己决定"）与身体积极加控制型（"你**必须**接受自己的身体，否则永远不会幸福"）。每条信息都配有一张模特的照片，模特身着牛仔裤和白色背心，根据研究人员的描述，他们都是中等身材。研究人员发现，与控制型信息相比，自主支持型的信息能让受试者做出明显更高的自我评价，对身体也更满意。此外，在接受自主支持型信息后，身体羞耻感和自我身体监视（body surveillance）也明显降低；而控制型信息则不会带来上述变化。[23]

对身体保持积极态度是一个很普遍的期望，但我们并不清楚，这一期望如何才能不让积极性变质为有毒的积极性。诚然，就个体而言，这种积极性并**不一定**有毒。但有充分证据表明，如果积极性变成了强制性的规定，并由整个社会强制执行，那它就会对身体积极性造成显著的不利影响。研究人员写道：

> 如果身体的积极性是强迫的，或者让个体感觉到被控制时，个体的能动性和自主性就会受到挫伤，结果适得其反……强调积极性，却忽视负面的情绪和感受，那么个体的真实感

和自我整合就会受到破坏,即个体感觉忠于自我(且与自我的身份一致)的需要会受到破坏。[24]

另一方面,我觉得对自己的身体保持中立、不置褒贬实在是乏善可陈。敷衍了事的赞美已经够糟了,一句赞美也**没有**更是让人灰心丧气。

而且,我们很难保持中立。人是否能做到绝对中立?对此,心理学家的看法并不一致,有些认为这样的人多少有些罕见。还有些心理学家认为,很显然,表达中性态度的词语参差不同,例如,"还行""一般般吧"似乎带有消极色彩。[25] 还有些说法,比如"没什么特别的",则暗含无所谓的意味,而对于自己的身体这样颇叫人忐忑的主题,没人能一直做到无所谓。总而言之,"身体中立"充其量只是一种靠不住的逃避评判的方式,而非稳妥的长久之策。这就好比有个要求说不许用数字,结果呢,你确实没用正数和负数,但你用了数字 0。[26]

身体反身性能让我们关注到不同的点,从而不再囿于正面、负面或中立等看似全面的选择。它并不是要改变我们评判身体的方式,而是敦促我们跳出评判的模式。(丈夫经常对我说,"我不会用评判的目光审视你",事实证明,这句话比夸我漂亮更有意义。)总的来说,身体于人,既不好,也不坏,更非中性,对居住者,也就是居住在身体里面的人来说,身体只有合适不合适,舒服不舒服。重要的只有她对自己身体的看法。

与身体积极性和身体中立性不同,身体反身性这个概念与一种政治思想相关——一种激进的自主政治,它会维护肥胖者、跨性别者、非二元性别者、同性恋者或残障者的权利。[27] 此外,身体反身性不要求我们对身体必须持某种态度，而这可以帮助我们认识到当前政治困境所造成的心理影响。达肖恩·L.哈里森指出，在一个旨在削弱你的世界里，没有安全感是人之常情。我们**感到不安全**，是因为我们是肥胖者、跨性别者、同性恋者、残障者，或者是从身体的维度来看，不合乎规范的人——哈里森称之为"丑陋"——社会**迫使**我们因身体而感到不安全。哈里森写道：

> 不安全感……一定是政治的。如果"丑陋"的政治化导致个体在社会、政治、经济层面受到伤害，导致身体上的死亡，那他们必然会觉得不被保护、不被关心、不自信。因此，他们理当缺乏安全感。我们的身体经常遭到殴打、斥责，我们理当缺乏安全感。不安全感并不能改变我们的社会反对肥胖、反对各种"丑陋"的现实，也不能改变其影响……试想如果你一直在打压别人，那他们怎么可能感受不到持续打压的影响。不安全感并不能说明你很成问题，而是说明这个世界很成问题。[28]

身体反身性无须也不会试图去掩盖一个事实：你的身体为你而存在，它受到责难，是因为许多人、习俗和结构系统忽略了这一基本理念，并让谎言得以继续——你的身体是为了取悦、服务或安抚他人而存在。在一个围绕该谎言构建的社会中，你很可能会感到不安全，哈里森认为，这并不能说明你德行有失，说明你很失败。[29] 这个世界必须重造，它必须更好地服务你。它绝不能再让你不假思索地参加最无意义却最风靡的竞赛：选美。

如何应对肥胖压迫？关注这个问题的哲学家相对较少，而且，他们主要关注的都是革新审美标准，只是方法不尽相同。A. W. 伊顿主张整个社会应一起改变对身体的审美，方法之一是深思艺术作品所呈现的丰腴身体为何赏心悦目、美不胜收、让人驻足。[30] 最近，谢里尔·弗雷泽受到"去你的显瘦"（fuck flattering）运动\*的启发，提出自己的见解。在这场运动中，肥胖的时尚博主穿着"不显瘦"的衣服，弗雷泽认为这是把"服美役作为反抗的手段"。肥胖者由此"重新定义、重新想象了美，为自己和其他肥胖者创造了空间"，弗雷泽这样认为。[31]

这些讨论很细致，也很重要，而我的建议——我不得不承认——更直接，也更粗放。去他的美容文化，去他的节食文化。烧了它。烧它个片甲不留。因为，正如特雷茜·麦克米伦·科顿在讨论审美规范如何反黑人时指出的，美绝不仅是主流审美偏好的反映。"美是一种重现当今社会秩序的偏好"[32]，根据体形和肤色排斥某些群体并非偶然，而是为了利益有意为之。我认为，我们无法修正这一制度，并使其逐步变得更加公正。不公正就是它的意义、它的功能、它存在的理由。麦克米伦·科顿说："为了压制，美必须排斥……它不可能兼容并包。"[33]

因此，我期望的是这样的世界：没完没了的选美比赛不再有评委，也不再有参赛者，一个都没有。我并不是说每个人都能获胜，或者获得参与奖，奖品是大家经过深思熟虑而选择的身体中立性。**什么也不**应该取而代之。不应该有比赛。而没有比赛、没有评判，并不意味着没有欣赏。有空出去走走吧，去欣赏一片树叶、一颗

---

\* 该运动反对通过服饰来使肥胖的身体显得更苗条，或更符合传统的审美标准。该运动鼓励穿着被传统审美标准视为"不显瘦"的服装，例如过大的服装。

石子、一只小狗，不必将其与其他东西比较，也不必认定它更胜一筹。我们也可以自我表达；也许某些风格的装束能让我们感受到最真实的自己。但你大可以想怎么穿就怎么穿，想怎么打扮就怎么打扮，不是为了追求任何一种美，而是为了成为你目前所能想象的最真实的自己。要知道，你的想象力可以拓展，可以突破边界。(也可能拓展不了：就让我穿着黑色紧身牛仔裤和宽松弹力上衣进棺材吧，这么穿真是太舒服了。)

诚然，想要社会如我设想的那般，与美容文化、节食文化分道扬镳，我们还有很长的路要走。许多人仍然希望自己的身体更符合主流的、压迫性的审美标准。但一个人不能永无止境地改变自己的身体，否则后果会非常严重，这我们在前文已讨论过。我们只有一个身体。因此，我们必须学会与之和睦相处，无论它经历了哪些改变，无意的改变还是刻意的改变。此外，不卑不亢地栖居在自己不断变化、日渐衰老的身体中，能让我们以身作则，产生积极的政治意涵。我们体现了身体的多样性，展示了身体的价值。

所以，很不好意思（嘴上说说的不好意思），我是以思考为生的胖子，一个道德哲学家。

很不好意思（嘴上说说的不好意思），我是一位肥胖的母亲，一位正在引导女儿相信所有身体都是平等的母亲。

很不好意思（嘴上说说的不好意思），我教导女儿不要惧怕食欲，要接纳饥饿。

很不好意思（嘴上说说的不好意思），我刚刚买了件泳衣，20多年来的第一件泳衣。我打算带女儿去游泳。我不会在泳衣外面再披件罩衫。我才不会想那么多。

这感觉就像一个小小的奇迹，甚至是一个完美的结局。

# 致　谢

　　每一本书都凝聚了很多人的心血，本书也不例外。事实上，本书是大家共同努力的结晶，很抱歉，因篇幅所限，在此我没法一一道谢。

　　本世纪初，我通过非常有活力的肥胖达人（Fatshionista）社群和凯特·哈丁的博客 Shapely Prose 第一次接触到倡导接纳肥胖运动。虽然我将那些理念用到自己身上是在近二十年后，但叫人高兴的是，倡导接纳肥胖的种子早已在我心中播下，并深深扎根。

　　康奈尔大学与互联网世界都有推动哲学进步、社会正义的社群，最近，我有幸成为他们的一员并受益匪浅。我结识了许多志同道合的朋友，我从他们身上学到了智慧与勇气，即使是在新冠肆虐、常常需要居家隔离期间。我要特别感谢迈克尔·霍布斯、苏珊·哈塔博士、格雷戈里·多德尔博士、埃文·罗森博士、娜塔莎·维贝、伊丽莎白·巴恩斯、谢里·欧文和切尔·帕克对本书提出的意见。在撰写本书的过程中，艾米丽·帕克除了认真帮助我搜集研究数据，还提出了独到的见解，非常感谢她。我还要对订阅我的 Substack 时事通讯 *More to Hate* 的用户说声谢谢，感谢你们评论、支持和阅读有关肥胖恐惧症、厌女症等诸多话题的文章。

感谢我的经纪人露西·克莱兰，你直觉敏锐、关注细节，你对我还有本书的信心深深地鼓舞着我。感谢皇冠出版集团的编辑阿曼达·库克和凯蒂·贝里，感谢你们敏锐的洞察力、无尽的耐心和独到的编辑眼光。我还非常感谢英国企鹅出版社的编辑卡西安娜·约尼，你为人大度、富有才华，有你的信任我才能完成这本书。感谢艾丽西亚·维特迈尔，2022 年 1 月，我在《纽约时报》上发表了一篇关于肥胖与哲学的文章，编辑正是你，如果没有你的兴趣、洞察力与恰到好处的指导，我很怀疑我无法坚持写完这本书。

在写作本书的过程中，斯坦福大学、加州大学伯克利分校、南加州大学、费尔莱狄更斯大学、卑尔根社区学院、罗格斯大学、拉德堡德大学（位于荷兰）、蒂尔堡大学（也位于荷兰）、圣十字学院、圣劳伦斯大学、卡尔加里大学人文学院、迈阿密大学、伊利诺伊州立大学、亚里士多德学会（位于英国伦敦）与康奈尔大学等机构的读者的意见和反馈让我受益匪浅。自 2020 年以来，我在康奈尔大学就该书中的主题举办了多场研讨会，与会师生的反馈也令我受益良多。

感谢我的父母，这本书是献给你们的，再次感谢你们时时刻刻都能让我做自己，感谢你们在抚养我和亲爱的妹妹露西的过程中表现出的敏锐的洞察力、深刻的社会正义感、始终如一的道德严肃性。感谢我的丈夫丹尼尔，你是我人生不可或缺的一部分：这个社会教给我的是自我怀疑与自我审视，要不是你的爱，要不是你对我（和对其他人）投来的不带评判的目光，我根本无法摆脱前两者的束缚。这世上没有比你更好的爱人、朋友，更称职的父亲。归根结底，我写作的目的是希望我们的女儿能生活在一个她和其他人都能茁壮成长，都能感到安全的世界里，无论性别、性别表达、种族、民族、阶级、年龄、性取向、胖瘦、身材，无论是否是神经典型发育者或残障者。这个目标固然简单，却仍然遥不可及。我们将与无数人一起，继续为之奋斗。

# 注 释

## 序 临场体重

1 身体质量指数的计算方法为，用体重（以千克为单位）除以身高（以米为单位）的平方。这一标准在方法上存在缺陷，从种族上看也存在问题，甚至可以说是彻头彻尾的种族主义，详细介绍请见第三章。

2 一些重要的倡导接纳肥胖者、女性主义者、反种族主义作家都对肥胖提出了重要见解，比如 J Aprileo, Jes Baker, Hanne Blank, Susan Bordo, Nicole Byer, Sophia Carter-Kahn, Ragen Chastain, Charlotte Cooper, Evette Dionne, Lisa Du Breuil, Amy Erdman Farrell, Laura Fraser, Jeannine A. Gailey, Roxane Gay, Linda Gerhardt, Aubrey Gordon, Brian Guffey, Sofie Hagen, Kate Harding, Da'Shaun L. Harrison, Lesley Kinzel, Marianne Kirby, Kiese Laymon, Kathleen LeBesco, Caleb Luna, Tressie McMillan Cottom, Marquisele Mercedes, Ash Nischuk, Susie Orbach, Cat Pausé, April Quioh, Shira Rosenbluth, Esther Rothblum, Ashleigh Shackleford, Jess Sims, Virginia Sole-Smith, Sondra Solovay, Hortense J. Spillers, Jessamyn Stanley, Sonya Renee Taylor, Virgie Tovar, Jordan Underwood, Leah Vernon, Marilyn Wann, Lindy West 及 Rachel Wiley 等，不胜枚举。

3 要想了解相关观点，可参阅 Da'Shaun L. Harrison 最近出版的杰作 *Belly of the Beast: The Politics of Anti-Fatness as Anti-Blackness*（Berkeley, Calif.: North Atlantic Books, 2021）的第六章，作者在该部分提出要摧毁旧世界，迎接新世界，即"一个没有限定词、条件或标签的世界，它们只会伤害我们，让我们屈服"。也可浏览该书的第一章与第七章。

4 此外，虽然许多其他种类的显性偏见急剧减少，但显性肥胖偏见在同一时期只是缓慢减少。要想更好地了解这些发现的意义与对其的解读，可参见 Carey Goldberg, "Study: Bias Drops Dramatically for Sexual Orientation and Race—but Not Weight", WBUR, Jan. 11, 2019, www.wbur.org/news/2019/01/11/implicit-bias-gay-black-weight。论文可参见 Tessa E. S. Charlesworth and Mahzarin R. Banaji, "Patterns of Implicit and Explicit Attitudes: I. Long-Term Change and Stability from 2007 to 2016", *Psychological Science* 30, no. 2（2019）: 174—192。请注意，研究人员在分析时并没有考虑性别偏见的因素，因为项目网站收集的原始数据并未涵盖此因素。

5 可参见 National Center for Health Statistics, "Obesity and Overweight", www.cdc.gov/nchs/fastats/obesity-overweight.htm。

6 美国的肥胖率确实略有上升，但往往被夸大了，部分是因为在新旧世纪之交，"超重"和"肥胖症"的划分标准降低了。肥胖率上升受多重复杂因素的影响，比如食物的获取、城市环境、医疗资源分配的不平等（包括心理健康方面）、压力（包括压迫造成的压力）、微生物群，甚至长期节食也会导致体重增加，后面将详细讨论。具体可参见 Aubrey Gordon, *"You Just Need to Lose Weight": And 19 Other Myths About Fat People*（Boston: Beacon Press, 2023），第 106 页。

7 Ash, "Beyond Superfat: Rethinking the Farthest End of the Fat Spectrum", *The Fat Lip*（blog），Dec. 20, 2016, thefatlip.com/2016/12/20/beyond-superfat-rethinking-the-farthest-end-of-the-fat-spectrum/。

8 不同的倡导接纳肥胖的社群、不同的空间对这些词的定义并不相同。根据作家兼活动家 Linda Gerhardt 最近发表的一篇博文，凡是穿某些服装品牌的普通尺码中的大码到女装 18 码的人，都算"小胖子"。（"就是入门级胖子。"她说；Ash 则认为 12 码就算"小胖子"，虽然这个码数挺小；出处同上。）"中胖子"大概是 18~24 码；"大胖子"大概是 26~32 码；而"极限胖子"或"超级胖子"（后者是 2008 年在 NOLOSE 会议上创造的一个术语）通常是指穿 32 码以及更大码的人。参见 Linda Gerhardt 的博客文章 "Fategories: Understanding the Fat Spectrum", *Fluffy Kitten Party*（blog），June 1, 2021, fluffykittenparty.com/2021/06/01/fategories-understanding-smallfat-fragility-the-fat-spectrum/。Gerhardt 在她的文章中还提到了 Lesley Kinzel 创造的"死亡肥胖"（death fat）一词，并指出肥胖社群赋予了该词正面意义。最后，Roxane Gay 在她的著作 *Hunger: A Memoir of (My) Body*（New York: HarperCollins, 2017），第 111 页中提出了"莱恩·布赖恩特肥胖"（Lane Bryant fat）的概念，它指的是那些肥胖但又不至于肥胖到要去莱恩·布赖恩特大码女装店买衣服的人。诚然，这些分类都是以女性为中心，聚焦于美国，因此，它们只是这种自发的定义的肇始，非常的粗略，并不是普遍、确定的衡量标准。

9 美食作家 Julia Turshen 最近在一篇感人至深的文章中写道，她才意识到，自己这辈子要么觉得幸福，要么觉得自己胖。"就像迎头浇了一盆冷水。我一生中只有两种感觉：觉得幸福，或者觉得自己胖……我不仅把'感觉胖'等同于'快乐之外的一切感觉'，还用一个并然有序的二元对立框定了自己的所有感受，真是不幸。"详见"How Writing a Cookbook Helped Me Break Free from Diet Culture", *Bon Appétit*, March 2, 2021, www.bonappetit.com/story/simply-julia-diet-culture。

10 请注意,"肥胖症"(obese)这个标签来自拉丁语"obesus",意即"把自己吃胖",这常常会产生误导。人们变胖、一直肥胖的原因多种多样,或者根本没有原因,后文也会讲到这一点。

11 请注意,肥胖恐惧症的定义与我对性别歧视和厌女症的定义有些相似。它们不仅仅是简单的语义的划分。详见我的另一本书《不只是厌女》(*Down Girl: The Logic of Misogyny*, New York: Oxford University Press, 2018)的一到三章。我们也可以对肥胖恐惧症做类似的细分,比如"科学主义肥胖恐惧症"和"惩罚性肥胖恐惧症"。

12 关于交叉性,可参见两部具有开创性的经典之作,Kimberlé Crenshaw 的 "Mapping the Margins: Intersectionality, Identity Politics, and Violence Against Women of Color", *Stanford Law Review* 43, no. 6 (1991): 1241—1299, 与 "Beyond Race and Misogyny: Black Feminism and 2 Live Crew", in *Words That Wound*, ed. Mari J. Matsuda et al. (Boulder, Colo.: Westview Press, 1993),第 111—132 页。

13 关于"好胖子"这一词的评述,可参见 Ragen Chastain 的博文 "Good Fatty Bad Fatty BS", *Dances with Fat* (blog), March 15, 2016, danceswithfat.org/2016/03/15/good-fatty-bad-fatty-bs/,这个词最早是由 Kate Harding 在她的博客 *Shapely Prose* 中提出的。

14 如此一来,肥胖恐惧症与种族主义就尤其不同,因为种族的划分通常较为稳定。当然,有些人的性别和阶级会发生变化,但相比之下,体重出现显著波动的人更多。参见 Alison Reiheld 的文章 "Microaggressions as a Disciplinary Technique for Actual and Possible Fat Bodies", in *Microaggressions and Philosophy*, ed. Lauren Freeman and Jeanine Weekes Schroer (New York: Routledge, 2020),第 221 页。

15 虽然"肥胖恐惧症"一词有时会产生误导,但我认为它仍具有重要意义,可与"同性恋恐惧症"和"跨性别恐惧症"等术语媲美,所以我才使用它。在该话题的讨论中,有些人喜欢用"反肥胖"、"肥胖歧视"(fatmisia)、"肥胖仇恨"(fat hate)、"肥胖污名化"(fat stigma)、"胖子歧视主义"(fatism)和"身材歧视"(sizeism)等词,我认为这些词的意思基本相同。

## 第一章 肥胖恐惧症的束缚

1 Jen Curran, "My Doctor Prescribed Me Weight Loss—I Actually Had Cancer", *Glamour*, Sept. 11, 2019, www.glamour.com/story/my-doctor-prescribed-me-weight-loss-i-actually-had-cancer。

2 Laura Fraser, "My Sister's Cancer Might Have Been Diagnosed Sooner—If Doctors Could Have Seen Beyond Her Weight", *Stat*, Aug. 15, 2017, www.statnews.com/2017/08/15/cancer-diagnosis-weight-doctors/。

3 Rebecca M. Puhl et al., "Weight-Based Victimization Toward Overweight Adolescents: Observations and Reactions of Peers", *Journal of School Health* 81（2011）: 698。

4 Rebecca M. Puhl and Kelly M. King, "Weight Discrimination and Bullying", *Best Practice and Research Clinical Endocrinology and Metabolism* 27, no. 2（2013）: 123。

5 出处同上, 第119页。

6 Sarah Nutter et al., "Weight Bias in Educational Settings: A Systematic Review", *Current Obesity Reports* 8（2019）: 194。

7 Rebecca M. Puhl and Joerg Luedicke, "Weight-Based Victimization Among Adolescents in the School Setting: Emotional Reactions and Coping Behaviors", *Journal of Youth and Adolescence* 41（2012）: 27—40。

8 Puhl and King, "Weight Discrimination and Bullying", 第123页。

9 想了解更多有关对待肥胖儿童的不公问题,可参阅Virginia Sole-Smith的非常棒的新书 *Fat Talk: Parenting in the Age of Diet Culture*（New York: Henry Holt, 2023）。

10 E. L. Kenney et al., "The Academic Penalty for Gaining Weight: A Longitudinal, Change-in-Change Analysis of BMI and Perceived Academic Ability in Middle School Students", *International Journal of Obesity* 39（2015）: 1408—1409。

11 Puhl and King, "Weight Discrimination and Bullying", 第119页。

12 Christian S. Crandall, "Do Parents Discriminate Against Their Heavyweight Daughters?", *Personality and Social Psychology Bulletin* 21, no. 7（1995）: 724—735。该研究者在早前（1991）更小规模的研究中也发现了同样的模式。

13 Katrin Elisabeth Giel et al., "Weight Bias in Work Settings—a Qualitative Review", *Obesity Facts* 3, no. 1（2010）: 33—40。

14 Emma E. Levine and Maurice E. Schweitzer, "The Affective and Interpersonal Consequences of Obesity", *Organizational Behavior and Human Decision Processes* 127（2015）: 66—84。

15 Michelle R. Hebl and Laura M. Mannix, "The Weight of Obesity in Evaluating Others: A Mere Proximity Effect", *Personality and Social Psychology Bulletin* 29（2003）: 28—38。研究人员的第二项实验表明,坐在体形较大（大约穿22码）的女性旁边的男性求职者更容易被负面评价,即使研究人员描述说她与男性求职者素不相识,并非男女朋友,而且即使研究人员提供她的正面信息也无济于事,例如,她上学期间曾获得过重要奖项。(遗憾的是,该研究并未比较,求职者如果坐到其他性别的肥胖者旁边会怎样。)研究人员形容反肥胖的偏见"非常深"。

16 可参见 Giel et al.,"Weight Bias in Work Settings"; Lynn K. Bartels and Cynthia R. Nordstrom, "Too Big to Hire: Factors Impacting Weight Discrimination", *Management Research Review* 36, no. 9（2013）: 868—881; and Stuart W. Flint et al., "Obesity Discrimination in the Recruitment Process: 'You're Not Hired!'", *Frontiers in Psychology* 7, art. no. 647（2016）: 1—9。

17 Flint et al.,"Obesity Discrimination in the Recruitment Process"。

18 请注意，简历是根据性别/体重随机分配给研究对象的，因此，这不可能是因为非肥胖症男性的简历恰好更突出；即使简历很突出，它也可能属于肥胖症男性、肥胖症女性、非肥胖症男性和非肥胖症女性。出处同上，第4页。

19 胖人仅仅是为了穿上衣服就得付出额外的代价，这才叫"肥胖税"。有些零售商的大尺码服装的定价更高，有些品牌则根本不销售我们能穿的尺码，或者只在网上销售，也就是说，胖人往往需要支付更多的运费和退货费，还有其他诸多不公、不便之处，这些都算"肥胖税"。详见 @marielle.elizabeth's Instagram reel，Oct. 3, 2022，www.instagram.com/reel/CjQonmJJo8T/?igshid=NmY1MzVkODY%3D。

20 可参见 Josh Eidelson,"Yes, You Can Still Be Fired for Being Fat", New York State Senate, March 15, 2022, www.nysenate.gov/newsroom/in-the-news/brad-hoylman/yes-you-can-still-be-fired-being-fat；更多讨论可参见 Gordon, *"You Just Need to Lose Weight"*, 109—110。另一种常见且完全合法的歧视是，由于胖人身体质量指数不符合特殊"奖金"的条件，或者未达到规定的减肥"目标"，雇主向他们收取的医疗保险费最多可上浮30%。详见 Aubrey Gordon and Michael Hobbes,"Workplace Wellness", Dec. 20, 2022, in *Maintenance Phase*, podcast, player.fm/series/maintenance-phase/workplace-wellness。这一档播客的名字（《减肥保持期》）源自一个实际上并不存在的时期，在这个时期，减肥只要坚持节食和"健身计划"，就能奇迹般地保持体重，播客的主持人有力地驳斥了这一说法。在此，我要感谢我的研究助理 Emily Park，感谢她为该话题及很多其他议题所做的出色贡献。

21 Giel et al.,"Weight Bias in Work Settings"，第35—36页。

22 出处同上，第36页。

23 出处同上。

24 Christian Brown and P. Wesley Routon,"On the Distributional and Evolutionary Nature of the Obesity Wage Penalty", *Economics and Human Biology* 28（2018）: 165。

25 出处同上。

26 布朗和劳顿这么总结他们的研究结果："肥胖对工资的影响在1997年队列（1979年至1985年出生）中更为显著……收入最低的群体受到的薪资惩罚为2%~7%，收入是中位数的群体受到的薪资影响为4%~8%，收入最高的群体受到的影响为13%~27%。"出处同上，第166页。

27 出处同上，第 170 页。

28 此外，在这项研究中，非常瘦的女性比"平均"体重的女性每年**多赚** 22 000 美元。详见 Lesley Kinzel，"New Study Finds That Weight Discrimination in the Workplace Is Just as Horrible and Depressing as Ever"，*Time*，Nov. 28，2014，time.com/3606031/weight-discrimination-workplace/。原始研究参见 Timothy A. Judge and Daniel M. Cable，"When It Comes to Pay, Do the Thin Win? The Effect of Weight on Pay for Men and Women"，*Journal of Applied Psychology* 96，no. 1（2011）: 95—112。请注意,这些研究人员使用的数据集与布朗和劳顿 1997 年使用的数据集相同。

29 Brown and Routon，"On the Distributional and Evolutionary Nature of the Obesity Wage Penalty"，第 170 页。

30 Emily Rella，"'Completely Absurd': The Average US Male Can't Fit into Universal Studio's New 'Blatantly Fatphobic' Mario Kart Ride"，*Entrepreneur*，Feb. 6，2023，www.entrepreneur.com/business-news/universal-studios-under-fire-for-fatphobic-mario-kart-ride/444427。

31 Rachel Moss，"Model Confronts Man for Fat-Shaming Her on Plane"，*Huffington Post*，July 3，2017，www.huffpost.com/archive/au/entry/plus-size-model-natalie-hage-perfectly-calls-out-man-who-fat-shamed-her-on-a-plane_a_23013599。

32 Gina Kolata，"Why Do Obese Patients Get Worse Care? Many Doctors Don't See Past the Fat"，*New York Times*，Sept. 25，2016，www.nytimes.com/2016/09/26/health/obese-patients-health-care.html。

33 有位叫 Gretchen 的病患就遭此待遇，详见 Ragen Chastain，"The Fat Misdiagnosis Epidemic"，*Glamour*，Aug. 29，2019，www.glamour.com/story/weight-stigma-is-keeping-patients-from-getting-the-care-they-need。

34 想了解不同大小的磁共振成像设备的基本信息及其相对稀缺性，可参见"Obese MRI Scans"，Newcastle Clinic，newcastleclinic.co.uk/obese-mri-scans/。

35 详见 Laura Sharkey,"Yes, Plan B Has a Weight Limit—Here's What It Means for You"，*Healthline*，Nov. 18，2020，www.healthline.com/health/healthy-sex/plan-b-weight-limit#other-factors。另一个选择是在发生性行为后五天内放置铜质宫内节育器。然而，与紧急避孕药相比，这种方法更具侵入性、更昂贵，而且放置的过程往往也比较痛苦，而且与 Plan B、Ella 等避孕药相比，这种方法更麻烦。这也是目前在美国受到抨击的避孕方式，尽管最近有强有力的证据表明，它能防止受精，而不是受精卵的着床，所以并不是堕胎器械。详见"Study: Copper IUDs Do Not Appear to Prevent Implantation or Increase HIV Risk"，*Relias Media*，July 1，2020，www.reliasmedia.com/articles/146320-study-copper-iuds-do-not-appear-to-prevent-implantation-or-increase-hiv-risk。

36 我在《不只是厌女》的第三章和《应得的权利》的第六章中讨论了对生育权的攻

击与厌女症之间的联系。

37 佛罗里达州的一些妇产科 2011 年设定了 250 磅的体重上限，详见 Mikaela Conley, "Some Ob-Gyns Say Obese Patients Too High-Risk", ABC News, May 17, 2011, abcnews.go.com/Health/poll-finds-florida-ob-gyns-turn-obese-patients/story?id=13622579。最近，加拿大一家医院要求孕妇的身体质量指数不得超过 40，可该医院却又有能力应对其他种类的"高危"分娩。详见 Moira Wyton, "Mom Files Rights Complaint Alleging Hospital 'Fat Shaming'", *Tyee*, July 13, 2022, thetyee.ca/News/2022/07/13/Mom-Files-Rights-Complaint-Hospital-Fat-Shaming/。想要了解更多这方面的例证以及其他形式的不公，可参阅 Raina Delisle, "We Need to Stop Discriminating Against Plus-Size Pregnant Women", *Today's Parent*, Nov. 7, 2017, www.todaysparent.com/pregnancy/pregnancy-health/we-need-to-stop-discriminating-against-plus-size-pregnant-women/。2019 年，美国妇产科医师学会发表声明，谴责以体重为由将孕产妇拒之门外的做法。

38 S. M. Phelan et al., "Impact of Weight Bias and Stigma on Quality of Care and Outcomes for Patients with Obesity", *Obesity Review* 16, no. 4（2015）: 321。

39 Kimberly A. Gudzune et al., "Physicians Build Less Rapport with Obese Patients", *Obesity* 21, no. 10（2013）: 2146—2152。

40 具体来说，24% 的护士厌恶肥胖的病患，12% 的护士不想碰触肥胖的病患。详见 C. R. Bagley et al., "Attitudes of Nurses Toward Obesity and Obese Patients", *Perceptual and Motor Skills* 68, no. 3（1989）: 954。诚然，这项研究已有些年头，但我们在序中看到的证据表明，在过去几十年里，反肥胖的偏见几未得到改善；从某些角度看，这种偏见实际上愈演愈烈。

41 Phelan et al., "Impact of Weight Bias and Stigma on Quality of Care and Outcomes for Patients with Obesity", 第 321 页。

42 M. R. Hebl and J. Xu, "Weighing the Care: Physicians' Reactions to the Size of a Patient", *International Journal of Obesity* 25（2001）: 1250。

43 在这项研究中，唯一未发现显著统计学差异的指标是医生对"患者健康问题严重程度"的评分。出处同上，第 1249 页。

44 出处同上，第 1250 页。

45 详见 Phelan et al., "Impact of Weight Bias and Stigma on Quality of Care and Outcomes for Patients with Obesity"; A. Janet Tomiyama et al., "How and Why Weight Stigma Drives the Obesity 'Epidemic' and Harms Health", *BMC Medicine* 16, art. no. 123（2018）。

46 Phelan et al., "Impact of Weight Bias and Stigma on Quality of Care and Outcomes for Patients with Obesity", 第 321 页。

47 "Fat Shaming in the Doctor's Office Can Be Mentally and Physically Harmful", American Psychological Association, Aug. 3, 2017, www.apa.org/news/press/

releases/2017/08/fat-shaming。

48 Jess Sims, "Medicine Has a Problem with Fat Phobia—and It Stops People from Getting the Care They Deserve", *Well and Good*, Nov. 13, 2020, www.wellandgood.com/fat-shaming-medicine/。

49 Allison Shelley, "Women's Heart Health Hindered by Social Stigma About Weight", *Medscape*, April 3, 2016, www.medscape.com/viewarticle/861382。

50 Christine Aramburu Alegria Drury and Margaret Louis, "Exploring the Association Between Body Weight, Stigma of Obesity, and Health Care Avoidance", *Journal of the American Academy of Nurse Practitioners* 14, no. 12（Dec. 2002）。

51 Janell L. Mensinger et al., "Mechanisms Underlying Weight Status and Healthcare Avoidance in Women: A Study of Weight Stigma, Body-Related Shame and Guilt, and Healthcare Stress", *Body Image* 25（2018）: 139—147。

52 详见 Sarah Wells, "Fatphobia and Medical Biases Follow People After Death", *Pop Sci*, Aug. 18, 2022, www.popsci.com/health/medical-fatphobia-body-donations/。尸体较重，因此需要更多的人力来运输和处置，这是科学界不愿意接受肥胖人士遗体捐赠的一个原因，而这几乎是一个无法克服的问题。还有一个令人担忧的原因是，这些尸体不适合用来给一年级的医学生解剖、研究、学习人体知识。马里兰大学医学院解剖服务部主任 Ronn Wade 表示："在一个完美的世界里，他们希望有一个有着完美解剖结构的完美人体。"这就提出了一个问题：请告诉我，什么是"完美"？为什么只训练医学生了解"完美"的身体？而且，韦德承认，对于无法在死后捐献遗体的肥胖者来说，"这是另一种污名化"，"非常残忍"。详见 JoNel Aleccia, "Donating Your Body to Science? Nobody Wants a Chubby Corpse", NBC News, Jan. 9, 2012, www.nbcnews.com/healthmain/donating-your-body-science-nobody-wants-chubby-corpse-1c6436539。

53 本段及接下来三段中的所有参考文献均为 Jackson King, "Fat Trans People Are Having Their Lives Put on Hold Because of Devastating Medical Fatphobia", *Pink News*, Nov. 19, 2021, www.pinknews.co.uk/2021/11/19/fat-trans-medical-fatphobia/，除非另有说明。

54 Tyler G. Martinson et al., "High Body Mass Index Is a Significant Barrier to Gender-Confirmation Surgery for Transgender and Gender-Nonbinary Individuals", *Endocrinology Practice* 26, no. 1（2020）: 7。我在本书中使用的是跨性别群体更喜欢用的词语"性别肯定手术"，而非"性别重置手术"。

55 详见 Jody L. Herman et al., "Suicide Thoughts and Attempts Among Transgender Adults", Williams Institute, UCLA School of Law, Sept. 2019, williams institute.law.ucla.edu/publications/suicidality-transgender-adults/。

56 Martinson et al., "High Body Mass Index Is a Significant Barrier to Gender-

Confirmation Surgery",第 6—15 页。

57 出处同上,第 12 页。

58 出处同上,第 13 页。

59 而且,通过筛选把关,不让较肥胖的人接受必要的手术,不管是顺性别者还是跨性别者,都是非常普遍的做法。这些必要的手术包括背部手术、膝盖手术等。详见 Kevin Rawlinson and Chris Johnston, "Decision to Deny Surgery to Obese Patients Is Like 'Racial Discrimination'", *Guardian*, Sept. 3, 2016, www.the guardian.com/society/2016/sep/03/hospitals-to-cut-costs-by-denying-surgery-to-smokers-and-the-obese。

60 可参见 Virginia Sole-Smith, "When You're Told You're Too Fat to Get Pregnant", *New York Times Magazine*, June 18, 2019, www.nytimes.com/2019/06/18/magazine/fertility-weight-obesity-ivf.html。

61 可参见 Emily Friedman, "Obese Face Obstacles in Adoption Process", ABC News, July 31, 2007, abcnews.go.com/Health/story?id=3429655&page=1。想要了解肥胖者在英国面临怎样的领养障碍,可参阅未具名文章 "We Were Turned Down for Adoption for Being Obese", *Metro*, Oct. 23, 2021, metro.co.uk/2021/10/23/we-were-turned-down-for-adoption-for-being-overweight-2-15462005/。我会在本书的结语部分讨论肥胖恐惧症与亲权问题。

62 Denette Wilford, "'Fatphobic' Shelter Worker Refused to Let 'Morbidly Obese' Woman Adopt Dog", *Toronto Sun*, July 26, 2022, torontosun.com/health/diet-fitness/fatphobic-shelter-worker-refused-to-let-morbidly-obese-woman-adopt-dog。

63 Devanshi Patel et al., "Parents of Children with High Weight Are Viewed as Responsible for Child Weight and Thus Stigmatized", *Psychological Science* 34, no. 1(2023): 35—46。

64 G. M. Eller, "On Fat Oppression", *Kennedy Institute of Ethics Journal* 24, no. 3(2014): 231—232。

65 Puhl and King, "Weight Discrimination and Bullying", 第 118 页。

66 Harrison, *Belly of the Beast*, 第 15 页。请注意,哈里森将 "Ugliness" 一词的首字母大写,是为了说明它已成为政治结构的一部分(第 12 页)。此外,还有大量关于外貌吸引力(通常被称为"光环效应")的研究,可以帮助了解外貌俊美所造成的积极歧视。可阅读 Sean N. Talamas et al., "Blinded by Beauty: Attractiveness Bias and Accurate Perceptions of Academic Performance", *PLOS ONE* 11, no. 2(2016): e0148284,该文章非常有代表性地说明,在评判一个人的学业表现时,外貌的吸引力会起到怎样的作用。

## 第二章 瘦身成本

1 Katherine M. Flegal et al., "Excess Deaths Associated with Underweight, Overweight, and Obesity", *Journal of the American Medical Association* 293, no. 15（2005）：1861—1867。请注意，弗莱格尔等人在这里研究的是"全因死亡率"，正如其名，即死于各种原因，而不是死于某种疾病或某种原因。

2 在他们具有里程碑意义的研究中（出处同上），弗莱格尔等人实际上发现，"体重过轻"人群的超额死亡人数（近3.4万）比"超重"和"肥胖症"人群的死亡人数总和还要多，尽管"体重过轻"人群只占了研究对象总人数的不到3%，而后者却占了一半以上。还可参见 Alan Mozes, "Underweight Even Deadlier Than Overweight, Study Says: Death Risk Nearly Doubled for Excessively Thin People", *HealthDay News*, March 28, 2014, consumer.healthday.com/senior-citizen-information-31/misc-death-and-dying-news-172/underweight-even-deadlier-than-overweight-study-says-686240.html，该文章简要概述了 Sissi Cao 等人所做的后续研究，"J-Shapedness: An Often Missed, Often Miscalculated Relation: The Example of Weight and Mortality", *Journal of Epidemiology and Community Health* 68, no. 7（2014）：683—690。

3 Katherine M. Flegal et al., "Association of All-Cause Mortality with Overweight and Obesity Using Standard Body Mass Index Categories: A Systematic Review and Meta-analysis", *Journal of the American Medical Association* 309, no. 1（2013）：71—82。这项荟萃分析涉及97项独立研究和近300万名研究对象，为弗莱格尔2005年的研究结果提供了更有力的证据。

4 Ali H. Mokdad et al., "Actual Causes of Death in the United States, 2000", *Journal of the American Medical Association* 291, no. 10（2004）：1238—1245。

5 想要了解萨吉是如何对比分析穆克达德与弗莱格尔的研究（她把前者称为"多吃会死"研究，后者称为"胖也没关系"研究）的，可参阅 Abigail C. Saguy, *What's Wrong with Fat?*（Oxford: Oxford University Press, 2013），第120页。

6 参见 Aubrey Gordon and Michael Hobbes, "Is Being Fat Bad for You?", Nov.16, 2021, in *Maintenance Phase*, podcast, 25:30—27:30, player.fm/series/maintenance-phase/is-being-fat-bad-for-you。

7 Saguy, *What's Wrong with Fat?*，第120—121页。

8 出处同上，第123—126页。

9 此外，同一项重要研究发现，"超重"和"轻度肥胖"两类人群感染新冠病毒后所面临的健康风险与正常体重人群几乎相同。参见 Paul Campos, "COVID and the Moral Panic over Obesity", *Lawyers, Guns, and Money*, Sept. 16, 2021, www.lawyersgunsmoneyblog.com/2021/09/covid-and-the-moral-panic-over-obesity。

10 Rosie Mestel, "Weighty Death Toll Downplayed", *Los Angeles Times*, April 20,

2005，www.latimes.com/archives/la-xpm-2005-apr-20-sci-overweight20-story.html。

11　Amy Crawford, "The Obesity Research That Blew Up", *Boston Globe*, July 16, 2021, www.bostonglobe.com/2021/07/16/opinion/obesity-research-that-blew-up/。威利特等人对弗莱格尔的研究提出的实质性批评主要是，她在计算与体重过轻相关的死亡风险时，没有将所有吸烟和患有先天性疾病的人排除在外。但撇开这样做是否合适不谈，弗莱格尔与合作者后来的研究表明，这么处理对研究结果几乎没有影响。详见 Katherine M. Flegal et al., "Impact of Smoking and Pre-existing Illness on Estimates of the Fractions of Deaths Associated with Underweight, Overweight, and Obesity in the US Population", *American Journal of Epidemiology* 166, no. 8（2007）: 975—982。

12　Allison Aubrey, "Research: A Little Extra Fat May Help You Live Longer", NPR, Jan. 2, 2013, www.npr.org/sections/health-shots/2013/01/02/168437030/research-a-little-extra-fat-may-help-you-live-longer。弗莱格尔的荟萃分析参见 Flegal et al., "Association of All-Cause Mortality with Overweight and Obesity"。

13　关于威利特与弗莱格尔辩论的精彩介绍，参见 Crawford, "The Obesity Research That Blew Up"。想要深入了解可参见 Gordon and Hobbes, "Is Being Fat Bad for You?"。

14　近年来关于此问题的代表性研究有 Glenn A. Gaesser and Steven N. Blair, "The Health Risks of Obesity Have Been Exaggerated", *Medicine and Science in Sports and Exercise* 51, no. 1（2019）: 218—221。研究人员的结论主要基于以下四点："1）中高水平的心肺适能（CRF）可减轻或消除与高身体质量指数相关的死亡风险；2）代谢正常型肥胖（MHO）可降低与高身体质量指数相关的风险；3）去除脂肪并不能改善心血管代谢状况；4）刻意减重与死亡率的相关数据并不支持传统观点，即高身体质量指数是肥胖相关健康问题的首要原因。"（第 218 页）本章将进一步阐述这些观点。

15　Flegal et al., "Excess Deaths Associated with Underweight, Overweight, and Obesity"。

16　请注意，在本章中，我暂时把一些棘手的理论问题先放到了一边，比如健康该如何定义，健康为何有意义（健康是本来就很重要，还是仅仅作为增进人类福祉的一种手段而有意义）。想要了解关于这些问题的重要视角，可参阅 Elizabeth Barnes, *Health Problems*（Oxford: Oxford University Press, 2023）; Quill Kukla（笔名 Rebecca Kukla）, "Medicalization, 'Normal Function,' and the Definition of Health", in *The Routledge Companion to Bioethics*, ed. John D. Arras, Elizabeth Fenton, and Kukla（New York: Routledge, 2014）, 第 515—530 页; Jennifer A. Lee and Cat J. Pausé, "Stigma in Practice: Barriers to Health for Fat Women", *Frontiers in Psychology* 7, art. no. 2063（2016）: 1—15。

17　此处及下文的引言出自 Stuart Wolpert, "Dieting Does Not Work, UCLA Researchers Report", UCLA Newsroom, April 3, 2007, newsroom.ucla.edu/releases/Dieting-

Does-Not-Work-UCLA-Researchers-7832。原始研究参见 Traci Mann et al.,"Medicare's Search for Effective Obesity Treatments: Diets Are Not the Answer", *American Psychologist* 62, no. 3（2007）: 220—233。

18 实际上，一项研究表明，被跟踪两年或两年以上的人有83%反弹的体重比减掉的体重还要多（Mann et al.,"Medicare's Search for Effective Obesity Treatments", 第221页）。另一项研究表明，有一半的节食者在节食五年后体重比开始时增加了11磅以上（出处同上，第224页）。曼认为，真实的数字可能更糟，因为有些研究使用的是自陈量表，人们通常会低估或少报自己的体重，而体重反弹的人通常会退出研究，因此无法继续跟踪。"研究结果表明，节食的效果很差，我们有理由相信，现实生活中节食的效果更差。"曼总结道。Wolpert,"Dieting Does Not Work"。

19 大约95%的节食都以失败告终，这一常被引用的数据似乎可以追溯到1959年的一项研究，虽然该研究已有些年头，但仍具有意义。研究人员对纽约一家医院营养门诊的100名接受治疗的病人进行了跟踪调查，这些病人在医生的指导下使用低热量饮食法（每天摄入800到1500卡路里）。其中，只有12人的体重减轻了20磅或20磅以上，被归类为初步"减重成功"。一年后，12人中只有6人能保持体重；两年后，只有2人未反弹。其余的病例均被判定为"减肥失败"（还有很多人退出了研究）。只有一位受试者减重超过40磅——确切地说，是51磅。他自陈，节食导致了严重的心理健康危机，他在寻求治疗前停止节食，这导致了他的体重反弹了35磅。A. Stunkard and M. McLaren-Hume,"The Results of Treatment for Obesity: A Review of the Literature and Report of a Series", *AMA Archives of Internal Medicine* 103, no. 1（1959）: 79—85; 相关讨论可参见 Ragen Chastain,"The Validation and Frustration of Stunkard et al.", *Weight and Healthcare*, Substack, Feb. 11, 2023, weightandhealthcare.substack.com/p/the-validation-and-frustration-of。另一项发表于1989年的著名研究表明，只有不到3%的受试者在参加为期15周的行为减重项目（behavioral weight-loss program）后，在之后四五年的每一次随访中，体重都达到或低于治疗后体重的严苛标准。详见 F. M. Kramer et al.,"Long-Term Follow-Up of Behavioral Treatment for Obesity: Patterns of Weight Regain Among Men and Women", *International Journal of Obesity* 13, no. 2（1989）: 123—136。同样能说明问题的是，2015年一项跟踪跨度将近十年的研究表明，被归类为"肥胖症"的人达到所谓正常体重的概率微乎其微。例如，对像我这样曾被归类为"严重肥胖"或"病态肥胖"（身体质量指数超过40）的女性来说，一年内达到正常体重的概率是1/677（约0.15%）。相同情况的男性概率则更低：1/1290（约0.078%）。Alison Fildes et al.,"Probability of an Obese Person Attaining Normal Body Weight: Cohort Study Using Electronic Health Records", *American Journal of Public Health* 105, no. 9（2015）: e54—e59。

20 J. P. Montani et al.,"Weight Cycling During Growth and Beyond as a Risk Factor for Later Cardiovascular Diseases: The 'Repeated Overshoot' Theory", *International*

*Journal of Obesity* 30（2006）：S58—S66。进一步讨论参见 Kelley Strohacker et al.，"Consequences of Weight Cycling: An Increase in Disease Risk?"，*International Journal of Exercise Science* 2, no. 3（2009）：191—201。

21　Matthew A. Cottam et al.，"Links Between Immunologic Memory and Metabolic Cycling"，*Journal of Immunology* 200, no. 11（2018）：3681—3689。

22　了解概况可参见 "Weight Fluctuations and Impact on the Immune System"，*US Pharmacist*，Aug. 10，2022，www.uspharmacist.com/article/weight-fluctuations-and-impact-on-the-immune-system。原始研究参见 Matthew A. Cottam et al.，"Multiomics Reveals Persistence of Obesity-Associated Immune Cell Phenotypes in Adipose Tissue During Weight Loss and Weight Regain in Mice"，*Nature Communications* 13，art. no. 2950（2022）。

23　Huajie Zou et al.，"Association Between Weight Cycling and Risk of Developing Diabetes in Adults: A Systematic Review and Meta-analysis"，*Journal of Diabetes Investigation* 12, no. 4（2021）：625—632。

24　Wolpert，"Dieting Does Not Work"。

25　而且，倡导接纳肥胖活动家和研究人员 Ragen Chastain 认为，"实际上，**从未有**研究将原先肥胖但减肥后一直能保持体重的人与一直很瘦的人比较，看他们的健康状况是否相似。从未有这样的研究，部分是因为减肥后能一直保持体重的人寥寥无几。"。Ragen Chastain，"Is There a Connection Between Fat and Cancer?"，*Dances with Fat*（blog），May 10，2018，danceswithfat.org/2018/05/10/is-there-a-connection-between-fat-and-cancer/。Chastain 的说法没错，至少截至 2022 年末，也就是我在写作本书时，还没有这样的研究。

26　Long Ge et al.，"Comparison of Dietary Macronutrient Patterns of 14 Popular Named Dietary Programmes for Weight and Cardiovascular Risk Factor Reduction in Adults: Systematic Review and Network Meta-analysis of Randomised Trials"，*British Medical Journal* 369（2020）：m696。

27　关于目前各研究对运动减肥无效的共识，以下文章做了较为全面的总结，通俗易懂，参见 Julia Belluz and Christophe Haubursin，"The Science Is In: Exercise Won't Help You Lose Much Weight"，*Vox*，Jan. 2，2019，www.vox.com/2018/1/3/16845438/exercise-weight-loss-myth-burn-calories。关于这个问题的重要荟萃分析，参见 D. M. Thomas et al.，"Why Do Individuals Not Lose More Weight from an Exercise Intervention at a Defined Dose? An Energy Balance Analysis"，*Obesity Review* 13，no. 10（2012）：835—847。

28　A. Janet Tomiyama et al.，"Long-Term Effects of Dieting: Is Weight Loss Related to Health?"，*Social and Personality Psychology Compass* 7, no. 12（2013）：861—877。

29　"Why Do Dieters Regain Weight? Calorie Deprivation Alters Body and Mind,

Overwhelming Willpower", *American Psychological Association Science Brief*, May 2018, https://web.archive.org/web/20230226080722/www.apa.org/science/about/psa/2018/05/calorie-deprivation。

30 出处同上。请注意,我在此处及整本书中所说的"意志力"是沿袭研究人员的说法,也可以叫"决心"或"毅力":它是一种能让我们不畏艰难险阻,坚持将计划执行到底的品质。大多数哲学家认为,人具备多少意志力(因情境而异),与数千年来关于自由意志是否存在的形而上学争论无关。这种争论关注的是,人类的行为——无论是否下定决心——是否纯粹由预先存在的因果要素决定(以及这种决定论是否与自由意志的概念相兼容)。无论人们对这些深奥的哲学问题有什么看法,在哲学界,这仍然是一个备受争议的领域,但可以肯定的是,人们会表现出不同程度的意志力(或者说决心或毅力),而这与他们的体重关系不大。

31 出处同上。

32 相反,事实证明,健康但"体重过轻"的人**并不**像许多研究人员预想的那样更爱动,而是"能量消耗得更快"。由于甲状腺激素水平较高,他们的基础代谢率比体重较重的人更高。事实上,他们的活动量平均比所谓的正常体重者**少23%**,而且似乎更不容易饿,消耗的卡路里也平均少12%,即使该研究已排除了有进食障碍或故意限制饮食的人。(生病的人和最近减肥的人也被排除在研究之外。)想要了解该研究的概况,可参见 Aakash Molpariya, "Surprise! Thin People Aren't More Active, They Are Just Less Hungry and 'Run Hotter'", *Revyuh*, July 14, 2022, www.revyuh.com/news/lifestyle/health-and-fitness/surprise-thin-people-arent-more-active-they-are-just-less-hungry-and-run-hotter。

33 Kathryn Doyle, "6 Years After *The Biggest Loser*, Metabolism Is Slower and Weight Is Back Up", *Scientific American*, May 11, 2016, www.scientificamerican.com/article/6-years-after-the-biggest-loser-metabolism-is-slower-and-weight-is-back-up/。

34 可参见"Type 2 Diabetes", Mayo Clinic, www.mayoclinic.org/diseases-conditions/type-2-diabetes/symptoms-causes/syc-20351193。

35 想要了解概况可参见 Honor Whiteman, "Could Mouthwash Be Putting You at Risk of Diabetes?", *Medical News Today*, Nov. 28, 2017, www.medicalnewstoday.com/articles/320199。原始研究参见 Kaumudi J. Joshipura et al., "Over-the-Counter Mouthwash Use and Risk of Pre-diabetes/Diabetes", *Nitric Oxide* 71 (2017): 14—20。对于该研究的评论文章参见 P. M. Preshaw, "Mouthwash Use and Risk of Diabetes", *British Dental Journal* 225, no. 10 (2018): 923—926。

36 一些该领域的专业人士认为"前驱糖尿病"是一种误称,因为正如反节食心理学家 Alexis Conason 所指出的,每年只有不到2%的所谓的前驱糖尿病患者会发展成糖尿病。可参见她的著作 *Diet-Free Revolution: 10 Steps to Free Yourself from the Diet Cycle with Mindful Eating and Radical Self-Acceptance*(Berkeley, Calif.: North Atlantic Books, 2021), 第134页。

37 可参见 P. Mirmiran et al., "Long-Term Effects of Coffee and Caffeine Intake on the Risk of Pre-diabetes and Type 2 Diabetes: Findings from a Population with Low Coffee Consumption", *Nutrition, Metabolism, and Cardiovascular Diseases* 28, no. 12( 2018 ): 1261—1266。当然，研究结果在统计学上具有显著性——意味着很有可能并非偶然——并不意味着相关性一定**大**。之后的研究发现，每天喝咖啡的量增加一杯以上与更低的患2型糖尿病的风险（低11%）相关（与不改变喝咖啡习惯的人相比）。相反，每天喝咖啡的量减少一杯以上与更高的患2型糖尿病的风险（高17%）相关。关于每天摄入的咖啡量与患糖尿病的风险是因果关系的论述，参见 Hubert Kolb et al., "Coffee and Lower Risk of Type 2 Diabetes: Arguments for a Causal Relationship", *Nutrients* 13, no. 4 ( 2021 ), art. no. 1144。但终归只是一面之词。是哪些风险因素导致了这种疾病发病、病程的发展？研究人员还在不断探究，短期内会一直如此。

38 可参见 Massiell German and Juliana Simonetti, "Diabetes and Obesity—Inextricable Diseases", *Metabolic Disorders* 7, art. no. 036 ( 2020 )。

39 可参见 Natasha Wiebe et al., "Temporal Associations Among Body Mass Index, Fasting Insulin, and Systemic Inflammation: A Systematic Review and Meta-analysis", *JAMA Network Open* 4, no. 3 ( 2021 )。想要了解这项荟萃分析的概况，可参见 "High Insulin Precedes Obesity, a New Study Suggests", Diet Doctor, March 16, 2021, www.dietdoctor.com/high-insulin-precedes-obesity-a-new-study-suggests。之前对于该假设的探讨参见 Peter Attia 的 TED 演讲 "Is the Obesity Crisis Hiding a Bigger Problem?", TED Media, 2013, www.ted.com/talks/peter_attia_is_the_obesity_crisis_hiding_a_bigger_problem/transcript。

40 可参见 Jennifer L. Shea et al., "The Prevalence of Metabolically Healthy Obese Subjects Defined by BMI and Dual-Energy X-Ray Absorptiometry", *Obesity* 19, no. 3 ( 2011 ): 624—630。他们的研究表明，如果用先进的方法来测量体脂率，被归类为"肥胖症"的受试者中约有一半人的新陈代谢是健康的。

41 Look AHEAD Research Group, "Eight-Year Weight Losses with an Intensive Lifestyle Intervention: The Look AHEAD Study", *Obesity* 22, no. 1 ( 2014 ): 5—13。

42 ILI组体重减轻5%以上的比例为50.3%，DSE组35.7%；ILI组体重减轻10%以上的比例为26.9%，DSE组17.2%。不过，研究人员也指出，"下面的数据让这些成绩不值一提：ILI组有32%的人**未能**在第一年里将体重减掉至少5%，只有34.5%的人在第八年实现了这一目标"。出处同上，第8页，强调为笔者所标。

43 该研究表明，长期控制血糖的结果也相当令人失望，ILI组最初的血糖水平有所降低，但随后每年都在增加，平均大约八年后，他们的血糖水平又回到了基准水平，然后又超过了基准水平（尽管他们的血糖水平仍然比DSE组略低）。参见 Look AHEAD Research Group, "Cardiovascular Effects of Intensive Lifestyle Intervention in Type 2 Diabetes", *New England Journal of Medicine* 369, no. 2 ( 2013 ): 149,

fig. 1D。其他研究也发现了类似的趋势。一项荟萃分析表明，大多数尝试减肥的 2 型糖尿病患者的血糖水平在 6 到 19 个月内会恢复到起始水平，哪怕极少数减重后能保持体重的受试者也是如此。参见 D. Ciliska et al., "A Review of Weight Loss Interventions for Obese People with Non-insulin Dependent Diabetes Mellitus", *Canadian Journal of Diabetes Care* 19（1995）: 10—15。

44　Look AHEAD Research Group, "Cardiovascular Effects of Intensive Lifestyle Intervention in Type 2 Diabetes", 152。

45　根据美国疾病预防控制中心的数据，糖尿病患者患心脏病或中风的概率是非糖尿病患者的两倍。详见"Diabetes and Your Heart", Centers for Disease Control, www.cdc.gov/diabetes/library/features/diabetes-and-heart.html。感谢医学博士 Susan R. Hata 就本问题及该书中的其他许多问题提出的极有帮助的意见。

46　Rasmus Køster-Rasmussen et al., "Intentional Weight Loss and Longevity in Overweight Patients with Type 2 Diabetes: A Population-Based Cohort Study", *PLOS ONE* 11, no. 1（2016）: e0146889。

47　这项研究还监测了微血管病变，包括神经病变、糖尿病足、眼部并发症、肾脏并发症。49% 的有减肥意向的患者在确诊时患有一种或多种上述疾病，六年后这一比例上升到 58%；60% 的**没有**减肥意向的患者在确诊时患有一种或多种上述疾病，六年后这一比例上升到 63%。出处同上，第 8 页。请注意，论文中没有对这些差异进行统计分析。

48　参见美国国家体重控制登记处网站 www.nwcr.ws，网站上有大约一万个减肥"成功故事"，这些人都减掉了超过 30 磅的体重，并至少保持了一年。不过，正如 Ragen Chastain 所言，大多数节食者在减肥后五年内都会恢复到原来的体重。因此，减肥成功的标准令人担忧。总的来说，尽管在讨论到减肥的长期可行性时，体重控制登记处的数据经常被引用，但我们并不清楚它们能证明什么。参见"National Weight Control Registry—Skydiving Without a Chute", *Dances with Fat*（blog）, Dec. 27, 2012, danceswithfat.org/2012/12/27/national-weight-control-registry-skydiving-without-a-chute/。

49　N. G. Boulé et al., "Effects of Exercise on Glycemic Control and Body Mass in Type 2 Diabetes Mellitus: A Meta-analysis of Controlled Clinical Trials", *JAMA* 286, no. 10（2001）: 1218—1227。

50　Vaughn W. Barry et al., "Fitness vs. Fatness on All-Cause Mortality: A Metaanalysis", *Progressive Cardiovascular Disease* 56, no. 4（2014）: 382—390。

51　Chantal M. Koolhaas et al., "Impact of Physical Activity on the Association of Overweight and Obesity with Cardiovascular Disease: The Rotterdam Study", *European Journal of Preventative Cardiology* 24, no. 9（2017）: 934—941。

52　Xiaochen Zhang et al., "Physical Activity and Risk of Cardiovascular Disease by

Weight Status Among US Adults", *PLOS ONE* 15, no. 5（2020）: e0232893。

53 参阅 Christy Harrison, *Anti-diet: Reclaim Your Time, Money, Well-Being, and Happiness Through Intuitive Eating*（New York: Little, Brown Spark, 2019），第 102 页。

54 感谢 Elizabeth Barnes 对该问题以及其他问题发表的重要看法。

55 Wiebe et al., "Temporal Associations Among Body Mass Index, Fasting Insulin, and Systemic Inflammation"。在最近的另一项研究中, 维贝与合作者提出假设, 高胰岛素血症（即血液中胰岛素过多, 通常由胰岛素抵抗引起）和炎症可能是导致体重较重的人全因死亡率上升的罪魁祸首。这些疾病在体重较重的人中更为多发, 但它们很可能不是由体重增加引起的（相反, 胰岛素增加可能会导致体重增加）。此外, 还有相当多的瘦人患有高胰岛素血症和炎症, 他们一旦患病, 会面临更大的健康风险。研究人员据此认为,"肥胖症导致的死亡率上升更可能是由高胰岛素血症和炎症造成的"。Natasha Wiebe et al., "Associations of Body Mass Index, Fasting Insulin, and Inflammation with Mortality: A Prospective Cohort Study", *International Journal of Obesity* 46（2022）: 2107—2113。感谢医学博士 Gregory Dodell 对本段以及本章所总结的研究给出的极有帮助的意见。

56 这些研究结果来自一项小型研究, 受试者是 15 名患者, 7 名患有 2 型糖尿病, 而且每个人都通过抽脂手术去除了 20 磅脂肪。Samuel Klein et al., "Effect of Liposuction on Insulin Action and Risk Factors for Coronary Heart Disease", *New England Journal of Medicine* 350, no. 25（2004）: 2549—2557。

57 Francesco Rubino et al., "The Early Effect of the Roux-en-Y Gastric Bypass on Hormones Involved in Body Weight Regulation and Glucose Metabolism", *Annals of Surgery* 240, no. 2（2004）: 236—242。

58 Ildiko Lingvay et al., "Rapid Improvement in Diabetes After Gastric Bypass Surgery: Is It the Diet or Surgery?", *Diabetes Care* 36, no. 9（2013）: 2741—2747。

59 Rebecca L. Pearl et al., "Association Between Weight Bias Internalization and Metabolic Syndrome Among Treatment-Seeking Individuals with Obesity", *Obesity* 25, no. 2（2017）: 317—322。

60 "Fat Shaming Linked to Greater Health Risks", *Penn Medicine News*, Jan. 26, 2017, www.pennmedicine.org/news/news-releases/2017/january/fat-shaming-linked-to-greater-health-risks。

61 Virginia Sole-Smith, "In Obesity Research, Fatphobia Is Always the X Factor", *Scientific American*, March 6, 2021, www.scientificamerican.com/article/in-obesity-research-fatphobia-is-always-the-x-factor/。

62 参见 N. M. Maruthur et al., "The Association of Obesity and Cervical Cancer Screening: A Systematic Review and Meta-analysis", *Obesity* 17, no. 2（2009）: 375—381; Christina C. Wee et al., "Obesity and Breast Cancer Screening", *Journal of General*

*Internal Medicine* 19, no. 4（2004）: 324—331; Jeanne M. Ferrante et al., "Colorectal Cancer Screening Among Obese Versus Non-obese Patients in Primary Care Practices", *Cancer Detection and Prevention* 30, no. 5（2006）: 459—465。

63 参见"Obesity and Cancer", National Cancer Institute, www.cancer.gov/about-cancer/causes-prevention/risk/obesity/obesity-fact-sheet。

64 另外，有研究发现，即使是接受了最先进的宫颈癌筛查，"超重和肥胖症女性患宫颈癌的风险也更大，这可能是因为对宫颈癌前病变不能做出全面的诊断。改进设备和/或技术，确保对体重较重的女性进行充分取样和检查，可能会降低宫颈癌的发病率"。Megan A. Clarke et al., "Epidemiologic Evidence That Excess Body Weight Increases Risk of Cervical Cancer by Decreased Detection of Precancer", *Journal of Clinical Oncology* 36, no. 12（2018）: 1184—1191。

65 Harriet Brown 的文章"The Obesity Paradox: Scientists Now Think That Being Overweight Can Protect Your Health", *Quartz*, Nov. 17, 2015（updated Sept. 23, 2019）, qz.com/550527/obesity-paradox-scientists-now-think-that-being-overweight-is-sometimes-good-for-your-health/ 通俗易懂地介绍了肥胖症悖论这一概念。Katherine M. Flegal 和 John P. A. Ioannidis 在文章"The Obesity Paradox: A Misleading Term That Should Be Abandoned", *Obesity* 26, no. 4（2018）: 629—630 中表达了对这一术语的担忧，他们的担忧非常有意义。请注意，有时"肥胖症悖论"指的是一个很简单的事实，即肥胖者可能很健康，在某些情况下，甚至比瘦的人更健康。

66 可参见 Lenny R. Vartanian and Jacqueline G. Shaprow, "Effects of Weight Stigma on Exercise Motivation and Behavior: A Preliminary Investigation Among College-Aged Females", *Journal of Health Psychology* 13, no. 1（2008）: 131—138。

67 有趣的是，有证据表明，体重污名还会让人吃得更多。一项研究表明，当所谓的超重女性接触到包含体重污名的媒体内容时，她们摄入的热量是观看无倾向性的媒体视频后的三倍多。而体重污名对（同样是所谓的）体重正常的女性的影响要小得多。Natasha A. Schvey et al., "The Impact of Weight Stigma on Caloric Consumption", *Obesity* 19, no. 10（2011）: 1957—1962。

68 Sole-Smith, "In Obesity Research, Fatphobia Is Always the X Factor"。

69 Tomoko Udo et al., "Perceived Weight Discrimination and Chronic Medical Conditions in Adults with Overweight and Obesity", *International Journal of Clinical Practice* 70, no. 12（2016）: 1003—1011。

70 Tomiyama et al., "How and Why Weight Stigma Drives the Obesity 'Epidemic' and Harms Health"。

71 维贝等人在第 55 条注释所概括的研究中，实际上假设了一系列更复杂的因果关系，炎症和高胰岛素血症使较重体重与更高的全因死亡风险之间的关系变得**更加复杂**，具体如下：

炎症和高胰岛素血症 → (甚至)更差的健康状况
↓
更重的体重

详见其文章"Associations of Body Mass Index, Fasting Insulin, and Inflammation with Mortality"。

72 可参见 Haris Riaz et al., "Association Between Obesity and Cardiovascular Outcomes: A Systematic Review and Meta-analysis of Mendelian Randomization Studies", *JAMA Network Open* 7, no. 1 (2018): e183788. 对于这些研究所提出的设想,有科学家表示担忧,他们的担忧不无道理,参见 Tyler J. VanderWeele et al., "Methodological Challenges in Mendelian Randomization", *Epidemiology* 25, no. 3 (2014): 427—435。

73 Maximilian Kleinert et al., "Animal Models of Obesity and Diabetes Mellitus", *Nature Reviews Endocrinology* 14 (2018): 140—162。

74 Wiebe et al., "Associations of Body Mass Index, Fasting Insulin, and Inflammation with Mortality"。科学事务委员会 (Council on Scientific Affairs) 在 2012 年提交给美国医学会 (American Medical Association) 的报告指出,"文献尚无法确定[肥胖与较差的健康状况]的因果关系,因为肥胖症只与发病率和死亡率有关"。参见 Sandra A. Fryhofer, "Is Obesity a Disease?", Report of the Council on Science and Public Health, May 16, 2013, CSAPH Report 3-A-13 (Resolution 115-A-12), accessed Jan. 26, 2023, www.ama-assn.org/sites/ama-assn.org/files/corp/media-browser/public/about-ama/councils/Council%20Reports/council-on-science-public-health/a13csaph3.pdf。遗憾的是,美国医学会最终忽视了科学事务委员会认为肥胖症不应被归类为疾病的建议。感谢 Natasha Wiebe 在此问题及其他许多问题上提供的极有帮助的信息。

75 感谢 Michael Hobbes 对这一问题及本章其他问题提出的宝贵看法。

76 参见 Jennifer Saul, "Dogwhistles, Political Manipulation, and the Philosophy of Language", in *New Work on Speech Acts*, ed. Daniel Fogal, Daniel W. Harris, and Matt Moss (Oxford: Oxford University Press, 2018), 360—383。更多具有启发性的讨论可参见 Jason Stanley, *How Propaganda Works* (Princeton, N.J.: Princeton University Press, 2015), 137—139。索尔将**公开**与**隐蔽**、**有意**与**无意**的"狗哨"区分开,这么做很有帮助。我怀疑,肥胖恐惧症的"狗哨"也有这四种形式,事实也当真如此,这意味着,通过对(不)健康、健康的生活、健康食品的讨论,肥胖恐惧症会得以强化、延续。但是,正如索尔指出的,"政府开支"在某些情况下会成为种族主义的狗哨,如果我们希望通过适当的公共政策等方式改善个人和群体的健康状况,我们就不能对健康问题避而不谈。想要进一步了解关于这个问题的相同或不同的重要观点,可参阅论文集 *Against Health: How Health Became the New Morality*, ed. Jonathan M. Metzl and Anna Kirkland (New York: New York University Press,

2010）。

77 不过，值得注意的是，在不同的文化中，"内涵"的指向也不同。在有些语境中，说某人看着"不健康"，可能暗指该人看起来**太瘦**；同样，说某人看得很"健康"，可能暗指该人**长胖**了。之所以有这样的差异，是因为在某些文化中，人们对体重增加感到畏惧、懊恼；在另一些文化中，人们则认为体重增加是一件好事，因为这说明该人能轻而易举地获得食物，而在现实中或在文化信仰中，获得充足食物非常困难。感谢 Anna Milioni 和 Urna Chakrabarty 分别告知我希腊和印度的相关情况。

78 Claudia Cortese, "Even During a Pandemic, Fatphobia Won't Take a Day Off", *Bitch*, April 21, 2020, www.bitchmedia.org/article/fatphobia-in-coronavirus-treatment。

79 参见 Mary Anne Dunkin, "Lipedema", *WebMD*, Oct. 18, 2021, www.webmd.com/women/guide/lipedema-symptoms-treatment-causes。

80 Virginia Sole-Smith, "'I Sometimes Wonder What I Would Be Capable of If My Legs Didn't Hurt': Talking Lipedema and Lumpy Fat Ladies with Linda Gerhardt", *Burnt Toast*, Substack, Oct. 6, 2022, virginiasolesmith.substack.com/p/lumpy-fat-ladies-lipedema#details。

## 第三章 越来越瘦的维纳斯

1 Susan E. Hill, *Eating to Excess: The Meaning of Gluttony and the Fat Body in the Ancient World*（Santa Barbara, Calif.: Praeger, 2011），第 4—5 页。

2 可参见 Jessica Liew, "Venus Figurine", in *World History Encyclopedia*, July 10, 2017, www.worldhistory.org/Venus_Figurine/。

3 Hill, *Eating to Excess*, 第 5 页。

4 出处同上。

5 出处同上，第 6 页。

6 出处同上，第一章。

7 尽管古希腊伯克利时代的医师希波克拉底对肥胖体形论述颇多，但他的看法基本上是中立的，当代减肥瘦身类读物中引用的他的话语会让人觉得他不赞同肥胖，但事实并非如此。关于人们把希波克拉底误解为"反肥胖的代言人"的精彩讨论，可参见 Helen Morales, "Fat Classics: Dieting, Health, and the Hijacking of Hippocrates", *Eidolon*, June 22, 2015, eidolon.pub/fat-classics-76db5d5578f4，以及 Hill, *Eating to Excess*, 第三章。

8 Hill, *Eating to Excess*, 第 2 页。

9 更多讨论参见同上，第 30 页。

10 出处同上，第 2 页。

11 出处同上，第六章。

12 把"布袋和尚"（Budai）与"佛陀"（Buddha）混为一谈，部分是因为文化外来者混淆了这两个发音极为相似的词。不过，许多中国的佛教徒确实相信，布袋和尚是弥勒佛转世，而弥勒佛与释迦牟尼佛（通常形象较为纤瘦）的关系是，前者是未来佛，后者是现在佛。关于这一形象的基本信息参见 B. Kotaiah, "Laughing Buddha: Spreading Good Cheer, World Over", *Hindu*, June 13, 2016, www.thehindu.com/news/cities/Hyderabad//article60438587.ece。

13 这种做法不受宗教和文化的限制，突尼斯犹太人以及非洲各地的阿拉伯社群也会这么做。

14 Soukaina Rachidi, "Ancient Leblouh Tradition Continues to Endanger the Lives of Mauritanian Women", *Inside Arabia*, March 16, 2019, insidearabia.com/ancient-leblouh-tradition-endanger-lives-mauritanian-women/。

15 Desire Alice Naigaga et al., "Body Size Perceptions and Preferences Favor Overweight in Adult Saharawi Refugees", *Nutrition Journal* 17, art. no. 17（2019）。

16 Sabrina Strings, *Fearing the Black Body: The Racist Origins of Fat Phobia*（New York: New York University Press, 2019），第一至二章。

17 出处同上，第一章。

18 出处同上，第 50 页。

19 出处同上，第 63 页。

20 出处同上，第 60 页。

21 出处同上，第二章。

22 出处同上，第 63 页。

23 出处同上，第 100—107 页。

24 出处同上，第 75—77 页。

25 出处同上，第 85 页。

26 出处同上，第 80 页。讲实的，狄德罗是借鉴了他的朋友，生活在加勒比地区的哲学家让-巴蒂斯特-皮埃尔·勒罗曼（Jean-Baptiste-Pierre Le Romain）的观点。

27 出处同上，第 86 页。

28 出处同上。

29 出处同上，第 209 页。斯特林斯借鉴了海德格尔的观点。

30 出处同上，第 9 页。

31　出处同上，第 91—92 页。

32　斯特林斯（出处同上）在此引用了 Clifton C. Crais and Pamela Scully, *Sara Baartman and the Hottentot Venus: A Ghost Story and a Biography*（Princeton, N.J.: Princeton University Press, 2009），第 80 页。

33　Strings, *Fearing the Black Body*，第 92—93 页。值得一提的是，奴役萨拉的人乔治·居维叶（Georges Cuvier）写道，"她的体形更加令人震惊，因为她的臀部非常丰满"，每边都有 18 英寸宽，"而且她的臀部很挺翘，凸出部分超过半英尺"。事实上，他认为，萨拉的臀部和髋部是不折不扣的"畸形"。出处同上，第 96 页。

34　出处同上，第 98 页。

35　出处同上，第 187—188 页。

36　出处同上，第 198—199 页。

37　在哲学中，不可能从"是"推导出"应该"，这一理念叫作休谟问题，源于 18 世纪苏格兰哲学家大卫·休谟的著作。

38　Your Fat Friend（a.k.a. Aubrey Gordon），"The Bizarre and Racist History of the BMI", Medium, Oct. 15, 2019, elemental.medium.com/the-bizarre-and-racist-history-of-the-bmi-7d8dc2aa33bb; Strings, *Fearing the Black Body*，第 198—199 页。

39　Ancel Keys et al., "Indices of Relative Weight and Obesity", *Journal of Chronic Diseases* 25（1972）: 330。

40　基斯的一些研究是以日本男性以及南非的班图黑人男性为研究对象。但他们在论文中指出，后者的样本并不能代表该群体，因此研究结果并不适用于整个人群。出处同上，第 333 页；以及 Your Fat Friend, "Bizarre and Racist History of the BMI"。

41　Keys et al., "Indices of Relative Weight and Obesity"，第 339 页。

42　出处同上，第 340 页。

43　想要了解最近的实证研究数据，可参见 Amber Charles Alexis, "Is BMI a Fair Health Metric for Black Women?", *Healthline*, Dec. 1, 2021, www.healthline.com/nutrition/bmi-for-black-women。（该文章指出，一些人认为身体质量指数也低估了部分亚洲人的所谓的肥胖症所带来的健康风险。）关于身体质量指数作为非裔美国妇女健康指标并不准确的原始研究，参见 Peter T. Katzmarzyk et al., "Ethnic-Specific BMI and Waist Circumference Thresholds", *Obesity* 19, no. 6（2011）: 1272—1278。

44　参见 Gordon, "You Just Need to Lose Weight"，第 98—108 页，该文章完整可靠地记录了这一事件的来龙去脉，包括制药公司与这一决定的利害关系，以及这一决定可能产生的影响。一切往"钱"看照例不会有什么好事。

45　Strings, *Fearing the Black Body*，第 205—207 页。

46　Kavitha A. Davidson, "Caroline Wozniacki Mimics Serena Williams, Stuffs Her Bra and Skirt During Exhibition Match (VIDEO)", *Huffington Post*, Dec. 10, 2012, www.huffpost.com/entry/caroline-wozniacki-mimics-serena-williams-bra-skirt_n_2272271。

47 辛辣的讽刺是,威廉姆斯生下女儿后健康就出现严重问题,但医护人员没把她的话当回事,威廉姆斯差点因此丧命。参见 P. R. Lockhart,"What Serena Williams's Scary Childbirth Story Says About Medical Treatment of Black Women", *Vox*, Jan. 11,2018,www.vox.com/identities/2018/1/11/16879984/serena-williams-childbirth-scare-black-women。

48 Katelyn Esmonde,"What Celeb Trainer Jillian Michaels Got Wrong About Lizzo and Body Positivity",*Vox*,Jan. 15,2020,www.vox.com/culture/2020/1/15/21060692/lizzo-jillian-michaels-body-positivity-backlash。

49 参见美国疾病预防控制中心的妊娠死亡率监测系统www.cdc.gov/reproductivehealth/maternalinfanthealth/pregnancy-mortality-surveillance-system.htm;以及 Linda Villarosa,"Why America's Black Mothers and Babies Are in a Life-or-Death Crisis", *New York Times*,April 11,2018,www.nytimes.com/2018/04/11/magazine/black-mothers-babies-death-maternal-mortality.html。还要注意的是,死亡率的差别不能仅归因于黑人女性的相对贫困;参见 New York City Department of Health and Mental Hygiene,Severe Maternal Morbidity in New York City,2008—2012,New York,2016,www1.nyc.gov/assets/doh/downloads/pdf/data/maternal-morbidity-report-08-12.pdf。

50 作为参考,梦露的身体数据表明,她的身体质量指数基本上是在19到20之间徘徊,不过在50年代末,她的体重似乎涨了一些。但不管怎么说,梦露绝对算不上胖。即便如此,2000年,英国女演员伊丽莎白·赫利还是说了一句尽人皆知的话:"要是像她那样胖,我宁愿自杀。"详见"Marilyn Monroe's True Size",themarilynmonroecollection.com/marilyn-monroe-true-size/。

51 Chioma Nnadi,"Kim Kardashian Takes Marilyn Monroe's 'Happy Birthday, Mr. President' Dress Out for a Spin",*Vogue*,May 2,2022,www.vogue.com/article/kim-kardashian-met-gala-2022。

52 此外,布卢·特卢斯马指出,卡戴珊的这幅照片翻拍自摄影师让-保罗·古德(Jean-Paul Goude)1982年的作品,照片中,一位裸体黑人女性手拿香槟,撅起臀部,与卡戴珊的姿势一模一样,这幅照片出自一本书名骇人听闻的书,叫《丛林热》(*Jungle Fever*)。详见 Blue Telusma,"Kim Kardashian Doesn't Realize She's the Butt of an Old Racial Joke",*Grio*,Nov. 12,2014,thegrio.com/2014/11/12/kim-kardashian-butt/。

53 Tressie McMillan Cottom,"Brown Body, White Wonderland",*Slate*,Aug. 29,2013,slate.com/human-interest/2013/08/miley-cyrus-vma-performance-white-

appropriation-of-black-bodies.html。

54 相关原始研究可参见 Jean-Luc Jucker et al., "Nutritional Status and the Influence of TV Consumption on Female Body Size Ideals in Populations Recently Exposed to the Media", *Scientific Reports* 7, art. no. 8438（2017）; Anne E. Becker et al., "Eating Behaviours and Attitudes Following Prolonged Exposure to Television Among Ethnic Fijian Adolescent Girls", *British Journal of Psychiatry* 180（2002）: 509—514。更多有启发的讨论参见 Susie Orbach, *Bodies*（New York: Picador, 2009）, 第 15 页, 第 168—169 页。

55 Harrison, *Belly of the Beast*, 第四章。在那一章中, 作者还借鉴了 Nicole Gonzalez Van Cleve 的研究成果, 用理论分析了伊利诺伊州库克县检察官的可怕行径, 他们的行径被称为"两吨竞赛"或"N*****s by the Pound"。他们要把足够多的黑人（主要是男性）送进监狱, 以达到总重量 4000 磅的目标。肥胖的黑人是他们的主要目标, 因为这些人能让他们更快地凑足 4000 磅。出处同前, 第 61 页。

56 Jamelle Bouie, "Michael Brown Wasn't a Superhuman Demon", *Slate*, Nov. 26, 2014, slate.com/news-and-politics/2014/11/darren-wilsons-racial-portrayal-of-michael-brown-as-a-superhuman-demon-the-ferguson-police-officers-account-is-a-common-projection-of-racial-fears.html。

57 出处同上。

58 Philomena R. Condoll, "Police Commander: Eric Garner Killing 'Not a Big Deal'", *Liberation News*, June 28, 2019, www.liberationnews.org/police-commander-eric-garner-killing-not-a-big-deal/。本文的标题《警局指挥官: 埃里克·加纳被杀"没什么大不了"》说的是, 当警局指挥官克里斯托弗·班农中尉收到信息说加纳"很可能已死亡"时, 他的反应是"没什么大不了", 这令人非常震惊。这一消息是在加纳遇害五年后的纪律听证会上被爆出来的, 最终导致潘塔莱奥被解雇。但检方自始至终未起诉他, 也未指控他侵犯公民权利。

59 Harrison, *Belly of the Beast*, 第 48—49 页。请注意, 哈里森借鉴 Zakiyyah Iman Jackson 和 Saidiya Hartman 的观点, 明确否认将黑人视作"野兽"是一种去人性化的做法。哈里森认为, 被贬低的黑人被构建为一种人——在白人至上主义社会中, 低人一等、可随意丢弃的人。哈里森写道: "黑人主体并没有被剥夺人性, 也没有因为遭奴役而被非人化, 而是被迫成为人类中'野兽'; 在占主导地位的等级制度中处于最低层, 被置于'动物'之中。"（出处同前, 第 56 页）我同样对去人性化假说持怀疑态度, 至少我觉得在当代社会并非如此; 而且, 我还担心, 去人性化假说的政治影响会让"施害者逍遥法外"。（要是他们知道自己面对的是一个人, 那么他们就一定会好好对待他们, 这是人文主义对话时常流露出的天真想法。）因此, 在本书中谈到肥胖恐惧症目前的表现形式时, 我会避免使用"去人性化"这一词。有关讨论请参阅我之前的作品《不只是厌女》的第五章。不过, 其他理论家可能会对肥胖恐惧症的性质和效用有不同看法, 这个问题相当复杂微妙，在此不做深入探讨。

60　Paul Campos, *The Obesity Myth: Why America's Obsession with Weight Is Hazardous to Your Health*（New York: Gotham, 2004），第 68 页。

61　出处同上。

62　为本章内容搜集资料时我发现，这个网站还在，但我不想提供链接。

63　Amy Erdman Farrell, *Fat Shame: Stigma and the Fat Body in American Culture*（New York: New York University Press, 2011），第 17—18 页。

64　执着于母乳喂养、排斥奶粉喂养就是一个好例证。

## 第四章　肥胖是道德失范

1　Kate Manne, "Diet Culture Is Unhealthy. It's Also Immoral", *New York Times*, Jan. 3, 2022, www.nytimes.com/2022/01/03/opinion/diet-resolution.html。

2　有些人的言辞非常粗鲁，甚至还夹杂着辱骂。网络世界就是如此吧。

3　Ian Gillson 与 Amir Fouad 编纂了一本有关这一问题的论文集，在引言中他们写道："不存在全球性的粮食短缺。问题是地方性的，有时是区域性的，解决的关键是将粮食从粮食过剩地区转移到粮食短缺地区，往往需要跨越国境。"详见 Ian Gillson and Amir Fouad, eds., *Trade Policy and Food Security: Improving Access to Food in Developing Countries in the Wake of High World Prices*（Washington, D.C.: World Bank, 2015），第 6 页。他们还写道："与今天的粮食安全有关的，并不是地球是否有能力为如此庞大且不断增长的人口生产足够的粮食；事实上，全球层面的粮食短缺尚未构成威胁。政治因素、所有权、制度和不平等在粮食分配中的作用仍然至关重要。"（出处同前，第 1—2 页）在此，他们借鉴了 Amartya Sen 影响深远的论文，*Poverty and Famines: An Essay on Entitlement and Deprivation*（Oxford: Clarendon Press, 1981）。

4　"eating crow" 和 "humble pie" 这两个比喻都是指某人不得不忍气吞声、自食苦果、低头认错。前者据说来自 1850 年左右美国出版的一本故事书，故事中吝啬的农夫被寄宿在他家的人戏弄，吃了一只塞满鼻烟的乌鸦。乌鸦是食腐动物，所以无论如何，那时的人都不会觉得乌鸦肉美味。类似的表达还有 "eating one's hat" "eating one's shoe" "eating dirt" "eating one's words" 等。

5　想要获得更多有关肥胖与道德恐惧关系的启发性洞见，可参见 Kathleen LeBesco, "Fat Panic and the New Morality", in Metzl and Kirkland, *Against Health*, 第 72—82 页。

6　这一违纪情况是一名销售人员违反公司规定，将橄榄球大联盟的球票作为礼物赠送给客户。详见 Joseph A. Bellizzi and Ronald W. Hasty, "Territory Assignment Decisions and Supervising Unethical Selling Behavior: The Effects of Obesity and

Gender as Moderated by Job-Related Factors", *Journal of Personal Selling and Sales Management* 18, no. 2 (1998): 35—49。

7　Natasha A. Schvey et al., "The Influence of a Defendant's Body Weight on Perceptions of Guilt", *International Journal of Obesity* 37, no. 9 (2013): 1275—1281。

8　Sole-Smith, "'I Sometimes Wonder What I Would Be Capable of If My Legs Didn't Hurt'"。

9　提出"无头胖子"这一说法的是 Charlotte Cooper 博士，详见"Headless Fatties", blog post, 2007, charlottecooper.net/fat/fat-writing/headless-fatties-01-07/。

10　详见 Cathy E. Elks et al., "Variability in the Heritability of Body Mass Index: A Systematic Review and Meta-regression", *Frontiers in Endocrinology* 3, art. no. 29 (2012): 5。其中，研究人员根据双胞胎研究的估计值发现，男性（0.73；95% 置信区间：0.71~0.76）与女性（0.75；95% 置信区间：0.73~0.77）的总体遗传率估计值相当。来自家族研究的遗传率估计值通常较低，但也有观点认为这被低估了（出处同前，第 10 页）。

11　Linda Geddes, "Genetic Study Homes in on Height's Heritability Mystery", *Nature*, April 23, 2019, www.nature.com/articles/d41586-019-01157-y。

12　Albert J. Stunkard et al., "An Adoption Study of Human Obesity", *New England Journal of Medicine* 314 (1986): 193—198。

13　Gina Kolata, "One Weight Loss Approach Fits All? No, Not Even Close", *New York Times*, Dec. 12, 2016, www.nytimes.com/2016/12/12/health/weight-loss-obesity.html。

14　Giovanni Luca Palmisano et al., "Life Adverse Experiences in Relation with Obesity and Binge Eating Disorder: A Systematic Review", *Journal of Behavioral Addiction* 5, no. 1 (2016): 11—31。参见 Gordon, *You Just Need to Lose Weight*, 第 73—80 页，因为此类研究很容易被过度解读，戈登在此文中睿智地警醒读者。

15　Gay, *Hunger*, 第 16 页。

16　出处同上，第 43 页。

17　出处同上，第 17 页。

18　出处同上，第 23 页。

19　出处同上，第 38 页。

20　最近相关研究的概述（很遗憾，这些概述都在所难免地恐惧肥胖）可参见"Why People Become Overweight", *Harvard Health Publishing*, June 24, 2019, www.health.harvard.edu/staying-healthy/why-people-become-overweight; "When Your Weight Gain Is Caused by Medicine", in *University of Rochester Medical Center Health Encyclopedia*, www.urmc.rochester.edu/encyclopedia/content.aspx?contenttype

id=56&contentid=DM300；Elizabeth Scott，"How Stress Can Cause Weight Gain: The Role of Cortisol in the Body"，*Very Well Mind*，Jan. 5，2021，www.verywellmind.com/how-stress-can-cause-weight-gain-3145088。

21　Robin Marantz Henig，"Fat Factors"，*New York Times Magazine*，Aug. 13，2006，www.nytimes.com/2006/08/13/magazine/13obesity.html。

22　显然，我并不否认我们有想要**尝试**从未吃过的食物的强烈渴望，但这并不意味着我们特别想吃它，而是出于好奇心或冒险心理。所以，有时我们在品尝后会发现，自己其实并不是**真**想吃这种食物，尽管确实想尝一尝。

23　Marquisele Mercedes，"Public Health's Power-Neutral, Fatphobic Obsession with 'Food Deserts'"，Medium，Nov. 13，2020，marquisele.medium.com/public-healths-power-neutral-fatphobic-obsession-with-food-deserts-a8d740dea81。梅塞德斯指出，现在，许多倡导接纳肥胖活动家的首选表达是"食物种族隔离"（food apartheid），这个短语由 Karen Washington 首创。

24　出处同上。

25　不过，需要指出的是，所谓的肥胖症与社会经济状况之间的关系其实很复杂，而且似乎因种族和性别而异。美国疾病预防控制中心认可的一项重要研究发现，女性"肥胖症"的发病率随着收入的增加而降低，而男性并不依循这个模式。同样，在白人、黑人和西班牙裔女性中，大学毕业生的"肥胖症"发病率低于受教育程度较低的人，但亚裔、黑人、西班牙裔男性人群却并非如此。作者总结说："肥胖症与收入或教育水平之间的关系很复杂，而且因性别和种族而异。"详见 Cynthia L. Ogden et al.，"Prevalence of Obesity Among Adults, by Household Income and Education—United States, 2011-2014"，*MMWR Morbidity Mortality Weekly Report* 66，no. 50（2017）：1369—1373。

26　例如，SNAP 福利通常不能用来购买生鲜超市的熟食（包括烤鸡），尽管这可能正是每天长时间工作的人能用来填饱一家人肚子的方便食物。感谢 Joel Sati 对此问题提出的看法。

27　Pieter H. M. van Baal et al.，"Lifetime Medical Costs of Obesity: Prevention No Cure for Increasing Health Expenditure"，*PLOS Medicine* 5，no. 2（2008）：e29。

28　我之所以会以这几项活动为例，是因为这些活动的风险都非常高，据估算，定点跳伞的死亡概率是 1/60，尼泊尔登山的死亡概率是 1/167，格兰披治大赛车车手的死亡概率是 1/100。相关资料和信息图表参见 Patrick McCarthy，"Infographic: Your Chances of Dying from Common Activities"，*OffGrid*，Nov. 10，2018，www.offgridweb.com/survival/infographic-your-chances-of-dying-from-common-activities/。

29　A. W. Eaton，"Taste in Bodies and Fat Oppression"，in *Body Aesthetics*，ed. Sherri Irvin（Oxford：Oxford University Press，2016），第 46 页。请注意，伊顿所举的美黑的例子，实际上提出了一个不同但起到补充作用的论点，即与肥胖不同，有些

不健康的选择有时在**美学**上受到推崇（而不是像我所主张的那样，在道德上被宽容）。她写道："众所周知，某些身体状态并不健康，比如把皮肤晒成棕褐色，肤色浅的人美黑尤其不健康，但人们并不会因此觉得棕褐色的皮肤不好看、不性感。这充分表明，大家反感肥胖的身体，并不是对'肥胖不健康'这一（错误）信念所做出的反应。"出处同前。

30　Kate Harding 与 Marianne Kirby 是重要的倡导接纳肥胖活动家，她们在共同执笔的著作中令人振奋地写道："健康不是道德律令。你可以不喜欢锻炼，不喜欢吃蔬菜，不把努力活到一百岁当作你人生的首要目标，你可以因残疾而永远无法真正感受到'健康'，这样的你并不是坏人。"详见 Kate Harding and Marianne Kirby, *Lessons from the Fat-o-Sphere: Quit Dieting and Declare a Truce with Your Body*（Toronto: Penguin, 2009），第 15 页。

31　自由主义者的立场通常是，系安全带和戴头盔纯属个人选择，因此**法律**不应强制人们这么做。但这常常会让人们以为，个人在道义上也没有义务采取这些预防措施。我认为理所应当要指出的是，因为我们生活在同一个社会，密切依赖他人，我们当然希望别人可以采取一些简便措施以做好最基本的安全防护，否则会给亲属等人带来巨大损失。

32　不可否认，对于是否要戴口罩这个问题，美国人一直争论不休。但事情不应如此。任何一个没有严重呼吸道问题、有足够的社会责任感（尤其是关心残障人士、免疫力低下者和免疫抑制者的安危），并承认新冠确实存在健康风险的人，只要戴过一段时间的口罩，都可以证明，在病毒快速传播的环境中戴口罩并没什么大不了的。医务人员即使是在非常恶劣的条件下长时间工作，也会尽量佩戴口罩，这更说明，拒绝佩戴口罩的人既自私又爱发牢骚。

33　可参见 Nicholas A. Christakis and James H. Fowler, "The Spread of Obesity in a Large Social Network over 32 Years", *New England Journal of Medicine* 357, no. 4 (2007): 370—379。这项研究不加批判地使用了"肥胖症流行病"这一措辞，并称它的"蔓延"明显很受嫌恶且对健康构成威胁，如同令人痛苦的疾病或病症，这在当时广受诟病。为此，该论文作者之一的克里斯塔基斯还好心澄清说："我们并不是建议人们与超重的朋友断绝关系。友谊对健康有益。"而且，说到底，他们可是我们的朋友啊。参见 Roxanne Khamsi, "Is Obesity Contagious?", *New Scientist*, July 25, 2007, www.newscientist.com/article/dn12343-is-obesity-contagious/#ixzz7VwC4oyC5。

34　参见 Gordon, *"You Just Need to Lose Weight"*, 第 7—8 页关于"想长胖的人"的内容，这些想长胖的人，与想文身、想增肌、想在身上打洞的人其实并无分别。再次申明，我觉得别人想做什么是他们的事，与我无关。

35　Eaton, "Taste in Bodies and Fat Oppression", 第 46 页。

36　对健康主义的原始讨论，可参见 R. Crawford, "Healthism and the Medicalization of Everyday Life", *International Journal of Health Services* 10, no. 3 (1980):

365—388。

37 关于吸烟者高贫困率的情况,可参见"People with Low Socioeconomic Status and Commercial Tobacco: Health Disparities and Ways to Advance Health Equity", Centers for Disease Control and Prevention, www.cdc.gov/tobacco/health-equity/low-ses/index.htm。另可参见 Barbara Ehrenreich, *Nickel and Dimed: On (Not) Getting By in America*(New York: Henry Holt, 2001),第31页,该论文指出,吸烟是在人生艰难时刻的"稍稍放纵",能带来小小的快乐。

38 Thalia Wheatley and Jonathan Haidt, "Hypnotic Disgust Makes Moral Judgments More Severe", *Psychological Science* 16, no. 10(2005): 780—784。重要的重复性实验参见第41条注释。

39 出处同上,第781页。

40 本章我多次借鉴了《不只是厌女》第256—259页的讨论内容。

41 Wheatley and Haidt, "Hypnotic Disgust Makes Moral Judgments More Severe", 第783页。

42 参见 Simone Schnall et al., "Disgust as Embodied Moral Judgment", *Personality and Social Psychology Bulletin* 34, no. 8(2008): 1096—1109。

43 L. R. Vartanian, "Disgust and Perceived Control in Attitudes Toward Obese People", *International Journal of Obesity* 34(2010): 1302—1307。此外,厌恶感在对体重的感知控制(perceived control)与恐惧肥胖的判断之间全然起到中介作用(而对体重的感知控制并未在厌恶的反应与恐惧肥胖的判断之间起中介作用)。换言之,一个人有多相信人有能力控制自己的体重,这能预测这个人对肥胖身体的厌恶程度,进而预测其会做出何种程度的恐惧肥胖的判断。因此,这项研究两次说明,厌恶是肥胖恐惧症的重要成因。请注意,即使考虑到个人对厌恶的敏感程度,这些结论仍然成立(出处同前,第1306页)。感谢 Eleni Man 和 Shaun Nichols 帮助我弄懂这项研究。出现任何错误或疏漏均是因为本人解读有误。

44 相关讨论参见 Eaton, "Taste in Bodies and Fat Oppression",第43—44页。

45 Daniel Kelly, *Yuck: The Nature and Moral Significance of Disgust*(Cambridge, Mass.: MIT Press, 2011),第46—47页。

46 Yoel Inbar and David A. Pizarro, "Pathogens and Politics: Current Research and New Questions", *Social and Personality Psychology Compass* 10, no. 6(2014): 365—374。

47 最新动态参见 Jakob Fink-Lamotte et al., "Are You Looking or Looking Away? Visual Exploration and Avoidance of Disgust- and Fear-Stimuli: An Eye-Tracking Study", *Emotion* 22, no. 8(2022): 1909—1918.

48 参见 Orlando Patterson, *Slavery and Social Death: A Comparative Study*(Cambridge, Mass.: Harvard University Press, 1982),第十一章尤为重要。

## 第五章 被渴望的课题

1 本章的人名均为化名。

2 参见 *Down Girl*,第59页。

3 Ogi Ogas and Sai Gaddam, *A Billion Wicked Thoughts: What the Internet Tells Us About Sexual Relationships* (New York: Penguin, 2011),第52—53页。该书指出,色情网站用户搜索"胖"女孩的频率几乎是"瘦"女孩的三倍。此外,他们还发现,截至该书出版时,在 Alexa 所列出的成人网站中,有超过504个网站只展示肥胖女性的内容,只有182个网站专门展示纤瘦女性。当然,这并不能说明前者比后者**更受欢迎**,因为正如作者在后文指出的,主流的色情作品展示的一般都是纤瘦女性,所以不输入关键字也能搜索到。但这足以说明,肥胖并非罕见的性偏好。

4 参见 Strings, *Fearing the Black Body*,本书的第三章深受该书启发。

5 我在《不只是厌女》的第八章详细讨论了针对吉拉德的厌女行为。想了解格里尔是如何为自己"女人就是大屁股的动物"的言论辩护的,可参见 "Greer Defends 'Fat Arse' PM Comment", *Sydney Morning Herald*, Aug. 28, 2012, www.smh.com.au/politics/federal/greer-defends-fat-arse-pm-comment-20120828-24x5i.html。

6 可参见 "Germaine Greer: Transgender Women Are 'Not Women'", BBC News, Oct. 24, 2015, https://www.bbc.com/news/av/uk-34625512。

7 Aubrey Gordon, *What We Don't Talk About When We Talk About Fat* (Boston: Beacon Press, 2020),第90—91页。

8 Lindy West, *Shrill: Notes from a Loud Woman* (New York: Hachette, 2016),第76页。

9 Gordon, *What We Don't Talk About When We Talk About Fat*,第91—92页。

10 想要了解口头同意、内心却不情愿的性行为的危害,可参阅本人所著的《应得的权利》第四章。

11 Ashifa Kassam, "Canada Judge Says Sexual Assault Victim May Have Been 'Flattered' by the Incident", *Guardian*, Oct. 27, 2017, www.theguardian.com/world/2017/oct/27/canada-judge-says-sexual-assault-victim-may-have-been-flattered-by-the-incident。

12 Alexandra M. Zidenberg et al., "Tipping the Scales: Effects of Gender, Rape Myth Acceptance, and Anti-fat Attitudes on Judgments of Sexual Coercion Scenarios", *Journal of Interpersonal Violence* 36, no. 19—20 (2021): NP10178—NP10204。

13 Margaret Tilley, "The Role of Lifestyles and Routine Activities on Youth Sexual Assault and Intimate Partner Victimization" (PhD diss., Kennesaw State University, 2015)。

14 感谢我的经纪人 Lucy V. Cleland,谢谢你能想到这样精炼的表述。

15 参见 Quill Kukla（笔名为 Rebecca Kukla），"Sex Talks"，*Aeon*，Feb. 4，2019，aeon.co/essays/consent-and-refusal-are-not-the-only-talking-points-in-sex。请注意，我所赞同的，也是大众广为接受的观点是，在发生性行为之前，双方应该积极地表示同意，而库克拉所提出"性礼物"（sexual gift）的概念对这一观点提出了质疑。深入讨论参见"That's What She Said: The Language of Sexual Negotiation"，*Ethics* 129（Oct. 2018）: 70—97。

16 Louise Richardson-Self 提出的"无法挑起性趣的物化"（unfuckable objectification）与一般形式的物化不同，但它极为重要，也很有创见，这种物化方式会如此描绘女性——"挑不起所有男人的'性趣'，这意味着这些女性没有任何价值。她们最基本的服务工作就是对男性有吸引力，但她们无法胜任；因此，男性不想要她们。男性再一次被视为唯一真正的性主体，因为他们可以与任何女人上床，但绝不会与坏女人上床，而坏女人有很多"。参见 Louise Richardson-Self，*Hate Speech Against Women Online: Concepts and Countermeasures*（Lanham，Md.: Rowman & Littlefield，2021），第86—87页。虽然读到 Louise Richardson-Self 这段话时我心有戚戚，但我更倾向于不将其视为一种单独的物化形式，而是物化执着于划分等级制度的自然结果。

17 本列表根据玛莎·努斯鲍姆的"Objectification"，*Philosophy and Public Affairs* 24，no. 4（1995），第257页的内容重新排序并略作简化。请注意，努斯鲍姆所建立的物化概念是一个相当松散、宽泛的概念，物化的实例至少能与列表中的一条相吻合，往往是多条都吻合。

18 深入讨论临近结束时，努斯鲍姆才简短地提到了性等级（sexual hierarchies）的概念，但她并没有用它来修正或复杂化她列出的物化行为的七个特征。她是在批判 Richard D. Mohr 的观点时简要地提及，Richard D. Mohr 的观点是，将人视为可替代的实际上能促进人与人之间的相互尊重，他认为这创造了一种性民主（sexual democracy），这种民主在他所欣赏的男同性恋者的浴室文化中非常之明显。出处同上，第287—288页。

19 Rae Langton，*Sexual Solipsism: Philosophical Essays on Pornography and Objectification*（Oxford: Oxford University Press，2009），第228—229页。

20 Zadie Smith，*On Beauty: A Novel*（New York: Penguin，2005），第205—206页。感谢编辑 Amanda Cook 建议我用这个例子。

21 出处同上，第207页。

22 最近有一篇论文深入浅出地从哲学角度分析了健康文化（wellness culture）与肥胖恐惧症的关系，详见 Emma Atherton，"Moralizing Hunger: Cultural Fatphobia and the Moral Language of Contemporary Diet Culture"，in "Feminism and Food"，special issue，*Feminist Philosophy Quarterly* 7，no. 3（2021）。

23 Harrison，*Belly of the Beast*。

24　Javier C. Hernández, "He Quit Singing Because of Body Shaming. Now He's Making a Comeback", *New York Times*, Jan. 23，2023，www.nytimes.com/2023/01/23/arts/music/limmie-pulliam-opera-body-shaming.html。

25　Seth Stephens-Davidowitz, "Google, Tell Me. Is My Son a Genius?", *New York Times*, Jan. 18，2014，www.nytimes.com/2014/01/19/opinion/sunday/google-tell-me-is-my-son-a-genius.html。此外，与儿子相比，父母询问如何能让女儿减肥的可能性比询问儿子的要高出1倍左右，而询问女儿是否漂亮的可能性要高出1.5倍。父母想知道儿子是否有"天赋"的可能性是女儿的2.5倍，使用"天才"一词时也表现出类似的偏向，尽管女孩更有可能在年幼时就表现出较强的词汇能力，也更有可能被选入学校的天才班。Stephens-Davidowitz写道："本文所概述的研究结果令人忧心并给我们留下了许多悬而未决的问题，但最尖锐的问题也许是：如果父母对女孩身体的关心程度只是男孩的一半，对女孩头脑的感兴趣程度是男孩的两倍，那美国女孩的人生会有什么不同？"

26　Erin M. Lenz, "Influence of Experienced and Internalized Weight Stigma and Coping on Weight Loss Outcomes Among Adults"（PhD diss., University of Connecticut, 2017）。

27　Molly Olmstead, "Cornell Frat Suspended for Game in Which Men Compete to Have Sex with Overweight Women", *Slate*, Feb. 7，2018，slate.com/news-and-politics/2018/02/cornell-fraternity-zeta-beta-tau-suspended-for-offensive-pig-roast-game.html。对这一做法的重要学术探讨参见Ariane Prohaska and Jeannine Gailey, "Fat Women as 'Easy Targets': Achieving Masculinity Through Hogging", in *The Fat Studies Reader*, ed. Esther Rothblum and Sondra Solovay（New York: New York University Press, 2009），第158—166页。

28　Hanne Blank, *Fat*（New York: Bloomsbury, 2020），第93页。

29　引人注目的是，尽管男性经常调用白人至上主义的、视异性恋为正统的与恐惧肥胖的父权制所奉行的美学标准来贬损女性外表，但女性调用这些标准押击男性的情况仍然少之又少。这也是我为什么丝毫不同情非自愿独身的异性恋男性。他们渴望的女性也许拒绝过他们，也许让他们觉得自己不受欢迎，这会让他们非常失望。（有些非自愿独身的男性，说白了，就是那种从来也没胆量接近自己心仪的美女，却又或多或少地幻想着美女能出现在他家门口，对他飞眼传情的年轻男人。）但说到不配拥有性、爱、不配因魅力而得到尊重，首当其冲的是女性与其他边缘化性别。然而，不知怎的，我们并不会像那些非自愿独身的男性一样，因此而杀人。更深入的讨论参见《应得的权利》，第二章。

30　参见Hebl and Mannix, "The Weight of Obesity in Evaluating Others", 本书第一章曾提到这一研究。

31　Elena Ferrante, *The Story of the Lost Child*（New York: Europa, 2015），第237页。

32　出处同上，第238页。

33 出处同上，第 239 页。

34 出处同上，第 240 页。

35 出处同上，第 243 页。

36 出处同上，第 242 页。

37 想要更全面地了解这一事件，可参阅我撰写的文章 "Good Girls: How Powerful Men Get Away with Sexual Predation"，*Huffington Post*，March 24，2017（updated March 28，2017），www.huffpost.com/entry/good-girls-or-why-powerful-men-get-to-keep-on-behaving_b_58d5b420e4b0f633072b37c3。

## 第六章　不足为奇

1 Plato，*Theaetetus*，trans. Benjamin Jowett（Indianapolis：Hackett，2014），155d。

2 想要了解这方面的实际情况与哲学界的整体氛围，这篇很有名的论文是必读之作，Kristie Dotson，"How Is This Paper Philosophy?"，*Comparative Philosophy* 3，no. 1（2012）：3—29。

3 Katherine Mangan，"In the Humanities, Men Dominate the Fields of Philosophy and History"，*Chronicle of Higher Education*，Oct. 12，2012，www.chronicle.com/article/in-the-humanities-men-dominate-the-fields-of-philosophy-and-history/。

4 可参见 Rebecca Ratcliffe and Claire Shaw，"'Philosophy Is for Posh, White Boys with Trust Funds'—Why Are There So Few Women?"，*Guardian*，Jan. 5，2015，www.theguardian.com/higher-education-network/2015/jan/05/philosophy-is-for-posh-white-boys-with-trust-funds-why-are-there-so-few-women，文章讲述了 Jennifer Saul 等人的经历。关于这些问题的经典讨论，参见 Sally Haslanger，"Changing the Ideology and Culture of Philosophy: Not by Reason (Alone)"，*Hypatia* 23，no. 2（2008）：210—223。最新一份引人入胜的调查分析参见 Christia Mercer 的文章 "The Philosophical Origins of Patriarchy"，*Nation*，July 1，2019，www.thenation.com/article/archive/patriarchy-sexism-philosophy-reproductive-rights/，以及她的论文 "The Philosophical Roots of Western Misogyny"，*Philosophical Topics* 46，no. 2（2018）：183—208。

5 Ratcliffe and Shaw，"'Philosophy Is for Posh, White Boys with Trust Funds'"。

6 想要了解更多哲学界性骚扰的代表性案例，可参见 Jennifer Schuessler，"A Star Philosopher Falls, and a Debate over Sexism Is Set Off"，*New York Times*，Aug. 2，2013，www.nytimes.com/2013/08/03/arts/colin-mcginn-philosopher-to-leave-his-post.html；Colleen Flaherty，"Another Harasser Resigns"，*Inside Higher Ed*，Nov. 4，2015，www.insidehighered.com/news/2015/11/04/northwestern-philosophy-professor-resigns-during-termination-hearing-over-sexual；Katie J. M. Baker，"The Famous

Ethics Professor and the Women Who Accused Him", *BuzzFeed News*, May 20, 2016, www.buzzfeednews.com/article/katiejmbaker/yale-ethics-professor; 以及 Katie J. M. Baker, "UC Berkeley Was Warned About Its Star Professor Years Before Sexual Harassment Lawsuit", *BuzzFeed News*, April 7, 2017, www.buzzfeednews.com/amphtml/katiejmbaker/john-searle-complaints-uc-berkeley。对该问题的一般讨论，可参见 Janice Dowell and David Sobel, "Sexual Harassment in Philosophy", *Daily Nous*, Aug. 29, 2019, dailynous.com/2019/08/29/sexual-harassment-philosophy-guest-post-janice-dowell-david-sobel/。关于哲学界的种族主义一些简要的（且必然是片面的）说明，可参见 David Rutledge, "Racist Attitudes 'Whitewashed' Modern Philosophy. What Can Be Done to Change It?", ABC News, *The Philosopher's Zone podcast*, Nov. 9, 2019, www.abc.net.au/news/2019-11-10/modern-philosophical-canon-has-always-been-pretty-whitewashed/11678314, 节目中介绍了 Bryan van Norden 对哲学正典的看法。

7  对于哲学界的跨性别恐惧症的最新论述，可参见 Talia Mae Bettcher, "When Tables Speak: On the Existence of Trans Philosophy", *Daily Nous*, May 30, 2018, dailynous.com/2018/05/30/tables-speak-existence-trans-philosophy-guest-talia-mae-bettcher/; t philosopher, "I Am Leaving Academic Philosophy Because of Its Transphobia Problem", Medium, May 20, 2019, medium.com/@transphilosopher33/i-am-leaving-academic-philosophy-because-of-its-transphobia-problem-bc618aa55712; 以及 Robin Dembroff, "Cisgender Commonsense and Philosophy's Transgender Trouble", *Transgender Studies Quarterly* 7, no. 3（2020）: 399—406。关于哲学界的阶级歧视，参见 John Proios, "Ethical Narratives and Oppositional Consciousness", *APA Newsletter on Feminism and Philosophy* 20, no. 3（2021）: 11—15。对于哲学界的残障歧视的论述，参见 Shelley Tremain's "Dialogues on Disability" series on the blog *Biopolitical Philosophy*, biopoliticalphilosophy.com/。

8  可参见 Rachel Moss, "For Tolerance of Body Diversity, Academia Gets a Big, Fat Zero", *Times Higher Education*, Sept. 29, 2021, www.timeshighereducation.com/opinion/tolerance-body-diversity-academia-gets-big-fat-zero。

9  诚然，也有人批评议论文有时会避重就轻或言之无物。但人们一般会把议论文比作肌肉发达、阳刚健硕的身体，而不是肥胖的身体，所以，这种比喻与其说是反肥胖，还不如说是反女性主义。

10  Willard V. Quine, "On What There Is", *Review of Metaphysics* 2, no. 5（1948）: 23。

11  该部分多次借鉴了我之前写的文章"Diet Culture Is Unhealthy"。

12  Quine, "On What There Is", 第23页。

13  当然，我并不是说奎因故意用这些陈词滥调来宣扬阶级歧视和肥胖恐惧。（这样说显然不符合时代背景，就算不考虑时代背景，谁又会这么想呢？）我的观点是，他是有意用胖人、瘦人来举例，也清楚他们的文化意义，他试图依靠他们所承载的意义，让自己的论述显得锐利、机智。

14 Quine, "On What There Is", 第 23—24 页。

15 此处我将笛卡尔著名的"身心"（mind-body）问题的概念倒置，粗略来说，身心问题指的是如何理解心灵与身体之间的关系，具体来说，就是我们的思想如何通过大脑及其神经生理过程得以实现。我所说的"身心"问题显然要平实得多。

16 Robert Paul Wolff, *About Philosophy*, 11th ed.（Boston：Pearson, 2012），第 21 页。

17 哲学领域的跨性别女性 Talia Mae Bettcher 以辛辣的笔触写道，对像她这样的人，哲学家们会表现出轻率、无知与偏执，而她的感觉是："对[抽象的形而上学问题]既傲慢又无知地发表看法是一回事。这种情况时有发生。非常讨厌。可用这种态度对待人——在房间里努力思考（并且有所收获）的人，那就是另一回事了。"详见她的文章"When Tables Speak"。

18 Philippa Foot, "The Problem of Abortion and the Doctrine of Double Effect", *Oxford Review* 5（1967）：5—15。

19 Judith Jarvis Thomson, "The Trolley Problem", *Yale Law Journal* 94, no. 6（1985）：1395—1415。

20 David Edmonds, *Would You Kill the Fat Man? The Trolley Problem and What Your Answer Tells Us About Right and Wrong*（Princeton, N.J.：Princeton University Press, 2014）。

21 一项关于电车难题和不同版本的"胖男人"难题的在线调查发现，近 14 万名受访者中有 84% 的人认为电车应该改道，但只有 41% 的人认为应该把胖男人从桥上扔下去；详见 https://www.philosophyexperiments.com/fatman/Default.aspx。调查的设计者承认，这个人的肥胖也许会让受访者产生偏见，但如果是那样，应该有更多的人选择**不**让电车转向，**而是**牺牲这个胖男人。不过，这种程度的肥胖恐惧症应该是非常极端的情况。此外，正如我在下文中所说，在电车难题中加入"肥胖"元素会干扰研究结果，而这只是其中的一个问题。

22 富特的论文"The Problem of Abortion and the Doctrine of Double Effect"，第 5—6 页中也讨论了这一案例（她表示，这个思想实验"学哲学的都知道"）。"显然，正确的做法是耐心地等胖人瘦下来。"她在开篇打趣道。不过，该论文的最后一句话是"举例考虑得不够周全，但无意冒犯"，详见第 15 页。

23 Plato, *Timaeus*, trans. Donald J. Zeyl（Indianapolis：Hackett, 2000），62d。

24 Hill, *Eating to Excess*, 第 47 页。

25 Plato, *Timaeus*, 63b。

26 出处同上。嘴巴具有两重功能，既能进食又能说话，这该如何解释？柏拉图在书中借蒂迈欧之口说道："造人者借必然性并按最好原则用牙、舌头和嘴唇来装配口。

他们是这样设计口的构造的:必需品由此进去,最好的东西由此出来。进去的都是身体所必需的;出来者则是说出来的话,乃理性的表现者,那是最好、最高贵的。"出处同上,69e。

27  出处同上,64e。

28  出处同上,66e

29  Hill,*Eating to Excess*,第50页。

30  Strings,*Fearing the Black Body*,第四章。

31  Plato,*Timaeus*,第86页。

32  Hill,*Eating to Excess*,第54页。可对比《理想国》,柏拉图在《理想国》中对女性的本质和角色的描绘略显平等主义,具体来说,他的理想国中有女性护卫者。

33  Hill,*Eating to Excess*,第52页。

34  亚里士多德在论述伊始就指出,"同样,饮食过多或过少会毁坏健康,而适量饮食能产生、促进和保持健康"。但后文我们会看到,亚里士多德认为,少吃对于人类来说并不是常见的诱惑。*Nicomachean Ethics*,第二卷,第二章,in *The Ethics of Aristotle*,trans. J. A. K. Thomson(London:Routledge,1953)。

35  出处同上。

36  亚里士多德曾以食物为例来说明,在两个极端之间找到平均值既没那么简单直接,也很难像数学那样精准、机械。"对一个运动员而言,10磅的食物算多,2磅的食物算少。但这并不意味着,教练必须规定他只能吃6磅食物。每个运动员并不相同,6磅可能多,也可能少。对米卢来说算少,但对一个刚刚开始训练的人来说却算多。"出处同上,第二卷,第四章。

37  亚里士多德指出,如果人们过分沉溺于实现抱负、学习或讲故事等带来的快乐,我们并不会说他们无节制。他认为,无节制针对的是"人类与低等动物共有的快乐,这种快乐中带有原始的兽性,把人变为奴隶"——最主要的是性欲和口腹之欲。出处同上,第三卷,第十章。

38  亚里士多德还对自我放纵的"贪食者"(belly-gorgers)和缺乏德性者做了重要区分,前者吃得过多,后者通过放纵某种欲望而获得过度快乐。出处同上,第三卷,第十一章。

39  出处同上,第二卷,第七章。

40  有趣的是,亚里士多德似乎并没考虑到这样的人,他们限制饮食不是因为无法从食物中获得快乐,而是主动拒绝了这种快乐。尽管亚里士多德肯定知道有苦行僧,在他们看来,任何快乐都是不好的。不过,值得注意的是,文献中并没有确切证据证明古代也存在进食障碍,这也许说明进食障碍是由社会所建构的,也说明只有在食物富足的社会环境中才会出现进食障碍。另一方面,中世纪的女性(主要是修女)患厌食症似乎并不罕见。关于所谓的神圣厌食症(anorexia

mirabilis)的有趣阐述,参见 Whitney May,"Holy Anorexia: How Medieval Women Coped with What Was Eating at Them",*A Medieval Woman's Companion*, amedievalwomanscompanion.com/holy-anorexia-how-medieval-women-coped-with-what-was-eating-at-them/,以及 Caroline Bynum 的著作 *Holy Feast and Holy Fast*(Berkeley: University of California Press, 1987),第六章。感谢 Rachana Kamtekar 等许多具有历史意识的同行对本节和上一节中的内容所提出的宝贵看法。任何疏漏均系笔者之误。

41 C. D. C. Reeve, introduction to *Politics*, by Aristotle, trans. C. D. C. Reeve(New York: Hackett, 1998), xxxv。

42 出处同上,xxxvi。

43 出处同上。

44 这项研究正是由安塞尔·基斯(我们在第三章中提到过他的肥胖恐惧症)和心理学家约瑟夫·布罗泽克(Josef Brozek)所做。想要对这项研究及其影响有个大概的了解,可参阅"The Psychology of Hunger",*Monitor on Psychology* 44, no. 9(2013): 66。

45 为了证明这一点,研究人员会先让受试者"提前摄入"一杯奶昔,然后让他们品尝各种冰激凌(可以随意品尝冰激凌,想吃多少就吃多少)。通常情况下,"限制饮食者"并没有因为已吃得比较饱而吃得更少,与没有奶昔时相比,他们反而吃得更多。这似乎是因为喝了奶昔会让他们产生"破罐子破摔"的心态。这一著名的原始研究参见 C. P. Herman and D. Mack, "Restrained and Unrestrained Eating", *Journal of Personality* 43, no. 4(1975): 647—660。这项研究被广泛复制、讨论,还衍生出许多不同的版本,以更好地研究"限制性饮食"。

46 Clara M. Davis, "Results of the Self-Selection of Diets by Young Children", *Canadian Medical Association Journal* 41, no. 3(1939): 257—261。

47 Amy T. Galloway et al., "'Finish Your Soup': Counterproductive Effects of Pressuring Children to Eat on Intake and Affect", *Appetite* 46, no. 3(2006): 318—323。目前,许多喂养专家和营养师都接受过 Ellyn Satter 所设计的"责任分工"喂养范式的训练,因此他们建议,在孩子用餐时,养育者应提供一小份甜点,不区分"好食物"和"坏食物",并在一定程度上允许孩子随意进食"不健康"的食物,以部分缓解这些食物可能带来的诱惑。(在大多数情况下,父母负责决定孩子们吃什么、什么时候吃、在哪里吃;孩子们负责决定吃多少,所以它才叫"责任分工"模式。)第一次尝试这种方法时,我们都战战兢兢,但我们会发现,出乎意料地,孩子们很愿意吃各种各样的食物,而且,当他们不再害怕得不到奖励的甜点时,就不会一心想吃甜点。更重要的是,他们学会了相信自己,相信自己的身体,相信自己的胃口。详见 Ellyn Satter, *Secrets of Feeding a Healthy Family: How to Eat, How to Raise Good Eaters, How to Cook*(New York: Kelcy Press, 2008)。更多关于孩子的喂养的绝佳经验,参见 Virginia Sole-Smith and Amy Palanjian, *Comfort Food*, podcast, comfortfoodpodcast.libsyn.com/,以及 Sole-Smith 的著作 *Fat Talk*。

48 最近一项研究表明,成年人也有"营养智慧",详见 Jeffrey M. Brunstrom and Mark Schatzker, "Micronutrients and Food Choice: A Case of 'Nutritional Wisdom' in Humans?", *Appetite* 174(2022): 106055。

49 Thomas Nagel, "Free Will", in *What Does It All Mean? A Very Short Introduction to Philosophy*(New York: Oxford University Press, 1987),第 47 页。

50 最近也有一个类似的例子,这一次蛋糕换成了一块曲奇,意志薄弱的人只吃了一块曲奇就打破了节食的习惯,详见 Agnes Callard, *Aspiration: The Agency of Becoming*(New York: Oxford University Press, 2018),第四章。

51 Steven Pinker, *Rationality: What It Is, Why It Seems Scarce, Why It Matters*(New York: Viking, 2021),第 36 页。

52 出处同上,第 51 页。

53 Tyler Kingkade, "Geoffrey Miller Censured by University of New Mexico for Lying About Fat-Shaming Tweet", *Huffington Post*, Aug. 7, 2013, https://www.huffpost.com/entry/geoffrey-miller-censured-unm_n_3716605。该文解释,确切地说,米勒受到学校申斥是因为他谎称自己发推特是为了做研究,但新墨西哥大学否定了他的说辞。

54 Jacob M. Burmeister et al., "Weight Bias in Graduate School Admissions", *Obesity* 21, no. 5(2013): 918—920。Viren Swami 与 Rachael Monk 所做的研究发现,在假想的案例中,身体质量指数被划为肥胖症(或"瘦弱")的女性被大学录取的概率较低。详见"Weight Bias Against Women in a University Acceptance Scenario", *Journal of General Psychology* 140, no. 1(2013): 45—56。

55 从哲学领域自认为肥胖的女性的视角出发,去教授学生**有关**肥胖污名化的内容会怎样?可参见 Kristin Rodier and Samantha Brennan, "Teaching (and) Fat Stigma in Philosophy", *Teaching Philosophy*。

56 "Because If You Had Been, It Would All Have Been OK?", *What Is It Like to Be a Woman in Philosophy?*, Oct. 21, 2010, beingawomaninphilosophy.wordpress.com/2010/10/21/because-if-you-had-been-it-would-all-have-been-ok/。这篇博文为我们提供了很多有关哲学界的性别歧视与厌女症(等)问题的宝贵信息。

57 在某些媒体中,肥胖的角色减肥后甚至会变聪明,比如《老友记》里的"胖莫妮卡"。瘦身后的她简直是麻雀变凤凰,苗条、时髦,而闪回片段里的她傻里傻气、臃肿不堪、滑稽可笑,天天只想着吃,为了扮演胖莫妮卡,演员柯特妮·考克斯化了特效妆。瘦身成功、焕然一新的莫妮卡成了剧中主角中最聪明的一个。感谢 Esa Díaz León 想到这个例子。

58 《辛普森一家》第四季第六集,"Itchy and Scratchy: The Movie",aired Nov.

3，1992，www.youtube.com/watch?v=NfBVRqZPb2w&ab_channel=Anand Venkatachalam。

59　影片想要表达的主要信息是，阻碍一个（大概有点）胖的女人取得成功的不是肥胖恐惧症，而是她缺乏自信。我呸。

60　Owen Gleiberman,"'The Whale' Review: Brendan Fraser Is Sly and Moving as a Morbidly Obese Man, but Darren Aronofsky's Film Is Hampered by Its Contrivances", *Variety*, Sept. 4, 2022, variety.com/2022/film/reviews/the-whale-review-brendan-fraser-darren-aronofsky-1235359338/。

61　Carmen Maria Machado, "The Trash Heap Has Spoken", *Guernica*, Feb. 13, 2017, www.guernicamag.com/the-trash-heap-has-spoken/。

62　不过从另一方面看，章鱼海巫也是个坏家伙。Sophie Carter-Kahn and April Quioh, "Boo! Fear the Fat", Oct. 26, 2017, in *She's All Fat*, podcast, shesallfat pod.com/pod/s1e8，这期播客以此为例，对肥胖形象的呈现的模棱两可做了有趣的探讨。

63　Sonya Renee Taylor, *The Body Is Not an Apology: The Power of Radical Self-Love*（Oakland: Berrett-Koehler, 2018）。

64　公允地说，塞缪尔·亨特也胖过，在回应这些批评时，他谈到自己在二十出头时突然发胖，而在2012年该剧首演前的十年时间里，他越变越瘦。但在我看来，他的安慰起不到任何作用：许多倡导接纳肥胖活动家指出，胖过的人最怕再次变胖。他们需要把这种无法排解的恐怖情绪发泄出来，从而让这种特别有害的肥胖恐惧症得以延续。正如 Michael Schulman 在 *New Yorker* 上所说的那样："查理的肥胖症源于亨特的真实经历，也源于他能想到的最坏的情况。'如果没越过那道坎，我会怎样？……我看着自己当时发胖的样子，一切是那么快，我想，我也许会永远那样。'"但他并没一直胖下去，这很重要。Michael Schulman, "About Brendan Fraser's Fat Suit in *The Whale*", *New Yorker*, Dec. 7, 2022, www.newyorker.com/culture/notes-on-hollywood/the-whale-and-the-fat-suit-brendan-fraser-darren-aronofsky。

65　Annette Richmond, "Ash of *The Fat Lip* Podcast Wants You to Know That Sizes Above 32 Exist", *Ravishly*, Feb. 26, 2018, www.ravishly.com/ash-fat-lip-podcast。想要了解更多肥胖的创作人的经历，听他们现身说法，可参见播客 *Unsolicited: Fatties Talk Back*, by Marquisele Mercedes, Da'Shaun L. Harrison, Caleb Luna, Bryan Guffey, and Jordan Underwood；播客 *She's All Fat*, by April Quioh and Sophie Carter-Kahn；以及博客 *Comfy Fat*, published by J Aprileo。

66　参见 Miranda Fricker, *Epistemic Injustice: Power and the Ethics of Knowing*（Oxford: Oxford University Press, 2007），第一至二章。

67　参见 Kristie Dotson, "Tracking Epistemic Violence, Tracking Practices of Silencing", *Hypatia* 26, no. 2（2011）: 242。Alison Reiheld 在接受 Shelley Tremain 的采访时

对于肥胖的学者在哲学乃至广泛的学术界所面临的挑战进行了深入的探讨，她说："从事女性主义哲学研究的女性和从事种族理论研究的有色人种经常被嘲笑，人们嘲笑他们是在做'自我研究'（me studies），而且具有讽刺意味的是，人们认为他们知识的权威性不及研究性别问题的男性或研究种族问题的白人。类似地，研究肥胖问题的肥胖学者也经常被忽视。学术界，尤其是哲学界的这种轻蔑态度阻碍了人们对知识的追求，也是在贬低这些人作为哲学家和学者的价值。如此傲慢地限制谁能成为求知者，限制什么值得研究，令我们无法追求知识。" Shelley Tremain, "Dialogues on Disability: Shelley Tremain Interviews Alison Reiheld", *Biopolitical Philosoph*y, Sept. 18, 2019, biopoliticalphilosophy.com/2019/09/18/dialogues-on-disability-shelley-tremain-interviews-alison-reiheld/。

68　Richmond, "Ash of *The Fat Lip* Podcast Wants You to Know That Sizes Above 32 Exist"。

69　参见 Instagram 用户 @ash.fatlip 的帖文, Nov. 3, 2022, www.instagram.com/p/CkgNl4yu1kI/?igshid=MDJmNzVkMjY%3D。

70　Ash, "You Can Still Fly with Limited Mobility", *The Fat Lip*（blog）, July 8, 2019, thefatlip.com/2019/07/08/you-can-still-fly-with-limited-mobility/。

71　Ash, "Make Your Home Work for You", *The Fat Lip*（blog）, Aug. 1, 2019, thefatlip.com/2019/08/01/home-accomodations/。

72　Ash, "UPDATED 2022: 27 Sturdy Chairs for Fat People (up to and Beyond 500lbs!)", *The Fat Lip*（blog）, Nov. 9, 2019, thefatlip.com/2019/11/09/27-sturdy-chairs-for-fat-people/。

73　Ash, "Our 600 Pound Lives", *The Fat Lip*（blog）, March 21, 2020, thefatlip.com/2020/03/21/our-600-pound-lives/。

74　因此，我们也不应该认为，确实有认知障碍（包括通常所说的"严重"障碍）的人应被视作智力"低下"。虽然这个问题远远超出了本书的讨论范围，但哲学家 Eva Kittay 已精辟地指出了哲学界的残障歧视。她指出，有认知障碍的人不仅同样有价值，应该受到人道、有尊严的对待，而且，他们还可以让其他人学会一些宝贵而微妙的道理。详见 *Learning from My Daughter: The Value and Care of Disabled Minds*（New York: Oxford University Press, 2019）。

75　关于"认知权利"概念的讨论，可参阅本人的《应得的权利》第八章，其中借鉴了索尔尼特在这一问题上的开创性工作，尽管"男性说教"这一名词并非由她提出，而且她对男性说教似乎有些不同的看法。索尔尼特对该现象的精彩论述参见"Men Explain Things to Me", reprinted in *Guernica*, Aug. 20, 2012, www.guernicamag.com/rebecca-solnit-men-explain-things-to-me/。

76　Peter Singer, "Weigh More, Pay More", *Straits Times*, March 16, 2012, www.straitstimes.com/world/peter-singer-weigh-more-pay-more。

77 Chris Uhlik, "What Is the Cost of Fuel Burned for 1 Kg in 1 Hour for an A320 Aircraft?", Quora, www.quora.com/What-is-the-cost-of-fuel-burned-for-1-kg-in-1-hour-for-an-A320-aircraft/answer/Chris-Uhlik。就算 Uhlik 对费用的估算有误，也得是数百个数量级的误差，才能证明辛格认为肥胖的乘客需要多掏机票钱的观点是正确的。

78 辛格最具争议的是另一个关乎基本人性的问题：他隐晦地否定了"严重"残障者的生命价值，认为如果法律允许父母对预计会严重残障的婴儿实施安乐死，他们就应该这么做。对此，已故残障人士权利倡导者、律师、患有退行性神经肌肉疾病的 Harriet McBryde Johnson 有力地回应道："我享受我的人生……有无残疾并不能预示生活质量的高低。"详见她的精彩文章 "Unspeakable Conversations", *New York Times Magazine*, Feb. 16, 2003, www.nytimes.com/2003/02/16/magazine/unspeakable-conversations.html。事实上，研究发现，残障人士和非残障人士的生活满意度相差无几。有关这一问题的三篇出色的最新哲学论述，参见 Elizabeth Barnes, *The Minority Body: A Theory of Disability* (Oxford: Oxford University Press, 2016); Joseph A. Stramondo, "Bioethics, Adaptive Preferences, and Judging the Quality of a Life with Disability", *Social Theory and Practice* 47, no. 1 (2021): 199—220; 以及 Joel Michael Reynolds, *The Life Worth Living: Disability, Pain, and Morality* (Minneapolis: University of Minnesota Press, 2022)。

79 Daniel Callahan, "Obesity: Chasing an Elusive Epidemic", *Hastings Center Report* 43, no. 1 (2013): 37。

80 出处同上，第 40 页。

81 出处同上，第 37—38 页。

82 出处同上，第 35 页。

83 当然，对这些便利工具的不满也是对残障者的歧视。这些技术对许多残障者帮助很大，比如患有关节炎、多发性硬化症、帕金森症的人或肢体残缺者。

84 出处同上，第 39 页。

## 第七章 煤气灯下的晚餐

1 相关讨论参见本书第二章。

2 参见 Anna Guerdjikova and Harold C. Schott, "Why Dieting Can Be Harmful", Lindner Center blog, Feb. 8, 2021, lindnercenterofhope.org/blog/why-dieting-can-be-harmful/。

3 参见 "Overview of the $58 Billion U.S. Weight Loss Market 2022", *Globe News Wire*, March 23, 2022, https://www.globenewswire.com/en/news-release/2022/

03/23/2408315/28124/en/Overview-of-the-58-Billion-U-S-Weight-Loss-Market-2022.html。

4　参见 *Saturday Night Live*, "Cinema Classics: Gaslight", aired Jan. 22, 2022, www.youtube.com/watch?v=xZU9D_DcbMs&ab_channel=SaturdayNightLive。

5　Patrick Hamilton, *Angel Street: A Victorian Thriller in Three Acts*（copyrighted under the title *Gas Light*）（New York：Samuel French, 1939），第 18 页。

6　出处同上，第 34—35 页。

7　Manne, *Entitled*, 第 148 页。

8　我们并不清楚，受伤是一次意外，然后被归咎于贝拉，还是曼宁厄姆先生故意使坏以达到他的最终目的。我们也不清楚他这样做是为什么：也许是为了把她送进疯人院，因为他已经从她那儿得到了他想要的东西，也就是她买房子的钱。或者，借用 Adam Serwer 最近出版的书中的一句话，"残忍才是重点"，这也是该书的书名。

9　鉴于"神经病"（crazy）一词带有残障歧视色彩，我用了引号，不过，鉴于曼宁厄姆先生是煤气灯操纵者的代表，要想恰如其分地描述他的目的和视角，我只能用这个词。

10　关于煤气灯操纵的完整定义，请参阅我的论文"Moral Gaslighting", *Aristotelian Society Supplementary Volume* 97, no. 1（2023）。我在文中借鉴了多位学者的哲学论述，包括 Kate Abramson, "Turning Up the Lights on Gaslighting", *Philosophical Perspectives* 28, no. 1（2014）：1—30；Veronica Ivy（writing as Rachel V. McKinnon）, "Allies Behaving Badly: Gaslighting as Epistemic Injustice", in *The Routledge Handbook of Epistemic Injustice*, ed. Gaile Pohlhaus, Jr., Ian James Kidd, and José Medina（New York：Routledge, 2017），第 167—175 页；以及 Elena Ruíz, "Cultural Gaslighting", *Hypatia* 35, no. 4（2020）：687—713。

11　即使煤气灯操纵者是一个人，他也不一定是有意为之。比如一个酒鬼戒酒后又开始喝酒，你质问他为什么这样，他回答说"你是不信任我吗？""要是你再这样质疑我，我就故态复萌"，你会因此而感到内疚吗？在我看来，这也算得上煤气灯操纵，尽管他并不是**有意**让你内疚，让你看不到真相；他只是想掩盖他深感羞愧的事。

12　参见 Ruíz, "Cultural Gaslighting"；以及 Angelique M. Davis and Rose Ernst, "Racial Gaslighting", *Politics, Groups, and Identities* 7, no. 4（2019）：761—774。

13　20 世纪 80 年代就流行用金属线固定住上下颌，以"帮助"肥胖者减肥。人们一直很担心此举的安全隐患，比如无法张开嘴巴的话就很容易被自己的呕吐物呛到。详见 Daniel Davies, "Researchers Develop Weight-Loss Tool That Uses Magnets to Lock Your Mouth Shut", *Men's Health*, July 14, 2021, www.menshealth.com/uk/health/a37020381/dental-slim-diet-control-magnet-device/。

14　参见 Virginia Sole-Smith, "A Weight Watchers App for Kids Raises Concerns", *New York Times*, April 17, 2020, www.nytimes.com/2020/04/17/parenting/big-kid

weight-watchers-kids.html。诚然，该应用程序的基本功能免费，付费可以获得额外的"健康指导"。但其目的肯定是引诱孩子和父母接受这种对待食物和身体的方式，并把他们发展成慧优体产品的潜在用户（慧优体现已更名为"WW"，新推广语是"可实现的健康"〔Wellness that works〕）。

15 Virginia Sole-Smith and Amy Palanjian, "Can You Be Addicted to Sugar? (with Lisa Du Breuil)", Jan. 17, 2019, in *Comfort Food*, podcast, comfortfood podcast. libsyn.com/episode-24-can-you-be-addicted-to-sugar-with-lisa-dubreuil。顺便说一下，这一集播客标题中的问题的答案是否定的：糖并不能让人成瘾。

16 Amanda Milkovits, "'I Don't Buy for a Second the Coaches Didn't Know': Former Students Wonder Why No One Stopped Coach Aaron Thomas and 'Fat Tests'", *Boston Globe*, Jan. 24, 2022, www.bostonglobe.com/2022/01/24/metro/i-dont-buy-second-coaches-didnt-know-former-students-wonder-why-no-one-stopped-coach-aaron-thomas-fat-tests/。

17 "Teen's Death at Camp Fuels Debate, Inquiry", *Los Angeles Times*, Dec. 5, 1999, www.latimes.com/archives/la-xpm-1999-dec-05-mn-40755-story.html。

18 Harrison, *Belly of the Beast*, 第38页。

19 Marquisele Mercedes, Da'Shaun L. Harrison, Caleb Luna, Bryan Guffey, and Jordan Underwood, "Solicited: I'm Just Asking Questions", March 27, 2022, in *Unsolicited: Fatties Talk Back*, podcast, unsolicitedftb.libsyn.com/im-just-asking-questions。

20 节食文化的影响无处不在，一个普遍存在的问题是，那些被煤气灯操纵的人会在不知情的情况下操纵他人，让脆弱的人相信减肥很重要。

21 拿成人的身体与儿童的身体做比较令人反感，也暗示了这样一个事实，即一个女孩管理不好自己的身体就可能管理不好自己的性欲，就可能看起来有种不成体统的"成熟"。

22 Hamilton, *Angel Street*, 第10页。

23 出处同上，第11页。

24 出处同上，第12页。

25 出处同上，第16页。

26 出处同上，第26页。

27 不过，说句公道话，最初让人注意到萨曼莎胖了几磅的是个男人，是这部剧以及整个《欲望都市》系列中很老套的角色，主角团的"男闺密"安东尼·马伦蒂诺。他看到萨曼莎惊呼道："天啊！你这是怎么了？！"

28 想要大概了解相关风险，可参见Jenny Sugar, "If Dieting Makes You Feel Anxious, Distracted, Stressed, or Depressed, Experts Explain Why", *Pop Sugar*, April 13,

2020，www.popsugar.com/fitness/photo-gallery/47337017/image/47369438/Dieting-Affects-Sleep，该文章摘录了对营养学家等专家的访谈内容。

29. Harriet Brown, "The Weight of the Evidence", *Slate*, March 24, 2015, slate.com/technology/2015/03/diets-do-not-work-the-thin-evidence-that-losing-weight-makes-you-healthier.html。也参见其著作 *Body of Truth: How Science, History, and Culture Drive Our Obsession with Weight—and What We Can Do About It*（Boston: Da Capo Press, 2015），她在书中进一步反思了该问题，非常有参考价值。

30. Kolata, "One Weight Loss Approach Fits All?"，当时，该男子已坚持减重两年半，体重减轻了42磅，这与该行业的黄金标准——五年——相差甚远。

31. 出处同上。

32. 出处同上。

33. Lucy Wallis, "Do Slimming Clubs Work?", BBC News, Aug. 8, 2013, www.bbc.com/news/magazine-23463006。

34. 出处同上。

35. 出处同上。

36. Hamilton, *Angel Street*, 第92页。

## 第八章　饥饿的权威

1. 在此我借鉴了我之前写的文章《节食文化并不健康》("Diet Culture Is Unhealthy")，但本章节的论证更深入。

2. *Fantasy Island*, season 1, episode 1, "Hungry Christine/Mel Loves Ruby", Aug. 10, 2021。该节目执行制片 Liz Craft 和 Sarah Fain 在她们的播客 *Happier in Hollywood* 中明确表示，她们钦佩并赞赏克里斯蒂娜饮食有度的生活方式，克里斯蒂娜这个角色基本上以 Craft 的嫂嫂为原型，她也是名间新闻主播，为了工作也必须保持"曼妙身材"。（剧中的克里斯蒂娜是"办公室零食社交"的受害者，这也是播客中常谈到的话题，主持人对那些把"吃了发胖"的食物带到办公室分享并诱导同事打破节食习惯的人非常不满。）

3. 少数人选择把胖男人扔下桥，如果你是他们的一员，请思考下面这种更明显的恶行你是否能接受：为了拯救五个急需器官移植的病人，杀掉一个健康人并摘取脏器。根据功利主义理论，在"外科医生案例"这一思想实验中，你应该这么做（该思想实验最初由 Philippa Foot 在"The Problem of Abortion and the Doctrine of Double Effect"，第9页中提出）。只有少部分人认为功利主义能够经受住这类反例的拷问，除非它做出重大修正，而修正后的理论就不会那么简洁、有趣。

4 Peter Singer, "Famine, Affluence, and Morality", *Philosophy and Public Affairs* 1, no. 3（1972）: 229—243. 辛格还为一个更强有力的（更苛刻的）原则辩护, 根据该原则, "如果我有能力阻止坏事的发生, 又不会因此而牺牲任何具有**同等**道德重要性的东西, 那么从道德上来讲, 我们就应该这样做"。（出处同前, 第 231 页, 强调由我标出。）我认为, 就我们讨论的问题来说, 能做到较温和的原则所要求的即可。我在 Substack 的一篇文章中讨论辛格的结论以及我对结论的疑虑, 包括他对小小的放纵的指责, 详见 "Against Swooping In", *More to Hate*, June 30, 2022, katemanne.substack.com/p/against-swooping-in。

5 可参见 Singer's "Animal Liberation", in *Animal Rights*, ed. Robert Garner（London: Palgrave Macmillan, 1973）, 第 7—18 页。

6 经济学家 Emily Oster 没我那么尖锐、直接, 她在书中写道: "那么, 最简单的节食法……就是少吃。我读过的一本好书《经济学家的饮食》（*The Economists' Diet*）, 最能体现这一点。书中传达的主要信息是, 要想减肥, 必须每天称体重, 少吃东西。很多时候都感觉饥肠辘辘。它很简洁, 给人一种美感, 不过我知道它为什么没流行起来。"详见 Emily Oster, "Diets and Data", *ParentData*, Substack, Jan. 6, 2022, emilyoster.substack.com/p/diets-and-data。

7 参见 Colin Klein, "An Imperative Theory of Pain", *Journal of Philosophy* 104, no. 10（2007）: 517—532; 以及 Colin Klein, *What the Body Commands: The Imperative Theory of Pain*（Cambridge, Mass.: MIT Press, 2015）。

8 此处我借鉴了我的论文 "Locating Morality: Moral Imperatives as Bodily Imperatives", in *Oxford Studies in Metaethics* 12, ed. Russ Shafer-Landau（Oxford: Oxford University Press, 2017）, 第 1—26 页。请注意, 功利主义等为确定是非对错及其合理性提供了**伦理学**框架, 而身体律令这一概念的引入则是为补充性的, 但更基本的分析层面服务, 哲学家称之为 "元伦理学"（metaethical）, 它要回答的是关于道德的**来源**或**本质**（等方面）的问题。此外, 我的元伦理学观点并不与任何一种伦理学理论都相抗。它并不一定遵循功利主义理论（或功利主义所属范畴的任何理论, 这一大类的理论都叫结果论, 主张行为的道德价值完全由其结果决定）。

9 能够干扰身体律令, 即弗吉尼亚·索莱-史密斯所说的"进食本能"的因素相对较少, 有一个因素就是身体需要**呼吸**的本能。索莱-史密斯的小女儿维奥莱特由于先天性疾病导致的心脏衰竭, 幼小的孩子无法摄入足够的乳汁, 因为要保证身体能获得充足的氧气。这种与生俱来的适应性本能, 再加上疾病与就医所带来的创伤, 使得维奥莱特后来对口腔活动产生厌恶感, 而且其持续时间之久, 远超医生预期。维奥莱特只能依靠饲管进食。在随后的两年时间里, 索莱-史密斯逐渐教会维奥莱特重新进食, 并帮助她重新认识自己对食物的不适感, 这篇感人至深的叙述详见 *The Eating Instinct: Food Culture, Body Image, and Guilt in America*（New York: Henry Holt, 2018）, 第一章。

10 在研究元伦理学时, 我会用能否用来折磨他人, 作为判断是否为身体律令的标准。

该方法能帮助我回答一个常见问题：性冲动是身体律令吗？不，它们只是欲望。因为，虽然大家公认强奸或其他方式的性侵犯是折磨——我倒是希望那不是种折磨——但（据我所知）被拒绝发生性关系并不算折磨，这与非自愿独身者的逻辑相悖。

11　这一理论框架还能解释，为什么无论如何都不能染上毒瘾：染上毒瘾后身体又会发出新的律令以满足毒瘾，这些律令既难满足，又往往会带来更严重的问题，包括健康问题（和未得到满足的身体律令）。不过，我确实认为，关怀瘾君子是我们的道德责任，例如，为成瘾者提供美沙酮，而不是期望他们能一下子戒掉毒瘾。这样做是出于内在的道德原因，旨在减少因身体需求得不到满足而造成的痛苦。此外，还出于实际的考虑，因为美沙酮通常能更有效地解决成瘾问题。

12　与大多数当代哲学家一样，"伦理的""道德的"两个词我会换着用。

13　关于扼杀罪的详细讨论可参阅《不只是厌女》的序言部分。

14　关于患有急性呼吸窘迫综合征竟有多痛苦，参见 Cheryl Misak, "ICU Psychosis and Patient Autonomy: Some Thoughts from the Inside", *Journal of Medicine and Philosophy* 30, no. 4（2005）: 411—430。

15　更极端的做法是 Uberman 睡眠法：每 4 个小时睡 20 分钟（这是一种"多阶段睡眠"，会严重剥夺睡眠）。最近有篇文章讲述了该方法的不良影响，包括幻觉、抑郁以及完全没有记忆的昏睡状态，参见 Mark Serrels, "I Tried Polyphasic Sleep and Almost Lost My Mind", CNET, July 12, 2022, www.cnet.com/culture/features/i-tried-polyphasic-sleep-and-almost-lost-my-mind/。他在文中写道："现在回想起来，整件事似乎都很荒谬。这是一场毫无意义的自我挑战，由男性的自我意识和想要做'人体黑客'的渴望所驱动。它纯粹是把男性气质中好勇斗狠的一面变成了害人的工具。"他补充道，"不过，倒是写作的好素材。"

16　参见 "The Nap Ministry", thenapministry.wordpress.com/。

17　此外，还有四项研究发现，最初被诊断为部分综合征进食障碍的患者中，分别有 14%、33%、37.5% 和 46% 发展为全综合征进食障碍。参见 Catherine M. Shisslak et al., "The Spectrum of Eating Disturbances", *International Journal of Eating Disorders* 18, no. 3（1995）: 213—214。

18　可参见 "Eating Disorder Statistics", South Carolina Department of Mental Health, www.state.sc.us/dmh/anorexia/statistics.htm。

19　研究人员对近 500 名青春期女孩进行了为期 8 年的社群抽样调查，结果发现，"20 岁之前，患过神经性厌食症的比例为 0.8%，神经性贪食症为 2.6%，暴食症为 3.0%，非典型神经性厌食症为 2.8%，阈下神经性贪食症为 4.4%，阈下暴食症为 3.6%，清除障碍为 3.4%；合并患病率为 13.1%（5.2% 患有厌食症、贪食症或暴食症；11.5% 患有无法具体分类的喂养障碍、进食障碍）"。Eric Stice et al., "Prevalence, Incidence, Impairment, and Course of the Proposed DSM-5 Eating Disorder Diagnoses in an 8-Year Prospective Community Study of Young Women", *Journal of Abnormal Psychology* 122, no. 2（2013）: 445—457。最近的证据还表明，非二元和性别表现不一致者（gender nonconforming people）非典型厌食症的患病率可能更高，参见 Erin N. Harrop et al., "Restrictive Eating Disorders in Higher Weight Persons: A Systematic Review of Atypical Anorexia Nervosa Prevalence and Consecutive Admission Literature", *International Journal of Eating Disorders* 54, no. 8（2021）: 1328—1357。

20 关于这些及其他症状的令人心碎但有启发性的讨论，参见 Aubrey Gordon and Michael Hobbes's interview with Erin Harrop, "Eating Disorders", March 30, 2021, in *Maintenance Phase*, podcast, player.fm/series/maintenance-phase/eating-disorders。

21 可参见 Margot Rittenhouse, "What Is Atypical Anorexia Nervosa: Symptoms, Causes, and Treatment", Eating Disorder Hope, updated Aug. 30, 2021, www.eatingdisorderhope.com/information/atypical-anorexia。

22 Michael Hobbes, "Everything You Know About Obesity Is Wrong", *Huffington Post*, Sept. 19, 2018, highline.huffingtonpost.com/articles/en/everything-you-know-about-obesity-is-wrong/。该文总结了哈罗普的部分研究（参见注20）。相比之下，神经性厌食症平均在发病两年半后才会被诊断出来，参见 Kate Shiber, "You Don't Look Anorexic", *New York Times Magazine*, Oct. 18, 2022, www.nytimes.com/2022/10/18/magazine/anorexia-obesity-eating-disorder.html，这篇文章也借鉴了哈罗普的研究。

23 想要了解女性主义对于该类问题的深入探讨，可参见 Christina van Dyke, "Manly Meat and Gendered Eating: Correcting Imbalance and Seeking Virtue", in *Philosophy Comes to Dinner: Arguments on the Ethics of Eating*, ed. Andrew Chignell, Terence Cuneo, and Matthew C. Halteman（New York: Routledge, 2016），第39—55页；Megan A. Dean, "Eating as a Self-Shaping Activity: The Case of Young Women's Vegetarianism and Eating Disorders", *Feminist Philosophy Quarterly* 7, no. 3（2021）。

24 还有很多由营养学家、营养师和心理学家等有资质的专家撰写的书籍，深入探讨了这一做法的细节，并就该做法的实操给出了哲学家给不了的建议。可参见 Evelyn Tribole and Elyse Resch, *Intuitive Eating: A Revolutionary Anti-diet Approach*, 4th ed.（New York: St. Martin's Press, 2020）; Harrison, *Anti-diet*；以及 Conason, *Diet-Free Revolution*，这些书提供了很好的起点。许多经过认证的直觉饮食法咨询师会提供支持和个性化指导，许多人在实施直觉饮食法时都需要支持和指导，以避免再次陷入节食的思路。在这里，我只想说，直觉饮食法的基本原则与我的哲学思想非常吻合，都认为饥饿具有权威性，认为倾听身体、相信自己的直觉以抵抗煤气灯操纵很重要。尽管也有人批评、诋毁直觉饮食法，但对我来说，它至关重要。

25 Pinker, *Rationality*, 第52页。

26 关于身体异化与瘦出"大腿缝"(对大多数体形来说都得非常非常瘦)的关系的富有启发性的哲学思考,参见 Céline Leboeuf, "Anatomy of the Thigh Gap", *Feminist Philosophy Quarterly* 5, no. 1 (2019)。感谢 Fabio Cabrera 对该论文提出的见解。

27 Sharon Hayes and Stacey Tantleff-Dunn, "Am I Too Fat to Be a Princess? Examining the Effects of Popular Children's Media on Young Girls' Body Image", *British Journal of Developmental Psychology* 28, no. 2 (2010): 413—426。

28 Christine Roberts, "Most 10 Year-Olds Have Been on a Diet: Study; 53 Percent of 13-Year-Old Girls Have Issues with How Their Bodies Look", *New York Daily News*, July 3, 2012, www.nydailynews.com/news/national/diets-obsess-tweens-study-article-1.1106653。

29 José Francisco López-Gil et al., "Global Proportion of Disordered Eating in Children and Adolescents: A Systematic Review and Meta-analysis", *JAMA Pediatrics* 177, no. 4 (2023): 363—372。

30 Jacinta Lowes and Marika Tiggemann, "Body Dissatisfaction, Dieting Awareness, and the Impact of Parental Influence in Young Children", *British Journal of Health Psychology* 8 (2003): 135—147。

31 W. Stewart Agras et al., "Childhood Risk Factors for Thin Body Preoccupation and Social Pressure to Be Thin", *Journal of the American Academy of Child and Adolescent Psychiatry* 46, no. 2 (2007): 171—178。

32 这种"吃太多"是很复杂的现象,可能是由服用皮质类固醇等常见药物造成的,这些药物会让一些人感觉不到饱,明明吃饱了还拼命想吃东西。一些患有罕见遗传性疾病(如普拉德-威利综合征)的人也会出现类似症状。

33 Lauren Del Turco, "6 Weight Loss Surgery Myths, and the Honest Truth from Experts", *Prevention*, Jan. 6, 2020, www.prevention.com/weight-loss/a30393486/weight-loss-surgery-myths/。

34 常见的减肥手术包括将胃缩小到香蕉大小的袖状胃切除术、十二指肠转位术(袖状胃切除术外加大部分小肠改道)和胃旁路手术(最极端的选择,将胃的一小部分与小肠的下半部分连接起来)。胃束带手术是通过可调节的胃束带挤压胃部,从而将胃的一部分切除,这种手术目前已较少采用,因为它被认为是效果较差的干预措施。如需了解这些差异,可参见上一条注释。

35 参见"Estimate of Bariatric Surgery Numbers, 2011—2020", American Society for Metabolic and Bariatric Surgery, June 2022, asmbs.org/resources/estimate-of-bariatric-surgery-numbers。

36 John Pavlus, "What No One Tells You About Weight Loss Surgery", *Glamour*, July 30, 2007, www.glamour.com/story/weight-loss-surgery。

37  "Weight-Loss Surgery Side Effects: What Are the Side Effects of Bariatric Surgery?", National Institute of Diabetes and Digestive and Kidney Diseases, www.niddk.nih.gov/health-information/weight-management/bariatric-surgery/side-effects。

38  Del Turco, "6 Weight Loss Surgery Myths"。

39  Derek Bagley, "Unforeseen Consequences: Bariatric Surgery Side Effects", *Endocrine News*, Nov. 2018, endocrinenews.endocrine.org/unforeseen-consequences-bariatric-surgery-side-effects/。

40  "Weight-Loss Surgery Side Effects"。

41  Pavlus, "What No One Tells You About Weight Loss Surgery"。

42  Benjamin Clapp, "Small Bowel Obstruction After Laparoscopic Gastric Bypass with Nonclosure of Mesenteric Defects", *Journal of the Society of Laparoscopic and Robotic Surgeons* 19, no. 1 (2015): e2014.00257。

43  Lara Pizzorno, "Bariatric Surgery: Bad to the Bone, Part 1", *Integrative Medicine* 15, no. 1 (2016): 48—54。

44  Del Turco, "6 Weight Loss Surgery Myths"。

45  Pavlus, "What No One Tells You About Weight Loss Surgery"。

46  "Weight-Loss Surgery Side Effects"。

47  Bagley, "Unforeseen Consequences"。关于这一问题的重要研究参见 O. Backman et al., "Alcohol and Substance Abuse, Depression, and Suicide Attempts After Roux-en-Y Gastric Bypass Surgery", *British Journal of Surgery* 103, no. 10 (2016): 1336—1342。这项研究调查了2001年至2010年间在瑞典接受胃旁路手术的患者自杀未遂的情况,发现这些患者因自杀未遂而入院的概率差不多是普通人群的三倍。还有研究将接受减肥手术的患者与"肥胖症""严重肥胖"的人群比较,结果同样显示自杀和自残的风险大大增加(在一项研究中,自杀和自残的风险几乎增加了一倍,而接受胃旁路手术的患者自杀和自残的风险则增加了三倍多;还有一些研究的结果更令人震惊)。另外参见 Alexis Conason and Lisa Du Breuil, "'But Everything Is Supposed to Get Better After Bariatric Surgery!': Understanding Postoperative Suicide and Self-Injury", *Bariatric Times*, Oct. 1, 2019, bariatrictimes.com/understanding-postoperative-suicide-self-injury/;以及 Sara G. Miller, "Risk of Self-Harm May Rise Following Bariatric Surgery", *Scientific American*, Oct. 8, 2015, www.scientificamerican.com/article/risk-of-self-harm-may-rise-following-bariatric-surgery/。

48  Bagley, "Unforeseen Consequences"。

49  Ragen Chastain, "The Inconvenient Truth About Weight Loss Surgery", *Ravishly*, March 14, 2017, www.ravishly.com/2017/03/14/inconvenient-truth-about-weight-loss-surgery。

50　Miranda Hitti,"Lasting Damage from Fen-Phen Drug?", *WebMD*, Nov. 5, 2008, https://tlfllc.com/blog/lasting-damage-from-fen-phen-drug。

51　Gordon, *What We Don't Talk About When We Talk About Fat*, 第 59 页。

52　Alicia Mundy, *Dispensing with the Truth: The Victims, the Drug Companies, and the Dramatic Story Behind the Battle over Fen-Phen*（New York：St. Martin's Press, 2010）, 第 4 页。Aubrey Gordon 与 Michael Hobbes 在他们的播客 *Maintenance Phase* 的"Fen Phen & Redux"那期节目中, 谈到了 Mundy 的研究, 收听地址 player.fm/series/maintenance-phase/fen-phen-redux。这些药物于 1997 年退市。

53　可参见 University of Illinois, "Phentermine, Oral Capsule", *Healthline*, Aug. 2, 2021, https://www.healthline.com/health/drugs/phentermine-oral-capsule。

54　Amy J. Jeffers and Eric G. Benotsch, "Non-medical Use of Prescription Stimulants for Weight Loss, Disordered Eating, and Body Image", *Eating Behaviors* 15（2014）: 414—418。

55　Amanda B. Bruening et al., "Exploring Weight Control as Motivation for Illicit Stimulant Use", *Eating Behaviors* 30（2018）: 72—75。

56　可参见 Jacquelyn Cafasso, "Can You Overdose on Adderall?", *Healthline*, Jan. 24, 2023, www.healthline.com/health/can-you-overdose-on-adderall#drug-interactions。

57　与此密切相关的一种治疗 2 型糖尿病的处方药——诺和力（利拉鲁肽）, 最近也因有人称该药会导致胰腺癌而被告上法庭。不过, 该药的生产商诺和诺德公司提起上诉, 要求重审此案。详见 Brendan Pierson, "Novo Nordisk Wins Appeal over Claims That Diabetes Drug Causes Cancer", Reuters, March 29, 2022, www.reuters.com/legal/litigation/novo-nordisk-wins-appeal-over-claims-that-diabetes-drug-causes-cancer-2022-03-29/。

58　即便如此, 用 Ozempic（一种针对 2 型糖尿病患者的低剂量版本药物）减肥的做法已经变得如此流行, 虽然这并非该药的适用范围, 以至于在本书付梓之时, 真正需要的患者却很难买到这种药物。详见 Arianna Johnson, "What to Know About Ozempic: The Diabetes Drug Becomes a Viral Weight Loss Hit（Elon Musk Boasts Using It）Creating a Shortage", *Forbes*, Dec. 26, 2022, www.forbes.com/sites/ariannajohnson/2022/12/26/what-to-know-about-ozempic/。

59　这类抹平差异的做法还包括, 想要把残障人士变成非残障人士。残障是多样性必不可少的一个方面——我们应为这种观点感到骄傲与荣耀。详见 Barnes, *The Minority Body*。

60　我绝不是在一概而论地反对改变自己的身体。我反对的是那些为了迎合有害的标准与价值观而改变身体的做法, 一个显著的例子是, 许多跨性别者表达自我的做法与上文指出的那些错误的、抹平差异的做法完全不同。跨性别者**体现**了一种重要的多样性, 为我们所有人颠覆父权制的性别规范和束缚做出了贡献。我会在结语中进一步阐述为何跨性别者和残障人士应当感到自豪。

61 Gay, *Hunger*, 第 15 页。

62 感谢 Bianca Waked 提出的宝贵见解。

63 isozyme（@isocrime）, Twitter, March 16, 2021, 8:28 p.m., twitter.com/isocrime/status/1371981683822628872。感谢 Urna Chakrabarty 把这篇推文转发给我，也感谢她提出有见地的想法.

64 West, *Shrill*, 第 79 页。这句话中形容词的位置很重要；韦斯特和我的意思并不是**只有**肥胖女性的身体才是"真正的"。这句话与具有误导性的"**真正的女人凹凸有致**"并不一样。我们的想法是，**有些**真正的女性身材肥胖，而有些心胸狭隘的男人却因怯懦而畏缩不前；这是这些男人的损失，对我们其他人来说反而是好事。

65 isozyme（@isocrime）, Twitter, Dec. 3, 2020, 12:24 p.m., twitter.com/isocrime/status/1334548965870751744。再次感谢 Urna Chakrabarty 告诉我这个作者。

66 用哲学家的话来说，这种拒绝是"超义务"的——它是好的，但超出了应有的职责范围（如果要用这个相当别扭的标签来形容的话）。

67 美容文化评论家 Jessica DeFino 写道："当然，也许抗衰老产品确实能让购买者卸下重负。也许它能让个人对自己的外表感觉更好。但是，这只会让原有的社会问题更严重。"详见"Erasing Your Wrinkles Is Not Empowerment", Medium, Jan. 12, 2021, jessica-defino.medium.com/erasing-your-wrinkles-isnt-empowerment-514c5b5c2d2e。令人痛心的讽刺之处是，现在很多人会做面部填充，以让"Ozempic 脸"（用索马鲁肽快速减肥造成的憔悴面容）恢复饱满。资本主义真是无所不能。详见 Amy Synnott, "Those Weight Loss Drugs May Do a Number on Your Face", *New York Times*, Jan. 24, 2023, www.nytimes.com/2023/01/24/style/ozempic-weight-loss-drugs-aging.html。

# 结语　不好意思

1 Dr. Jordan B. Peterson（@jordanbpeterson）, Twitter, May 16, 2022, 3:11 p.m., twitter.com/jordanbpeterson/status/1526279181545390083?s=20&t=kqOL9Yy4HUFn9zBVwZvOvw。截至本章撰写之时，即 2022 年 6 月 23 日，该推文已被转发 5210 次，被引用 10 900 次，获得 64 700 个赞。

2 Dr. Jordan B. Peterson（@jordanbpeterson）, Twitter, June 16, 2022, 5:51 p.m., twitter.com/jordanbpeterson/status/1537553423016632322?s=20&t=kqOL9 Yy4HUFn9zBVwZvOvw。截至本章撰写之时，即 2022 年 6 月 23 日，该推文已被转发 844 次，被引用 833 次，获得 22 300 个赞。

3  Brad Hunter,"Paige Spiranac Fat-Shamed by Male Social Media Trolls",*Toronto Sun*,Sept. 16,2022,torontosun.com/sports/golf/paige-spiranac-fat-shamed-by-male-social-media-trolls。斯皮拉纳克回应说,"年复一年地保持理想体重"对她来说极为困难。她还说,"我天生就容易发胖"。

4  与此相关但截然不同的观点参见 Lindsay Kite and Lexie Kite,*More Than a Body: Your Body Is an Instrument, Not an Ornament*（New York：HarperCollins,2021）。然而,我担心的是,关注我们的身体**有什么用**,而不是**为谁**而存在,这恐怕会带有残障歧视色彩,虽然并非蓄意。在这方面还有另一个相关但不同的概念,即"身体主权"（不要与有害的主权公民运动混为一谈）。这一重要概念由原住民作者提出,他们以土地主权的理念为依据,"为所有身体,尤其是边缘化的身体寻求公平权利"。详见 A. Gillon（Ngāti Awa）,"Fat Indigenous Bodies and Body Sovereignty: An Exploration of Re-presentations",*Journal of Sociology* 56,no. 2（2020）：213—228。但是,一个人将自己视为身体或土地的**监护人**而非受益人时,他也可以被视为对该身体或土地拥有主权；反过来,身体或土地的受益人也可能**并不**拥有对该身体或土地的主权,例如幼儿。因此,我认为身体主权与身体反身性这两个概念在两方面都出现分歧。

5  "身体接纳"（body acceptance）是一个含义较模糊的术语,一些作者认为它是个总括词,包含身体自爱和身体中立**两种**运动。另一些作者认为它源于"肥胖接纳"（fat acceptance）运动,有些作者会用它来指代一切反对肥胖恐惧症的政治运动,而反对肥胖恐惧症也是本书的立意。还有些人认为,身体接纳就是身体中立的一种形式。想要了解该词的用法有多混乱,可参见 Equip,"How to Reframe the Way You Think About Your Body",Katie Couric Media,June 13,2022,katiecouric.com/health/what-is-difference-between-body-neutrality-and-positivity/。文章写道:"从某种程度上说,身体接纳与身体自爱和肥胖接纳运动的起源紧密相关,它鼓励个体不带感情色彩地去认识自己的身体。"文章紧接着引用了 Cara Bohon 的一段话:"身体接纳是身体中立的一种形式,只是略有差别,它的角度更积极,强调不带评判地去接受身体本来的样子。"

6  Dr. Jordan B. Peterson（@jordanbpeterson）,Twitter,June 20,2022,6:57 p.m.,twitter.com/jordanbpeterson/status/1539019681125675009?s=20&t=kqOL9Yy4HUFn9zBVwZvOvw。截至本章撰写之时,即 2022 年 6 月 23 日,该推文已被转发 1049 次,被引用 151 次,获得 12 300 个赞。

7  Tayler Hansen（@TaylerUSA）,Twitter,June 20,2022,12:00 a.m.,twitter.com/TaylerUSA/status/1538733481492094977。自称"刚左记者"的汉森是一名独立记者,他也录制了这段视频,截至本文撰写之时,即 2022 年 6 月 23 日,他的这条推文已被转发 1884 次,被引用 572 次,获得 5926 个赞。

8  可参见 Eleanor Klibanoff,"More Families of Trans Teens Sue to Stop Texas Child Abuse Investigations",*Texas Tribune*,June 8,2022,www.texastribune.org/2022/06/08/transgender-texas-child-abuse-lawsuit/。

9　Anna Louie Sussman, "Egg Freezing's BMI Problem", *The Cut*, June 6, 2022, www.thecut.com/2022/06/egg-freezing-bmi-limits.html。

10　Sole-Smith, "When You're Told You're Too Fat to Get Pregnant"。

11　Richard S. Legro et al., "Effects of Preconception Lifestyle Intervention in Infertile Women with Obesity: The FIT-PLESE Randomized Controlled Trial", *PLOS Medicine* 19, no. 1（2022）: e1003883。

12　美国的代表性案例可参见 Ryan Jaslow, "Obese Third-Grader Taken from Family: Did State Go Too Far?", CBS, Nov. 28, 2011, www.cbsnews.com/news/obese-third-grader-taken-from-family-did-state-go-too-far/；最近英国的案例可参见 Nadeem Badshah, "Two Teenagers Placed in Foster Care After Weight Loss Plan Fails", *Guardian*, March 11, 2021, www.theguardian.com/society/2021/mar/10/two-teenagers-placed-in-foster-care-after-weight-loss-plan-fails, 2014 年英国至少发生了 74 起类似案例。参见 Virginia Sole-Smith, "The Last Thing Fat Kids Need", *Slate*, April 19, 2021, slate.com/technology/2021/04/child-separation-weight-stigma-diets.html, 该文章对这一令人惊恐的做法进行了鞭辟入里的分析。

13　Jason Rafferty et al., "Ensuring Comprehensive Care and Support for Transgender and Gender-Diverse Children and Adolescents", *American Academy of Pediatrics: Policy Statement* 142, no. 4（2018）。

14　Sarah C. Armstrong et al., "Pediatric Metabolic and Bariatric Surgery: Evidence, Barriers, and Best Practices", *American Academy of Pediatrics: Policy Statement* 144, no. 6（2019）。就在本书付梓之际，美国医学会颁布了第一套针对肥胖儿童治疗的综合指南，令人震惊的是，该指南建议，儿童只要满 2 岁就可接受"密集的健康行为和生活方式治疗"，满 12 岁就可接受减肥药物治疗。参见 Virginia Sole-Smith, "Why the New Obesity Guidelines for Kids Terrify Me", *New York Times*, Jan. 26, 2023, www.nytimes.com/2023/01/26/opinion/aap-obesity-guidelines-bmi-wegovy-ozempic.html, 该文章对此进行了有力的反驳。

15　Diana M. Tordoff et al., "Mental Health Outcomes in Transgender and Nonbinary Youths Receiving Gender-Affirming Care", *JAMA Network Open* 5, no. 2（2022）: e220978。

16　有关这一问题的权威论述，可参阅 Virginia Sole-Smith 的新书 *Fat Talk*。

17　Virginia Sole-Smith, "What Instagram Gets Wrong About Feeding Your Kids", *Burnt Toast*, Substack, Oct. 19, 2021, virginiasolesmith.substack.com/p/dor-diet-culture-instagram。

18　Jaclyn Diaz, "Florida's Governor Signs Controversial Law Opponents Dubbed 'Don't Say Gay'", NPR, March 28, 2022, www.npr.org/2022/03/28/1089221657/dont-say-gay-florida-desantis。

19 参见 Lauren Rowello, "Yes, Kink Belongs at Pride. And I Want My Kids to See It", *Washington Post*, June 29, 2021, www.washingtonpost.com/outlook/2021/06/29/pride-month-kink-consent/，该文章从一个重要的角度阐述了特殊性癖好在骄傲运动中的作用，并指出让孩子了解某些种类的特殊性癖好其实很有必要。

20 Barnes, *The Minority Body*, 第 181—182 页.

21 参见 Evette Dionne, "The Fragility of Body Positivity: How a Radical Movement Lost Its Way", *Bitch*, Nov. 21, 2017, www.bitchmedia.org/article/fragility-body-positivity，该文章对该问题及其他问题提出了独到的见解。

22 Lisa Legault and Anise Sago, "When Body Positivity Falls Flat: Divergent Effects of Body Acceptance Messages That Support vs. Undermine Basic Psychological Needs", *Body Image* 41（2022）: 226。

23 出处同上，第 227—236 页。

24 出处同上，第 226 页。

25 参见 Karen Gasper et al., "Does Neutral Affect Exist? How Challenging Three Beliefs About Neutral Affect Can Advance Affective Research", *Frontiers in Psychology* 10, art. no. 2476（2019）: 1—11。

26 感谢 Alexandra Lilly 对该问题提出的宝贵见解。

27 重要的是，正确的身体自主权概念一定会支持女性的堕胎权。我在我正撰写的论文中探讨了身体自主权的概念，并依据不断扩展的哲学传统提出了一个论点——真正激进的自主权不需要采取一种倒退或误导的立场，无视我们**相互依存**的关系。

28 Harrison, *Belly of the Beast*, 第 14—15 页。

29 出处同上，第 13 页。

30 Eaton, "Taste in Bodies and Fat Oppression", 第 37—59 页。林迪·韦斯特在她的回忆录 *Shrill* 中写道，对于从哪儿找到自信这个问题，她一句话就能回答："接受自己的身体其实只要做一件事。在网上看肥胖女性的照片，直到你不会感到不适。就那么简单。"（第 68 页）她还特别提到 Leonard Nimoy 的摄影集 *Full Body Project*，照片里裸体的肥胖女性跳舞、聊天、大笑，**自由自在**。（"我要求她们，"Leonard Nimoy 解释说，"要感到自豪。"）韦斯特写道，在尽情欣赏这些照片时，她觉得身体深处有什么东西开始松动。她想："要是我的身体不再需要遮遮掩掩呢？"（第 76 页）。

31 Cheryl Frazier, "Beauty Labor as a Tool to Resist Anti-fatness", *Hypatia*（forthcoming）。弗雷泽借用了黑人女性主义者 Shirley Anne Tate 在她的重要著作中提出的"服美役"（beauty labor）的概念。

32 Tressie McMillan Cottom, *Thick: And Other Essays*（New York: New Press, 2019），第43页。

33 出处同上，第58页。Jessica DeFino在这方面做了很多出色的工作，详见 *The Unpublishable*，Substack newsletter，https://jessicadefino.substack.com/。

# 更多文献

关于肥胖恐惧症／肥胖的生命经验及与其他问题的交叉

J Aprileo, *Comfy Fat* (blog)

Jes Baker, *Things No One Will Tell Fat Girls: A Handbook for Unapologetic Living*

Hanne Blank, *Fat*

Susan Bordo, *Unbearable Weight: Feminism, Western Culture, and the Body*

Harriet Brown, *Body of Truth: How Science, History, and Culture Drive Our Obsession with Weight—and What We Can Do About It*

Paul Campos, *The Obesity Myth: Why America's Obsession with Weight is Hazardous to Your Health*

Ragen Chastain, *Weight and Healthcare* (Substack newsletter)

Evette Dionne, *Weightless: Making Space for My Resilient Body and Soul*

Amy Erdman Farrell, *Fat Shame: Stigma and the Fat Body in American Culture*

Roxane Gay, *Hunger: A Memoir of (My) Body*, and her "Unruly Bodies" series in Gay Mag

Linda Gerhardt, *Fluffy Kitten Party* (blog)

Aubrey Gordon, *What We Don't Talk About When We Talk About Fat* and *"You Just Need to Lose Weight": And 19 Other Myths About Fat People*

Sofie Hagen, *Happy Fat: Taking up Space in a World that Wants to Shrink You*

Kate Harding and Marianne Kirby, *Lessons from the Fat-o-Sphere: Quit Dieting and Declare a Truce with Your Body*

Da'Shaun L. Harrison, *Belly of the Beast: The Politics of Anti-fatness as Anti-Blackness*

Kiese Laymon, *Heavy: An American Memoir*

Marquisele Mercedes, Da'Shaun Harrison, Caleb Luna, Bryan Guffey, and Jordan Underwood, *Unsolicited: Fatties Talk Back* (podcast)

Tressie McMillan Cottom, *Thick: And Other Essays*

Ash Nischuk, *Fat Lip* (blog and podcast)

Susie Orbach, *Fat is a Feminist Issue*

April Quioh and Sophie Carter-Kahn, *She's All Fat* (podcast)

Esther Rothblum and Sondra Solovay (editors), *The Fat Studies Reader*

Abigail C. Saguy, *What's Wrong with Fat?*

Sabrina Strings, *Fearing the Black Body: The Racist Origins of Fat Phobia*

Sonya Renee Taylor, *The Body is Not an Apology: The Power of Radical Self-Love*

Virgie Tovar, *You Have the Right to Remain Fat*

Marilyn Wann, *FAT! SO? Because You Don't Have to Apologize for Your Size*

Lindy West, *Shrill: Notes from a Loud Woman*

Rachel Wiley, *Fat Girl Finishing School*

关于节食文化和肥胖恐惧症

Aubrey Gordon and Michael Hobbes, *Maintenance Phase* (podcast)

Christy Harrison, *Food Psych* (newsletter and podcast)

Chrissy King, *The Body Liberation Project: How Understanding Racism and Diet Culture Helps Cultivate Joy and Build Collective Freedom*

Virginia Sole-Smith, *Fat Talk: Parenting in the Age of Diet Culture*, and *Burnt Toast* (Substack newsletter and podcast)

关于直觉饮食（及对其的批评）

Alexis Conason, *Diet-free Revolution: 10 Steps to Free Yourself from the Diet Cycle with Mindful Eating and Radical Self-Acceptance*

Christy Harrison, *Anti-diet: Reclaim Your Time, Money, Well-Being, and Happiness through Intuitive Eating*

Evelyn Tribole and Elyse Resch, *Intuitive Eating: A Revolutionary Anti-diet Approach*

Jessica Wilson, *It's Always Been Ours: Rewriting the Story of Black Women's Bodies*

# 明室
Lucida

照亮阅读的人

主　　编　陈希颖
副 主 编　赵　磊
策划编辑　赵　磊
特约编辑　李洛宁
营销编辑　崔晓敏　张晓恒　刘鼎钰
装帧设计　里　易
责任印制　耿云龙
内文制作　丝　工

版权咨询、商务合作：contact@lucidabooks.com

上海光之室文化传播有限公司　　Shanghai Lucidabooks Co., Ltd.

大魚讀品

# 韩国文学

## 大鱼读品

大鱼读品是磨铁图书旗下优质外国文学出版品牌,名字来自于美国小说家丹尼尔·华莱士的小说《大鱼》。我们认为小说中的大鱼象征着无限的可能性,而文学一直在试图通向无限。

大鱼团队将持续地去发现这个世界精神领域的好东西,通过劳作,锤炼自己,让自己有力,让好作品更好地被传播,从而营养自他,增进自他福祉。

大鱼的读书观、选书观基本可以用卡夫卡的这句话高度概括:所谓书,必须是砍向我们内心冰封大海的斧头。

而韩国文学正是如此。以赵南柱《82年生的金智英》为起点,大鱼将带来一系列优质的韩国文学作品。

## 作家简介

1978年出生于首尔,梨花女子大学社会学系毕业。担任《PD手册》《不满ZERO》《Live今日早晨》等时事类节目编剧十余年,对社会现象及问题十分敏锐,见解透彻,擅长以写实又能引起广泛共鸣的故事手法,呈现庶民日常中的真实悲剧。

2011年以长篇小说《若你倾听》获得"文学村小说奖";2016年以长篇小说《为了高马那智》获得"黄山伐青年文学奖";2017年以《82年生的金智英》荣获"今日作家奖"。

©Minumsa

赵南柱
조 남 주

조 남 주
赵南柱

# 82년생 김지영

## 已出版《82年生的金智英》

愿世间每一个女儿,都可以怀抱更远大、更无限的梦想。

亚洲10年来罕见的现象级畅销书,"金智英"成为新的女性话题代名词。

豆瓣2019年年度最受关注图书,入选《新周刊》《新京报书评周刊》年度书单。

英文版入围美国国家图书奖,《时代》2020年度好书。

韩国总统文在寅、BTS队长金南俊、作家蒋方舟都在阅读,蔓延全社会的金智英热。

孔刘、郑裕美主演同名电影获14项大奖提名,郑有美凭此片荣获大钟奖影后。

## 귤의 맛
### 已出版《橘子的滋味》

조 남 주
赵南柱

赵南柱作家这次将目光投向了青少年，新作《橘子的滋味》写的是四个十六岁初中生的友情故事和成长烦恼。

她们既亲密无间又互相嫉妒，既相互依赖又相互伤害。本书写尽了青春期孩子们内心的种种不安。作家希望通过小说给这个年龄段经历着成长之痛的青少年们带来些许安慰。

## 귀를 기울이면
### 待出版《若你倾听》

조 남 주
赵南柱

第十七届文学村小说奖获奖作。

一个被大家视为笨小孩的患有"学者症候群"的少年金日宇，无意间发现自己有听见别人听不到的声音的能力。

空荡荡的公车站和夕阳、弯曲的树枝、人们面无表情的脸、拂过头发的手指，都对金日宇说话了。

## 作家简介

亚洲首位布克国际文学奖得主,当代韩国文坛最具国际影响力的作家之一。其作品从更为根源的层面上回望生活的悲苦和创伤,笔墨执著地袒护伤痕,充满探索的力量。

作为韩国文坛的中坚力量,韩江极有可能成为韩国当代作家斩获诺贝尔文学奖的重要人选。

——诺贝尔文学奖得主、当代最重要法国作家勒克莱齐奥

©Paik Dahium

**韩江**
한 강

# 채 식 주 의 자
## 《素食者》

她不是不想活下去,
只是不想像我们一样活下去。

亚洲唯一布克国际文学奖获得者获奖作品。
连续击败两位诺贝尔文学奖得主帕慕克和大江健三郎代表作《我脑袋里的怪东西》、《水死》,阎连科《四书》,费兰特"那不勒斯四部曲"等154本全球热门佳作赢得桂冠。
入选《纽约时报》15本重塑新世纪的女性小说、《连线》杂志10年十大最佳类型小说。

한 강
**韩江**

## 흰
### 待出版《白》

白是一切的开始,也是结束。

国际布克文学奖得主韩江最新作品,
再度入围国际布克文学奖决选。
被英国《卫报》誉为"时代之书"的瑰丽之作,
65篇对白色的冥想,65种关于白色的记忆。

한 강
韩江

## 作家简介

上世纪九十年代韩国文坛的神话,每有新作都会引发阅读旋风,这在严肃文学遇冷的年代不能不说是奇迹。

她生于全罗北道井邑郡的乡村,毕业于首尔艺术大学文艺创作系。二十多岁便发表了《冬季寓言》《风琴的位置》《吃土豆的人》等名作,不仅得遍了韩国的重要文学奖项,2012年更凭借代表作《请照顾好我妈妈》获得第五届英仕曼亚洲文学奖,极大地提高了韩国文学在世界范围内的声誉和影响力。

申京淑
신경숙

# 엄마를 부탁해
### 已出版《请照顾好我妈妈》

신경숙
申京淑

她为家人奉献了一生,
却没有人了解她是谁。

缔造300万册畅销奇迹的韩国文学神话,
在韩销量超越村上春树《1Q84》,首部登上《纽约时报》畅销书榜的韩国小说。
获第五届英仕曼亚洲文学奖,申京淑为第一位获此奖的女性作家。
每读一遍都热泪盈眶,真诚的文学饱含永不过时的情感和力量。
读完这本书,很想给妈妈打个电话,问她:"妈妈,你也有自己的梦想吧?"

## 作家简介

她被投票为"能代表韩国的作家"。又被誉为"韩国文学的自尊心"和"韩国文化之星"。她曾同时以三本书进入畅销排行榜,形成"孔枝泳现象"。

因为自身丰富的生活经历,孔枝泳写作的主题常关注女性、底层和被歧视的人们。"社会关怀"是她作品中鲜明的特色。代表作《熔炉》即其中最杰出的代表。

孔枝泳
공 지 영

# 도가니
## 已出版《熔炉》

这本书比你听说的还要好!
他们的声音很珍贵,你的也是。

亚洲文学的自尊心孔枝泳口碑代表作!累计加印100多次,出版十周年纪念,豆瓣9.4分。

我们一路奋战,不是为了改变世界,而是为了不让世界改变我们。

**孔刘主演同名电影,李现、朴赞郁、张嘉佳推荐。**

공지영
孔枝泳

## 作家简介

韩国文坛领军人物、先锋作家。
他的不少作品已经在美国、法国、意大利、荷兰、土耳其等二十余个国家翻译出版,作品总销量突破800万册。

他对当代韩国人日常生活的描写,显示出了他解构传统命题的杰出才华,既开拓了其本人的写作领域,又赢得了批评界的好评,成为极其罕见地集齐三大权威文学奖(李箱文学奖、现代文学奖、东仁文学奖)的作家。

**金英夏**
김 영 하

---

# 살인자의 기억법
### 待出版《杀人者的记忆法》

老年痴呆症对年老的连续杀人犯而言,简直是人生送来的烦人笑话。

自2013年出版起连续7年登上韩国年度文学畅销榜Top20,累计销量超过200万册。

荣膺德国独立出版社文学奖。改编同名电影获得法国博讷国际惊悚片电影节评委会大奖和布鲁塞尔国际奇幻电影节最佳惊悚电影奖。

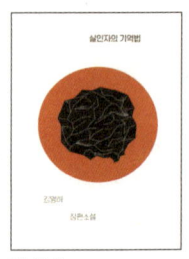

김 영 하
金英夏

## 作家简介

1976年出生于首尔。

2004年获得《文艺中央》新人文学奖,同年登上文坛。著有长篇小说《遇见卢基苑》《无人看见的森林》《穿过夏天》《单纯的真心》,短篇小说集《天使们的城市》《相约周四》《光之护卫》等。

获得申东烨文学奖、李孝石文学奖、金荣岳小说文学奖、白信爱文学奖、亨平文学奖等。

赵海珍
조 해 진

# 단순한 진심
## 待出版《单纯的真心》

我要追寻我的名字,直到知道我是谁。

新锐作家赵海珍代表作,金万重文学奖获奖作,首度引进。

一个关于名字、记忆和身份的故事。普通人的微小善意,也会引发巨大的蝴蝶效应。

조 해 진
赵海珍

## 作家简介

1968年生于庆尚南道镇海区。

1994年以文学评论家身份出道,作品以端庄优美的文字著称,曾获2016年乐山金廷汉文学奖、2018年法国变色龙文学奖。

他十分关注社会,以周密的资料考证加上卓越的想象力,让许多真实人物活灵活现、跃然纸上,被誉为"开创韩国历史小说新局面的作家"。

2014年,世越号沉船事件发生,他深受影响,努力不辍地采访相关人物,写下以世越号沉船事件为主题的两本小说《谎言:韩国世越号沉船事件潜水员的告白》《那些美好的人啊:永志不忘,韩国世越号沉船事件》,被文学评论家评为"世越号文学"的开端。

**金琸桓**
김 탁 환

---

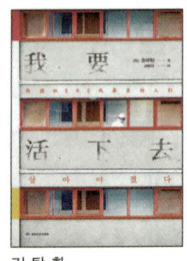

김 탁 환
金琸桓

# 살 아 야 겠 다
### 已出版《我要活下去》

首部以"中东呼吸症候群(MERS)"韩国患者的个体命运为题材的小说。

秉持"文学应站在弱势一边"的理念,作家借由受害者访谈、文献资料、医疗记录、媒体报道,逐步还原出了灾难中的"人",以三位早期患者的经历为主要线索,还原出他们平凡人生被打断的过程,关注患者的个人命运。

作者带领我们一步步走入风暴的核心,重新描绘出一个个"生命"的容貌。

更多
韩国文学作品,
敬请期待。

大鱼读品·韩国文学

| | |
|---|---|
| 出 品 人 | 沈浩波 |
| 主　 编 | 冯 倩 |
| 产品经理 | 任 菲　商瑞琪 |
| 营销编辑 | 叶梦瑶　徐 幸 |
| 特别合作 | GoodbyeLibrary |
| 书目设计 | 黄旭君 |

微信公众号
GoodbyeLibrary